CHINA MEDICAL DEVICE
SUPPLY CHAIN DEVELOPMENT
REPORT（2024）

中国医疗器械供应链发展报告

2024

中国物流与采购联合会医疗器械供应链分会
中国医疗器械有限公司 编

中国市场出版社
China Market Press
·北京·

图书在版编目（CIP）数据

中国医疗器械供应链发展报告. 2024 / 中国物流与采购联合会医疗器械供应链分会，中国医疗器械有限公司编. -- 北京 ：中国市场出版社有限公司，2024. 8.

ISBN 978-7-5092-2594-3

Ⅰ. F426. 7

中国国家版本馆 CIP 数据核字第 20243QD562 号

中国医疗器械供应链发展报告（2024）

ZHONGGUO YILIAO QIXIE GONGYINGLIAN FAZHAN BAOGAO（2024）

编　　者：中国物流与采购联合会医疗器械供应链分会 中国医疗器械有限公司
责任编辑：王雪飞

出版发行：中国市场出版社
社　　址：北京市西城区月坛北小街 2 号院 3 号楼（100837）
电　　话：（010）68034118/68021338
网　　址：https：//www. scpress. cn

印　　刷：北京捷迅佳彩印刷有限公司
规　　格：185mm×260mm　1/16
印　　张：18　　**字　　数：**340 千字
版　　次：2024 年 8 月第 1 版　　**印　　次：**2024 年 8 月第 1 次印刷
书　　号：ISBN 978-7-5092-2594-3
定　　价：280. 00 元

中国医疗器械供应链发展报告（2024）

刘为敏　顺丰医药供应链有限公司副总裁
刘树强　天津港强集团有限公司总经理
刘剑雯　山东海王医药集团有限公司副总裁
刘衡海　强生（上海）医疗器材有限公司强生医疗科技中国供应链副总裁、苏州产业园总经理
闫　敏　德利得供应链总裁
吴胜勇　上海建发致新医疗科技集团股份有限公司总经理
吴晓东　四川大学华西医院设备物资部部长
邱　杰　中国医学科学院北京协和医院医学工程处处长
张　旭　天津信鸿医疗科技股份有限公司物流中心总监
张　杰　上海开尔唯国际物流有限公司总经理
陆　健　上海畅联国际物流股份有限公司副总裁
陈光焰　北京华欣供应链管理有限公司董事长
陈和强　通用电气医疗系统贸易发展（上海）有限公司中国区供应链总经理
陈海涛　上海交通大学医学院附属瑞金医院副院长
周元晨　塞力斯医疗科技集团股份有限公司智慧医疗首席技术官
周少思　北京格瑞纳健峰医疗器械有限公司质量副总经理
周群芳　复星医疗器械副总裁兼首席运营官
洪裕好　广州万孚生物技术股份有限公司高级副总裁
费海鹏　国科恒泰（北京）医疗科技股份有限公司副总经理
钱　正　同济大学附属东方医院胶州医院副院长
高　戈　开利运输冷冻（中国）总经理
郭德斌　德荣医疗科技股份有限公司董事长
唐　田　重庆医药集团医疗器械有限公司重庆医药集团销售总监
黄　玮　费森尤斯医药用品（上海）有限公司大中华区运营负责人
曹　杰　上海鸿裕供应链管理有限公司总经理
程迪芹　陕西医药控股集团派昂医疗器械有限公司总经理
程绍海　中集冷云（北京）供应链管理有限公司董事长
楚晨曦　科园信海（北京）医疗用品贸易有限公司总经理
魏开云　深圳迈瑞生物医疗电子股份有限公司供应链副总经理
魏战江　乐普（北京）医疗器械股份有限公司高级副总经理
蹇在伏　中南大学湘雅医院物流配送中心主任

中国医疗器械供应链发展报告（2024）

编辑部

主　　编：秦玉鸣

副 主 编：贾贵彬　单义倡

编辑人员：王晓晓　焦玲艳　田　芬　曹　慧
　　　　　褚家宝　吴占雷　李　浩　王　晶
　　　　　张　鹏　刘亚楠　李　伟　王岚暄
　　　　　刘庆月　孟　佳　陈尽美

联系方式：中国物流与采购联合会医疗器械供应链分会
　　　　　中国医疗器械供应链网（http：//www. mdsc. org. cn）
　　　　　电话：010-83775872
　　　　　邮箱：service@ mdsc. org. cn
　　　　　地址：北京市丰台区丽泽路 16 号院 2 号楼铭丰大厦 11 层

支持单位：威高医疗商业集团
　　　　　上药控股有限公司
　　　　　九州通医疗器械集团有限公司
　　　　　华润医药商业集团医疗器械有限公司
　　　　　深圳市瑞意博医疗设备有限公司

前言

PREFACE

2024年是全面贯彻落实党的二十大精神的关键之年，是深入实施“十四五”规划的攻坚之年。同年3月，李强总理在十四届全国人大二次会议上作政府工作报告，“大力推进现代化产业体系建设，加快发展新质生产力”被写入2024年首项政府工作任务。新质生产力的提出为医疗器械产业的高质量发展提供了方向指引。国务院、国家药监局、国家医保局、国家卫生健康委、工业和信息化部、国家发展改革委等多部门联合推进“三医联动”新医改政策改革，同时关注产业数字化、绿色化建设，不断推动医疗器械供应链行业的高质量可持续发展。

2023年，社会恢复常态化运行，带量集采等新医改政策深化落实，行业合规建设持续推进，医疗器械行业进入调整期。我国医疗器械市场整体保持增长态势，但增速明显放缓。2023年，我国医疗器械工业市场规模为11800亿元，同比增长10.04%；我国医疗器械物流总费用为262.86亿元，同比增长2.07%。伴随医疗器械创新水平不断提升、出海战略加速推进、人工智能等前沿技术赋能，我国医疗器械行业或将迎来转型契机。

《中国医疗器械供应链发展报告（2024）》是中国物流与采购联合会医疗器械供应链分会连续第五年编写出版的医疗器械领域专业研究报告。我们希望与医疗器械从业者以及关心医疗器械行业发展的大众群体共同见证医疗器械供应链的高质量发展。本报告通过对医疗器械供应链各环节、各细分领域等多方面、多维度的深度研究，进行真实、客观的总结与分析，并对2023年行业发展作出了预判与展望。

在结构方面，本书共分为三篇、十章，主要反映了2023—2024年中国医疗器械供应链及各个细分领域的发展现状、存在问题及未来发展趋势。第一章到第三章为政策篇，为我国医疗器械领域的政策环境分析。第四章到第七章为行业篇，主要内容包括我国医疗器械工业市场、医疗器械流通市场、医疗器械终端市场、医疗器械物流市场的发展现状及展望。第八章到第十章为医院高质量发展实践篇，主要内容包括我国公立医院医疗器械 SPD 市场分析、我国医疗设备全周期管理服务发展现状、我国第三方医疗消毒供应中心发展现状。

作为市场上为数不多的专项年度报告，《中国医疗器械供应链发展报告》将伴随行业发展持续出版，中国物流与采购联合会医疗器械供应链分会在相关部门的支持下，在各会长、副会长、常务理事、理事和专家委员会及广大会员单位积极参与下，持续开展企业调研、行业研究、标准制定等工作，将精华部分编纂成册，奉献给关心、支持我国医疗器械供应链建设的政府、企事业单位等相关机构的读者，也真诚地希望各位读者提出宝贵的意见和建议。

亚太物流联盟主席、中国物流与采购联合会副会长兼秘书长　崔忠付

2024 年 8 月 6 日

执笔专家

XIAOGEXIN

肖革新

博士，国家卫生健康委医院管理研究所科研合作室主任，北京大学研究生导师。专业方向为卫生健康时空大数据与人工智能，主要负责医院研究所科研、人才建设及院校共建实习基地、卫生健康行业网络与数据安全治理等工作。曾担任国家食品安全风险评估中心“523”信息交流团队学科带头人、发展规划处处长。现任中国医药教育协会基层医药教育专委会副主任委员、中国现场统计研究会常务理事、医药食品优化专委会主任委员、空间统计学会副理事长、中国卫生信息学会健康医疗大数据应用评估和保障专委会常委。2020年获得第十届吴文俊人工智能科技发明奖，承担科技部重点研发项目5项，重大国家自然科学基金项目1项，发表学术论文70余篇，其中SCI论文19篇，出版专著3部。培养博士后3名、博士研究生5名、硕士研究生20名。执笔本报告第一章第一节到第四节部分内容。

WANGBOYUAN

王博远

中国现场统计研究会医药食品优化专业委员会理事，高级工程师。北京小汤山医院专业技术高级工程师、医学伦理委员会委员，首都师范大学校外硕士生导师，中国现场统计研究会空间统计分会副秘书长，医药食品优化专业委员会理事，人工智能博士生，全国新冠预测团队成员。发表SCI和中文论文20余篇，研究方向为统计机器学习、联邦学习、人工智能医学大模型。执笔本报告第一章第一节到第四节部分内容。

LIBIN

李　斌

中华医学会医学工程委员会前任主任委员、中国医师协会临床工程师分会候任会长、中国医院协会医学工程学会专业委员会副主任委员。国家药监局医疗器械分类技术委员会委员，全国医用电器标准化技术委员会TC10委员、中国医学装备协会医学装备管理委员分会和应用评价分会副主任委员，首届国家卫生健康委医疗器械使用管理专家委员会委员、国际生物医学工程联合会IFMBE临床工程部CED理事、全球临床工程师联盟首届理事会理事。上海医师协会首届临床工程师分会会长、上海生物医学工程学会第三届临床工程分会主任委员、上海生物医学工程学会副理事长。从事医院医疗器械管理34年，负责上海地区医疗设备器械管理质控工作近20年，从事医院医疗器械SPD管理约10年。执笔本报告第一章第五节部分内容。

YANTAO

颜　涛

正高级经济师，硕士生导师，国家卫生健康委首批卫生计生行业经济管理领军人才，在医院财务、运营、绩效、人事、信息等岗位从事多年管理工作，具有较为丰富的管理理论和实践经验。现任中国卫生信息与健康医疗大数据学会智慧运营管理服务分会专业委员会常务委员、中国总会计师协会卫生健康专业委员会理事、中国医院协会内部审计专业委员会委员、中国卫生经济学会财会分会委员、上海市医院协会医学人工智能管理专业委员会委员、上海国家会计学院智能财务研究中心研究员等。执笔本报告第一章第五节部分内容。

CONTENTS

目录

政策篇

行业篇

医院高质量发展实践篇

政策篇

ZHENGCE PIAN

第一章

2023 年我国公立医院高质量发展相关政策分析

第一节　医院高质量发展深化落实

一、高质量发展背景与政策导向分析

（一）我国公立医院发展现状

1. 公立医院在我国医疗服务体系中的主体地位与改革历程

公立医院作为我国医疗服务体系的主力军，承担着保障基本医疗服务、应对重大公共卫生事件、培养医学人才、引领技术创新等多重责任。自20世纪90年代以来，公立医院经历了从计划经济体制下的单位制管理向市场经济条件下的现代医院管理制度转型，改革重点由扩大规模、提高硬件水平逐步转向优化结构、提升服务质量、强化公益属性。近年来，随着我国社会主要矛盾的转变和健康中国战略的实施，公立医院高质量发展成为深化医药卫生体制改革的重要任务。

进入新时代，随着我国经济社会的快速发展和人民健康需求的日益增长，公立医院面临着前所未有的发展机遇与挑战。一方面，人民群众对优质、高效、便捷的医疗服务需求不断增长，要求公立医院在提升医疗技术水平、优化服务流程、改善患者体验等方面不断取得新突破；另一方面，公立医院也面临着医疗资源紧张、运营成本上升、管理效率不高等问题，需要通过深化改革、创新机制、加强管理等方式实现高质量发展。

2. 新质生产力政策对公立医院高质量发展的要求和影响

新质生产力政策的出台，为公立医院高质量发展提供了有力支撑。政策明确要求公立医院坚持以人民健康为中心，加强内部管理，提升医疗质量，增强服务能力，实现效率与公平的统一。同时，政策还鼓励公立医院加强与国际先进医疗机构的交流与合作，引进先进技术和管理经验，推动公立医院向国际化、现代化方向迈进。新质生产力政策强调创新驱动、内涵发展，旨在通过科技、管理、制度等多方面的创新，激发公立医院的发展活力，提升其服务效能。这一政策导向对公立医院高质量发展提出了以下要求。

（1）科技创新驱动：鼓励公立医院加强临床科研，引进和应用新技术，推动医学进步，提升诊疗水平。

（2）管理创新引领：推行现代医院管理制度，优化内部管理流程，提升运营效率，降低成本。

（3）制度创新保障：改革人事薪酬、绩效考核、医保支付等制度，激发医务人员的积极性，确保医疗服务的质量和效率。

新质生产力政策对公立医院高质量发展的影响主要体现在下述几个方面。

（1）重塑服务模式：推动公立医院由疾病治疗为中心向全周期健康管理转变，强化预防、康复、慢病管理等服务。

（2）优化资源配置：引导公立医院合理配置医疗资源，避免过度医疗，提高资源利用效率。

（3）提升服务质量：促使公立医院重视医疗质量、患者安全、服务满意度等软实力的提升，增强公众信任度。

（4）促进公平可及：通过建设区域医疗中心、构建医联体等方式，优化医疗资源布局，缩小城乡、地区间的医疗服务差距。

3. 解析 2023 年政策环境对公立医院高质量发展的战略意义

2023 年是我国“十四五”规划实施的关键时期，面临着人口老龄化加剧、疾病谱变化、健康需求多元化等复杂形势，我国公立医院高质量发展的战略意义更加凸显。面对全球疫情的挑战和国内经济社会发展的新形势，公立医院需要更加注重内涵建设，提升核心竞争力，为人民群众提供更加安全、有效、便捷的医疗服务。同时，公立医院还需要积极参与医疗卫生体制改革，推动建设分级诊疗制度，优化医疗资源配置，提高医疗卫生服务的整体效能。在此背景下，推动公立医院高质量发展具有下列深远的战略意义。

（1）应对健康挑战：提升公立医院服务能力和效率，满足人民群众日益增长的多层次、多样化健康需求。

（2）支撑医改深化：公立医院改革是医改的核心环节，其高质量发展有助于破解看病难、看病贵的问题，实现医改目标。

（3）促进经济发展：通过健康产业的培育和发展，带动相关产业增长，创造就业机会，为经济社会发展注入新动能。

（4）彰显国家形象：公立医院高质量发展是体现国家民生福祉、社会文明程度的重要标志，有利于提升我国的国际影响力。

（二）政策框架与顶层设计

公立医院的高质量发展离不开国家层面的政策框架与顶层设计的支撑与引导。近年来，我国政府在推动公立医院改革与发展方面出台了一系列重要政策文件，其中最具代表性的便是国务院办公厅印发的《关于推动公立医院高质量发展的意见》（国办发〔2021〕18 号）。该文件为公立医院的高质量发展指明了方向，提出了明确要求，为各级政府和公立医院提供了行动指南。

1.《关于推动公立医院高质量发展的意见》核心要点

《关于推动公立医院高质量发展的意见》（以下简称《意见》）强调了公立医院高质量发展的重要性，提出了加强公立医院主体地位、优化医疗资源布局、深化医药卫生体制改革等核心要点。《意见》要求公立医院坚持以人民健康为中心，加强内部管理，提升医疗质量，增强服务能力，实现效率与公平的统一。同时，《意见》还鼓励公立医院加强与国际先进医疗机构的交流与合作，引进先进技术和管理经验，推动公立医院向国际化、现代化方向迈进。

在落实过程中，《意见》明确了各级政府和相关部门的职责，强调了政策协同和资源整合的重要性。通过完善公立医院绩效考核体系、加强医疗人才培养和引进、推动信息化建设等措施，为公立医院的高质量发展提供了有力保障。《意见》明确了公立医院高质量发展的总体要求、主要任务、保障措施，是指导当前及今后一段时期公立医院改革发展的纲领性文件。其核心要点包括下述几个方面。

（1）坚持公益性：强调公立医院应始终把人民健康放在优先位置，提供优质、高效、公平的基本医疗服务。

（2）强化党的领导：加强公立医院党组织建设，确保党的卫生与健康工作方针在医院得到全面贯彻执行。

（3）改革管理体制：推进现代医院管理制度建设，完善法人治理结构，赋予公立医院更大的自主权。

（4）提升服务效能：优化服务流程，提高服务质量，降低医疗成本，增强群众就医获得感。

（5）加强学科建设和人才培养：支持临床重点专科建设，创新人才培养机制，打造高水平人才队伍。

（6）强化信息化建设：加快智慧医院建设，推动医疗大数据应用，提升医疗服务智能化水平。

（7）深化医保支付方式改革：推行按病种分值付费（DIP）、疾病诊断相关分组（DRG）付费等多元复合式支付方式，引导合理诊疗行为。

（8）健全多元投入机制：加大财政投入，拓宽社会筹资渠道，完善补偿机制，保障医院的可持续发展。

2. 2023 年政策环境的延续与深化

进入 2023 年，我国公立医院高质量发展的政策环境呈现出延续与深化的特点。

一方面，政府继续加大对公立医院的投入和支持力度，通过财政补贴、税收优惠等措施减轻公立医院的经济负担，鼓励其加大在医疗技术、设备更新、人才培养等方面的投入。

另一方面，政府也进一步深化了医药卫生体制改革，推动公立医院在管理体制、运行机制、服务模式等方面进行创新。例如，推动公立医院建立现代医院管理制度，完善法人治理结构，落实公立医院自主权；推动公立医院与基层医疗机构建立紧密型医联体，实现资源共享和优势互补；推动公立医院开展远程医疗、互联网医疗等新型服务模式，满足人民群众多元化的医疗需求。

2023 年，上述政策要点在实践中得到进一步延续与深化，主要体现在下述几个方面。

（1）政策细化落地：各地结合实际制定实施方案，细化政策措施，明确任务分工和时间表。

（2）试点示范引领：选择一批有基础、有条件的地方和医院开展高质量发展试点，总结推广经验。

（3）监测评估跟进：建立公立医院高质量发展监测评价体系，定期发布评估报告，指导持续改进。

（4）政策动态调整：根据实施效果和外部环境变化，适时调整和完善相关政策，保持政策的适应性和灵活性。

3. 地方政府响应中央政策的举措

在中央政府政策的引导下，各级地方政府积极响应，结合本地实际情况出台了一系列推动公立医院高质量发展的具体举措。各级地方结合《意见》提出要加强公立医院基础设施建设，提升医疗服务能力；优化医疗资源配置，推动分级诊疗制度建设；深化医药卫生体制改革，完善公立医院管理体制和运行机制；加强医疗人才培养和引进，提升医疗队伍整体素质；推动公立医院信息化建设，提高医疗服务效率和质量。具体举措如下。

（1）细化改革任务：围绕管理体制、人事薪酬、绩效考核、医保支付、信息化建设等方面，提出具体改革举措。

（2）强化政策支持：加大财政投入，优化资源配置，落实税收优惠，鼓励社会力量参与。

(3) 完善监管机制：建立健全医院综合监管制度，强化医疗质量、费用、服务等方面的监管。

(4) 加强组织领导：成立公立医院高质量发展工作领导小组，统筹协调改革工作，确保各项任务落实到位。

综上所述，政策框架与顶层设计在推动公立医院高质量发展中发挥着至关重要的作用。通过深入分析《意见》的核心要点及其在 2023 年的延续与深化，以及地方政府响应中央政策的举措，我们可以更加清晰地认识到政策在引导公立医院改革与发展中起到的重要作用，为公立医院的高质量发展提供了有力的政策保障和支持。

二、我国医院体系高质量发展阶段性成果

(一) 社会资本参与公立医院改革

1. 改革的机遇

随着医疗卫生体制改革的深入推进，社会资本参与公立医院改革已成为推动公立医院高质量发展的重要途径之一。社会资本以其独特的优势，为公立医院带来了资金、技术、管理等方面的支持，促进了公立医院的创新发展。

当前，社会资本参与公立医院改革面临着诸多机遇。首先，国家政策层面对于社会资本进入医疗领域给予了明确的鼓励和支持，为社会资本参与公立医院改革提供了良好的政策环境。其次，随着医疗市场的逐步开放和竞争加剧，公立医院需要引入更多的社会资源来提升自身的竞争力，这也为社会资本提供了广阔的市场空间。最后，社会资本在资金、技术、管理等方面具有优势，可以与公立医院形成优势互补，共同推动公立医院的高质量发展。

社会资本参与公立医院改革的机遇主要体现在以下几个方面。

(1) 政策导向明确：国家鼓励社会资本通过特许经营、公建民营、民办公助等多种形式参与公立医院改革，拓宽社会资本投资领域。

(2) 合作模式多样：社会资本可与公立医院在项目合作、托管运营、股权合作等方面创新合作模式，实现优势互补。

(3) 市场空间广阔：随着公立医院改革深入，医疗服务、健康管理、康复养老等领域市场需求旺盛，为社会资本提供了广阔的投资空间。

(4) 风险防控机制逐步完善：政府出台了一系列政策法规，如《关于促进社会办医持续健康规范发展的意见》等，为社会资本参与公立医院改革提供了法律保障。

2. 合作模式创新与社会资本参与成果

在社会资本参与公立医院改革的过程中，涌现出了多种合作模式。其中，公共私营合作制（PPP）是一种较为典型的合作方式，通过政府与社会资本共同出资建设和管理医院，可实现资源共享和风险共担。此外，还有社会资本独资建设医院、与公立医院合作共建医疗联合体等模式，这些模式都充分发挥了社会资本的优势，推动了公立医院的改革与发展。

在合作模式创新的同时，社会资本还通过引入先进的管理理念和技术手段，帮助公立医院提升了管理水平和服务质量。例如，引入现代医院管理制度、推动信息化建设、优化服务流程等，这些举措都有力地推动了公立医院的高质量发展。

3. 案例研究及其政策启示成果

在实践中，已经出现了许多社会资本成功参与公立医院改革的案例。这些案例不仅展示了社会资本参与公立医院改革的可行性和有效性，也为我们提供了宝贵的经验和启示。例如，某社会资本通过与公立医院合作共建医疗联合体，实现了资源共享和优势互补，提升了整体医疗服务水平。该案例的成功经验表明，政府应进一步加大政策扶持力度，鼓励更多社会资本参与公立医院改革；同时，公立医院也应积极开放合作，充分利用社会资本的优势推动自身发展。

4. 风险防控机制与社会资本参与

虽然社会资本参与公立医院改革带来了诸多机遇，但也存在一定的风险和挑战。为了有效防控风险，需要建立健全的风险防控机制。首先，要加强监管和评估，确保社会资本的投资行为符合政策法规和公共利益。其次，要建立完善的合同管理和纠纷解决机制，保障双方权益。最后，还需要加强公立医院的内部管理，提升医院自身的风险防范能力。

社会资本参与公立医院改革是推动公立医院高质量发展的重要途径之一。通过深入分析社会资本参与的机遇、合作模式创新、风险防控机制以及案例研究，我们可以更好地认识和理解社会资本在公立医院改革中的作用和价值，为未来的政策制定和实践提供有益的参考和借鉴。

（二）公立医院管理委员会制度的建立与运行机制

公立医院管理委员会（简称管委会）是公立医院改革中引入的一种新型治理结构，管委会制度的建立，旨在通过专业化的管理决策机构，提升医院的管理水平和运营效率。该制度明确了管委会的职责划分，包括制定医院发展战略、监督医院运营、评估医院绩效等。同时，管委会还负责决策医院的重大事项，以确保决策的科学性和合理性。

在运行机制方面，管委会实行定期会议制度，对医院的运营情况进行审议和决策。管委会成员由政府部门代表、医院管理层、医学专家、社会代表等多方组成，以确保决策的广泛性和代表性。此外，管委会还建立了信息公示和反馈机制，及时向社会公众披露医院运营情况，接受社会监督。

管委会建立与运行机制主要包括下述几个方面。

（1）职责划分：管委会作为医院最高决策机构，负责审议医院发展战略、年度预算、重大项目投资、重要人事任免等重大事项。

（2）决策流程：一般包括议题征集、会议筹备、会议召开、决议执行、信息公开等环节，确保决策科学、民主、公开。

（3）监督机制：通过内部审计、监事会、第三方评估等方式，对管委会决策执行情况、医院运营状况进行监督，保障医院的健康发展。

（三）管理创新在公立医院中的应用与实践

管理创新是公立医院提升竞争力、实现高质量发展的重要手段。近年来，越来越多的公立医院开始引入现代管理理念和技术手段，以便推动医院管理的现代化和科学化发展。

一方面，公立医院加强了内部管理，通过优化流程、提高效率、降低成本等方式，提升了医院的运营效率和服务质量。例如，通过引入精益管理、六西格玛管理等先进管理工具，对医院的诊疗流程、资源配置等进行优化，提高了患者的满意度和就医体验。

另一方面，公立医院还积极推动信息化建设，利用大数据、云计算、人工智能等现代信息技术手段，提升了医院的管理水平和服务能力。通过建设电子病历系统、远程医疗平台等信息化基础设施，实现了医疗资源的共享和优化配置，提高了医疗服务的便捷性和可及性。

（四）政府办医职能转变与公立医院自主权增强的政策路径

政府办医职能的转变是公立医院治理结构改革的重要方向。传统的政府办医模式往往导致医院缺乏自主权和灵活性，难以适应市场的变化和患者的需求。因此，政府需要逐步转变职能，从直接管理向间接监管转变，赋予公立医院更多的自主权和决策权。

同时，公立医院也需要加强自身建设，提升自主管理能力。通过建立健全内部管理机制、完善法人治理结构、加强人才队伍建设等措施，提升医院的管理水平和运营效率。此外，公立医院还应积极参与市场竞争，通过提升自身服务质量和技术水平，赢得患者的信任和市场的认可。

（五）财政投入与补偿机制改革

1. 财政投入加大与公立医院发展

财政投入与补偿机制改革对于公立医院的高质量发展至关重要，它直接关系到公立医院的稳定运营、服务质量的提升以及医疗体系的可持续发展。随着医疗卫生体制改革的深入推进，财政投入与补偿机制改革已成为公立医院改革的重要组成部分。

财政投入的加大为公立医院的发展提供了有力保障。政府通过增加对公立医院的财政拨款、设立专项资金等方式，支持医院的基础设施建设、设备更新、人才培养等方面的工作。这不仅有助于提升公立医院的硬件设施和服务水平，还能促进医院的技术创新和科研发展。

同时，财政投入的增加也有助于缓解公立医院的经济压力，使其能够更好地履行社会责任，为人民群众提供优质的医疗服务。通过优化财政投入结构，确保资金使用的公平性和效率性，可以推动公立医院实现高质量发展。

2. 补偿机制改革与公立医院运营

补偿机制改革是公立医院改革中的另一项重要内容。传统的补偿机制往往存在诸多问题，如补偿不足、补偿方式单一等，导致公立医院在运营过程中面临较大的经济压力。因此，补偿机制改革旨在通过调整补偿方式、完善补偿标准等措施，使公立医院的收入与其提供的服务量和服务质量相匹配。

具体而言，补偿机制改革可以包括以下几个方面：一是逐步提高医疗服务价格，体现医务人员的劳动价值；二是完善医保支付制度，实现医保基金与公立医院的合理结算；三是建立多元化的补偿渠道，包括政府补贴、社会捐赠等，以减轻公立医院的经济负担。

通过补偿机制改革，可以激发公立医院的内在动力，促进其提高服务质量和效率。同时，也有助于引导公立医院合理控制成本，优化资源配置，实现可持续发展。

3. 药品零差率销售政策的全国范围推广及其对公立医院收入结构的影响

药品零差率销售政策自 2009 年起在全国范围内逐步推广，旨在破除“以药补医”机制，降低患者用药负担，引导公立医院回归公益性质。该政策要求公立医院取消药品加成，按照实际购进价格销售药品，不再从中获取利润。这一改革对公立医院收入结构产生了如下几点显著影响。

（1）药品收入占比下降：药品零差率销售直接削减了公立医院的药品销售收入，导致其在总收入中的占比明显下降。

（2）医疗服务收入提升：该政策实施后，政府通过调整医疗服务价格、增加财政补贴、改革医保支付方式等手段，弥补了公立医院因药品收入减少而带来的损失，使医疗服务收入在总收入中的比重有所提升。

（3）财政投入力度加大：为确保公立医院正常运转和持续发展，政府在取消药品加成的同时，加大了对公立医院的财政投入，包括基本建设、设备购置、人员经费等方面的直接投入以及对特定项目的专项补助。

（4）内部成本控制加强：面对收入结构的变化，公立医院不得不加强对内部成本的精细化管理，优化资源配置，提高运营效率，以应对可能的财务压力。

三、我国医院高质量发展的前景

（一）调整医疗服务价格、加大政府投入、改革支付方式等措施的实施效果与改进空间

多元补偿措施在一定程度上缓解了药品零差率销售政策对公立医院的冲击，保障了其基本运营和服务质量，但在实施过程中也暴露出一些问题，也发现了一些尚待改进的空间。

（1）医疗服务价格调整不充分：尽管部分地区对医疗服务价格进行了适度上调，但总体来看，调价幅度未能完全覆盖药品收入的减少，部分医院仍面临较大的收入压力。未来需进一步完善价格形成机制，确保医疗服务价格能够反映医务人员的技术劳务价值。

（2）政府投入稳定性有待增强：尽管政府投入有所增加，但由于地方财政状况差异较大，部分地方投入不足或不稳定，影响了公立医院的长期发展规划。需建立稳定的财政投入增长机制，以确保公立医院的可持续发展。

（3）医保支付方式改革滞后：目前，按项目付费仍然是主流支付方式，不利于控制医疗费用过快增长和引导公立医院提供高质量服务。需加快推进按病种付费、DRGs 付费等预付制改革，引导医院主动控制成本，提高服务质量。

（4）社会筹资渠道尚待拓展：公立医院在吸引社会资本参与、拓宽筹资渠道方面还存在诸多困难，如社会资本参与意愿不强、合作模式不成熟、政策支持不足等。需进一步完善相关政策，引导和支持社会资本以多种形式参与公立医院的建设和发展。

综上所述，在公立医院高质量发展深化落实的过程中，政策导向、顶层设计、社会资本参与、管理创新与治理结构改革、财政投入与补偿机制改革等环节相互交织、相互影响。面对新的政策环境和挑战，公立医院需要把握机遇，积极应对，以实现自身的高质量发展，从而更好地服务于广大人民群众的健康需求。

（二）公立医院管理创新与治理结构改革

公立医院作为医疗服务体系的核心组成部分，其管理创新与治理结构改革是推动高质量发展的关键环节。随着医疗卫生体制改革的不断深化，公立医院面临着前所未有的发展机遇与挑战，因此，加强内部管理、优化治理结构、提升服务效率成为公立医院改革的重要方向。

（三）管理创新实施效果与改进空间展望

公立医院管理创新与治理结构改革的实施效果已经初步显现。一方面，医院的运营效率和服务质量得到了显著提升，患者的满意度和就医体验得到了改善；另一方面，医院的竞争力也得到了增强，为医院的可持续发展奠定了坚实的基础。

然而，仍然存在一些问题和挑战需要解决及面对。例如，部分医院在管理创新方面仍显滞后，需要进一步加强学习和实践；同时，政府在转变职能和赋予医院自主权方面还需要进一步加大力度，为公立医院的高质量发展创造了更加有利的环境和条件。

综上所述，公立医院管理创新与治理结构改革是推动高质量发展的关键环节。通过加强内部管理、优化治理结构、提升服务效率等措施，可以推动公立医院实现高质量发展，为人民群众提供更加优质、高效、便捷的医疗服务。

第二节　分级诊疗体系构建完善

一、我国分级诊疗体系的政策脉络

（一）国家层面推动分级诊疗体系建设的战略意图与具体目标

国家层面推动分级诊疗体系建设的战略旨在通过优化医疗资源配置、提升基层医疗服务能力，构建有序、高效的医疗服务体系，以缓解大医院的诊疗压力，提高医疗服务的可及性、可负担性和可持续性。这一战略意图的提出，是基于对当前医疗服务体系中所存在问题的深刻认识和对人民群众健康需求的准确把握。

在具体目标方面，国家层面提出了多个维度的要求。首先，要完善基层首诊、双向转诊、急慢分治、连续服务的分级诊疗模式，确保患者能够得到合理的医疗服务。其次，要提升基层医疗卫生机构的服务能力和水平，使其成为群众健康管理的"守门人"。同时，要加强区域医疗中心建设，推动优质医疗资源下沉，提高区域内医疗服务的整体效能。最后，还要建立健全的医联体、医共体等协作机制，促进各级医疗机构之间的紧密合作和资源共享。

这些目标的设定，既体现了国家对分级诊疗体系建设的高度重视，也反映了人民群众对高质量医疗服务的迫切需求。通过实现这些目标，可以推动医疗服务体系的转型升级，提升医疗服务的整体质量和效率，为人民群众提供更加优质、便捷的医疗服务。

（二）2023 年分级诊疗体系的空间布局与资源配置策略

2023 年，分级诊疗体系的空间布局和资源配置策略更加注重科学性和合理性。具体而言，根据不同地区的人口分布、疾病谱特点、医疗资源现状等因素，合理规划了各级医疗机构的布局和数量。在城市地区，加强社区卫生服务中心和站点建设，完善城市医疗服务网络；在农村地区，重点加强乡镇卫生院和村卫生室建设，提高基层医疗服务的覆盖率和可及性。

在资源配置方面，加大对基层医疗机构的投入力度，提升其硬件设施和软件服务水平。同时，优化医疗人才队伍结构，加强基层医疗人才的培养和引进。此外，还推动了信息技术在医疗服务中的应用，提升了医疗服务的智能化水平。

通过这些措施的实施，可以进一步优化医疗资源配置，提升基层医疗服务能力，促进分级诊疗体系的有效运行。同时，也可以缓解大医院的诊疗压力，降低医疗成本，提高医疗服务的整体效率和效益。

综上所述，国家层面推动分级诊疗体系建设的战略意图明确、目标具体，2023 年的空间布局与资源配置策略也体现了科学性和合理性的要求。通过深入解读政策目标与规划布局，可以更好地理解分级诊疗体系建设的重要性和紧迫性，也为相关政策的制定和实施提供了有力的支撑。

（三）"千县工程"的作用与政策举措

"千县工程"作为基层医疗体系建设的重大举措，对于提升农村和社区医疗卫生服务水平具有深远意义。这一工程旨在通过系统性、全局性的战略规划，优化县域医疗卫生资源配置，加强基层医疗机构建设，以缓解基层医疗服务能力不足的情况。

在政策举措方面，"千县工程"采取了一系列具体而有力的措施。首先，政府加大了对基层医疗机构的财政投入，用于改善基层医疗设施条件，提升基层医疗服务能力。其次，通过实施人才培养计划，加强基层医务人员的培训和教育，提高其专业素养和技能水平。此外，政策还鼓励县级医院与基层医疗机构建立了紧密的合作关系，旨在推动优质医疗资源下沉，实现医疗资源的共享和优化配置。

在政策支持方面，政府为基层医疗机构的发展提供了有力保障。除了财政补贴、税收减免等优惠政策外，政府还加强了对基层医疗机构的监管和评估，确保其服务质量和安全。同时，政府还积极推动医疗体制改革，为基层医疗机构的发展创造了更加有利的环境。

二、分级诊疗体系的发展现状

（一）国家医学中心与区域医疗中心建设

1. 建设进展与功能定位

国家医学中心与区域医疗中心是我国医疗卫生事业发展的重要组成部分，它们不仅是医疗服务体系的核心力量，也是推动分级诊疗体系建设的关键节点。近年来，国家医学中心与区域医疗中心的建设取得了显著进展。

国家医学中心作为医疗服务体系的“领头羊”，在功能定位上注重引领医学科技创新、提升疑难病症诊治水平、培养高层次医学人才等方面。国家医学中心不仅拥有先进的医疗设备和技术，还聚集了一批高水平的医疗专家和科研团队，为我国的医疗卫生事业发展提供了强大的支撑。

区域医疗中心则承担着辐射带动区域医疗服务能力提升的重任，其功能定位主要是优化区域医疗资源配置、提高区域内医疗服务的整体水平和效率、加强与基层医疗机构的协作等。通过建设区域医疗中心，可以推动优质医疗资源下沉，提升基层医疗服务能力，促进分级诊疗体系的有效运行。

2. 辐射作用与影响

国家医学中心与区域医疗中心的辐射作用不仅体现在医疗服务能力的提升上，更在于对医疗资源配置的优化和医疗服务模式的创新。国家医学中心与区域医疗中心通过与基层医疗机构的紧密合作，形成了上下联动、资源共享的医疗服务网络，有效缓解了基层医疗机构资源不足、技术薄弱的问题。

同时，国家医学中心与区域医疗中心还积极开展远程医疗、互联网医疗等新型服务模式，将优质的医疗资源延伸到更广泛的地区，为更多患者提供了便捷、高效的医疗服务。这些举措不仅提升了医疗服务的可及性和可负担性，也增强了人民群众对医疗服务的获得感和满意度。

3. 政策效应评估

国家医学中心与区域医疗中心的建设对优化医疗资源结构、提升医疗服务能力产生了积极的政策效应。首先，在医疗资源结构方面，国家医学中心与区域医疗中心的建设推动了医疗资源的合理配置和高效利用，缓解了医疗资源分布不均的问题。其次，在医疗服务能力方面，国家医学中心与区域医疗中心通过引进先进技术、开展新业务、加强人才培养等措施，显著提升了医疗服务的整体水平和效率。

此外，国家医学中心与区域医疗中心的建设还促进了医疗服务模式的创新，推动了医疗卫生事业的持续发展。然而，也需要注意到在建设过程中仍存在一些挑战和不足，如资金投入不足、人才队伍建设滞后等问题。未来，应进一步加大政策支持和投入力度，完善相关机制和政策，以推动国家医学中心与区域医疗中心建设的持续发展和优化升级。

国家医学中心与区域医疗中心的建设，不仅提升了基层医疗机构的硬件设施水平，还增强了基层医疗机构的服务能力，使得基层医疗机构能够更好地满足群众的基本医疗需求。

（二）基层医疗机构能力建设与“千县工程”

在“千县工程”的推动下，基层医疗机构的服务能力得到了显著提升。

一方面，基层医疗机构通过引进新技术、新业务，不断拓展服务范围，提高了诊疗水平。例如，一些基层医疗机构开始开展微创手术、康复治疗等高端医疗服务，使得群众在基层医疗机构就能享受到高质量的医疗服务。

另一方面，基层医疗机构还加强了与上级医院的合作与联动。通过建立远程医疗会诊系统、开展双向转诊等方式，基层医疗机构与上级医院实现了医疗资源的共享和优化配置。这不仅提高了基层医疗机构的诊疗水平，也降低了群众的就医成本，提高了就医效率。

此外，基层医疗机构还积极开展健康教育、预防保健等公共卫生服务。通过举办健康讲座、开展健康检查等活动，基层医疗机构提高了群众的健康意识和自我保健能力，为构建健康中国奠定了坚实基础。同时，“千县工程”还促进了基层医疗机构的规范化、标准化建设，提升了基层医疗服务的整体质量和水平。

（三）双向转诊与协作机制

1. 政策推动下的双向转诊制度建设

在分级诊疗体系的建设中，双向转诊制度被视为优化医疗资源配置、提高医疗服务效率的关键环节。近年来，政府出台了一系列政策，旨在推动双向转诊制度的建立和完善。

首先，政策明确了双向转诊的标准和流程。通过制定详细的转诊指南和规定，明确了各级医疗机构之间的转诊条件和程序，确保患者能够在不同医疗机构之间顺畅流转。

其次，政策鼓励医疗机构之间建立紧密的协作关系。通过推动医联体、医共体等组织形式的建设，促进医疗机构之间的资源共享和优势互补，实现了医疗服务的连续性和协同性。

最后，政策还加强了对双向转诊工作的监管和评估。通过建立完善的考核机制，对医疗机构的转诊工作进行定期评估和监督，确保其按照规定开展转诊工作。

在政策推动下，双向转诊制度建设取得了显著成效。越来越多的医疗机构开始积极参与转诊工作，形成了较为完善的转诊网络。这不仅提高了医疗资源的利用效率，也为患者提供了更加便捷、高效的医疗服务。

2. 医联体/医共体构建与发展现状

医联体和医共体作为推动分级诊疗体系建设的重要组织形式，近年来得到了快速发展。

医联体主要以大型医院为核心，联合基层医疗机构、专科医院等形成紧密型的医疗服务联合体。通过共享资源、优化流程、协同服务等方式，提高医疗服务的整体效能。目前，各地纷纷探索医联体的建设模式，积累了各具特色的实践经验。

医共体则更加注重区域内医疗资源的整合和共享。它通过整合区域内的医疗机构、人员、技术等资源，可实现医疗服务的均质化和一体化。医共体的建设有助于提升基层医疗机构的服务能力，缓解大医院的诊疗压力，促进医疗资源的均衡分布。

在发展现状方面，医联体和医共体已经在全国范围内得到了广泛推广和应用。越来越多的地区开始探索适合本地实际情况的医联体/医共体建设模式，并取得了显著成效。然而，也需要注意到在发展过程中仍存在一些问题和挑战，如协作机制不完善、资源共享程度有限等，需要进一步加以解决。

三、分级诊疗体系建设的趋势和挑战

（一）完善分级诊疗体系中的上下联动、资源共享的政策趋势与实施策略

未来，随着分级诊疗体系的不断完善，上下联动、资源共享将成为政策推动的重要方向。

在政策趋势方面，政府将继续加大对双向转诊和医联体/医共体建设的支持力度。通过制定更加优惠的政策措施，鼓励医疗机构之间加强协作和联动，实现医疗资源的优化配置和共享利用。

在实施策略方面，应注重以下几点：一是加强顶层设计，制定完善的规划和实施方案；二是推动信息化建设，利用现代科技手段提高医疗服务的协同性和效率；三是加强人才培养和引进，提升基层医疗机构的服务能力和水平；四是加强监管和评估，确保各项政策措施得到有效落实和执行。

通过不断完善分级诊疗体系中的上下联动和资源共享机制，可以进一步提高医疗服务的整体效能和质量，为人民群众提供更加优质、便捷的医疗服务。

（二）基层医疗发展的挑战

在基层医疗机构的发展过程中也面临着一些挑战。首先，人才短缺问题依然突出。由于基层医疗机构的工作条件相对较差，待遇水平不高，导致难以吸引和留住高素质的医疗人才。其次，设备设施升级需要大量的资金投入，但基层医疗机构的资金来源有限，难以满足升级需求。最后，基层医疗机构的服务能力虽然有所提升，但与上级医院相比仍存在一定差距，需要进一步加强合作与联动。

针对这些挑战，政府应进一步完善支持措施，加大投入力度，加强人才培养和引进工作。同时，还应推动基层医疗机构与上级医院的深度合作，实现医疗资源的共享和优化配置。此外，还应加强基层医疗机构的内部管理，提高其运营效率和服务质量，为群众提供更加优质、便捷的医疗服务。

第三节　医疗服务质量优化提升

一、医疗质量安全管理政策

（一）医疗服务质量标准体系的构建与监管机制改革

医疗服务质量标准体系的构建是保障医疗质量和安全的重要基石。近年来，我国在医疗服务质量标准化方面取得了显著进展，形成了一套较为完善的医疗服务质量标准体系。这一体系涵盖了医疗机构管理、医疗技术操作、医疗文书书写、患者安全管理等多个方面，为医疗机构提供了明确的质量管理目标和操作规范。同时，政府还加强了对医疗机构的监管力度，通过定期检查和评估，确保医疗机构能够按照标准体系要求开展医疗服务。

在监管机制改革方面，我国不断推进放管结合、优化服务的原则，简化审批流程，加强事中事后监管。通过建立健全医疗质量安全管理信息系统，实现了医疗数据的实时监测和分析，提高了监管的针对性和有效性。此外，政府还鼓励社会组织和公众参与医疗质量监管，形成了多元化、社会化的监管格局。

通过这些措施的实施，医疗服务质量标准体系的构建与监管机制改革取得了积极成效，为提升医疗服务质量提供了有力保障。

（二）2023 年医疗质量评价指标的更新与实施情况

随着医疗技术的不断发展和医疗模式的转变，医疗质量评价指标也得到了不断的更新和完善。2023 年，我国在医疗质量评价指标方面进行了重要调整和优化。

新的评价指标更加注重患者的体验和满意度，将患者反馈纳入评价体系，以更好地反映医疗服务的实际效果。同时，评价指标还涵盖了医疗技术的先进性、医疗服务的效率等多个方面，全面评价了医疗机构的综合绩效。

在实施方面，政府加强了对医疗机构的培训和指导，以确保医疗机构能够准确理解和应用新的评价指标。同时，通过定期发布评价结果和排名，激励医疗机构不断提升医疗服务质量。

通过这些措施的实施，2023 年的医疗质量评价指标更新工作取得了显著成效，为提升医疗服务质量提供了更加科学、全面的评价依据。

（三）绩效考核制度的更新与实施情况

绩效考核制度是医疗机构内部管理的重要组成部分，对于提升医疗服务质量具有重要意义。近年来，我国在医疗机构的绩效考核制度方面进行了多次更新和完善。

新的绩效考核制度更加注重医疗服务的实际效果和患者的满意度，将医疗质量、患者体验、运营效率等多个方面纳入考核范围。同时，还加强了对医疗机构内部管理、人才培养等方面的考核，以促进医疗机构的全面发展。

在实施方面，政府加强了对绩效考核制度的监督和指导，以确保医疗机构能够按照要求开展绩效考核工作。同时，通过公开考核结果和排名，可以激励医疗机构不断提升自身绩效水平。

通过实施这些措施，绩效考核制度的更新工作取得了积极进展，为提升医疗服务质量提供了有力支持。同时，也促进了医疗机构内部管理水平的提升和医疗服务模式的创新。

（四）政策引导下优化医疗服务流程

近年来，政府在医疗服务领域不断出台新政策，旨在优化服务流程，提升患者的就医体验。这些政策不仅关注医疗技术的提升，更强调了服务细节的改善，使患者能够享受到更加便捷、舒适、高效的医疗服务。

二、我国医疗服务质量提升的应用效果

（一）临床路径管理与 DRGs 付费改革

1. 临床路径管理在规范诊疗行为、控制医疗成本中的政策应用与进展

临床路径管理作为一种标准化的诊疗流程管理工具，近年来在医疗服务领域得到了广泛应用。其核心目的是通过规范化、标准化的诊疗过程，提高医疗服务的效率和质量，同时控制医疗成本。

在政策应用方面，政府出台了一系列文件，明确提出了推广临床路径管理的目标和要求。医疗机构积极响应政策号召，纷纷开展临床路径管理试点工作。通过制定详细的临床路径标准和操作流程，医疗机构能够确保医务人员在诊疗过程中遵循标准，减少不必要的检查和用药，从而降低医疗成本。

在进展方面，临床路径管理已经取得了显著成效。一方面，通过规范诊疗行为，减少了医疗差错和并发症的发生率，提高了患者的满意度和信任度。另一方面，通过优化诊疗流程，提高了医疗服务的效率，缩短了患者的住院时间和康复周期。此外，临床路径管理还有助于医疗机构加强内部管理，提升整体运营效率。

临床路径管理的推广与实施也面临着一些挑战。例如，部分医务人员对临床路径管理的认识不足，缺乏积极性；部分医疗机构在执行临床路径时存在偏差，未能完全遵循标准等。因此，未来还需要进一步加强对临床路径管理的宣传和培训，完善相关政策和制度，以确保其在医疗服务中发挥更大的作用。

2. DRGs 付费制度改革对医疗服务质量提升的激励与约束作用

DRGs 付费制度是一种基于疾病诊断相关分组的医疗付费方式，其核心思想是根据患者的疾病类型、病情严重程度、治疗方式等因素，将患者划分为不同的组别，并制定相应的付费标准。这一制度的改革对医疗服务质量提升具有显著的激励与约束作用。

在激励方面，DRGs 付费制度鼓励医疗机构提高服务质量，减少不必要的诊疗行为和医疗成本。由于付费标准与患者的实际病情和治疗方式密切相关，医疗机构只有通过提供高效、优质的医疗服务，才能获得更多的收益。这可以促使医疗机构

加强内部管理，优化诊疗流程，提高医疗技术水平和服务质量。

在约束方面，DRGs 付费制度对医疗机构的行为进行了规范和限制。通过设定明确的付费标准和监督机制，DRGs 制度能够防止医疗机构出现过度诊疗、滥用药物等不当行为。同时，对于未能达到质量标准的医疗机构，政府还可以采取相应的惩罚措施，进一步约束其行为。

总的来说，DRGs 付费制度改革在激励医疗机构提升服务质量的同时，也通过约束机制规范了医疗机构的行为。这一制度的实施有助于推动医疗服务质量的整体提升，为患者提供更加安全、高效、优质的医疗服务。然而，DRGs 付费制度的改革也需要在实践中不断完善和优化，以适应医疗服务领域的发展和变化。

（二）医防融合与全生命周期健康管理

1. 政策推动下公立医院开展预防、治疗、康复一体化服务的实践与探索

在政策的推动下，公立医院正在逐步向预防、治疗、康复一体化服务模式转型。这一转型旨在通过整合医疗资源，优化服务流程，为患者提供全方位、连续性的健康管理服务。

在预防服务方面，公立医院积极开展健康教育和健康促进活动，提高了居民的健康意识和自我保健能力。通过设立健康档案，对患者进行风险评估和干预，可降低慢性病的发病率。同时，加强与基层医疗机构和社区的合作，构建分级诊疗体系，可实现预防与治疗的无缝衔接。

在治疗服务方面，公立医院注重提升医疗技术水平和服务质量，旨在为患者提供安全、有效、便捷的医疗服务。通过优化诊疗流程，减少患者等待时间，可提高就医体验。同时，加强多学科协作，为患者提供综合治疗方案，可提高治疗效果。

在康复服务方面，公立医院积极开展了康复治疗和康复指导工作，旨在帮助患者恢复身体功能和生活能力。通过设立康复中心，提供专业的康复设备和人员，可为患者提供个性化的康复方案。同时，加强与社区和家庭的联系，可为患者提供连续性的康复服务。

通过预防、治疗、康复一体化服务的实践与探索，公立医院在提升医疗服务质量的同时，也提高了患者的满意度和信任度。然而，这一转型过程仍面临着一些挑战，如资源整合难度大、人才培养不足等。因此，未来还需要进一步完善相关政策，加强公立医院与基层医疗机构、社区、家庭之间的合作与联动，推动医疗服务质量的持续优化提升。

2. 公立医院在慢性病管理中的角色与政策支持

慢性病管理是医疗服务中的重要组成部分，公立医院在此方面发挥着关键作用。随着慢性病患者数量的不断增加，公立医院积极承担起慢性病管理的责任，通过制定个性化的治疗方案和管理计划，为患者提供着长期、连续的医疗服务。

在政策支持方面，政府出台了一系列措施，推动公立医院加强慢性病管理工作。这些政策包括加大对慢性病管理项目的投入力度，提高公立医院慢性病管理的技术水平和服务能力；同时，鼓励公立医院与基层医疗机构、社区等合作，构建慢性病管理的网络体系，实现资源的共享和优化配置。

公立医院在慢性病管理中的角色不仅限于治疗，更注重预防、康复和健康教育。通过开展健康讲座、义诊等活动，可提高患者对慢性病的认识和自我管理能力。同时，公立医院还通过加强对患者的生活方式和饮食进行指导，帮助他们改善了生活习惯，进而降低了疾病风险。

然而，公立医院在慢性病管理中也面临着一些挑战，如患者数量庞大、管理难度大等问题。因此，未来还需要进一步完善相关政策，加强公立医院的内部管理和人才培养机制，提高慢性病管理的效率和质量。

3. 公立医院在健康管理服务、家庭医生签约服务中的角色与政策支持

公立医院在健康管理服务和家庭医生签约服务中扮演着重要的角色，这不仅是医疗服务模式的创新，更是提升患者就医体验和健康水平的关键举措。

在健康管理服务方面，公立医院依托其专业的医疗团队和技术优势，可为患者提供个性化的健康评估、健康咨询和健康指导服务。通过定期的健康检查，及时发现并干预潜在的健康风险，帮助患者建立健康的生活方式。同时，公立医院还在积极开展健康教育和健康促进活动，提高公众的健康意识和自我保健能力。

在家庭医生签约服务方面，公立医院与基层医疗机构紧密合作，共同为签约家庭提供连续、综合的健康管理服务。家庭医生团队由全科医生、护士、健康管理师等组成，他们深入社区和家庭，为居民提供着预防、治疗、康复等全方位的医疗服务。通过家庭医生签约服务，公立医院能够更好地了解患者的健康状况和需求，为患者提供更加精准、个性化的医疗服务。

政府在推动公立医院开展健康管理服务和家庭医生签约服务方面给予了大力支持，出台了一系列政策，包括财政补贴、税收优惠等，鼓励公立医院积极参与这些服务。同时，政府还加强了对公立医院的监管和评估，以确保服务质量和效果。

未来，随着健康管理服务和家庭医生签约服务的不断推广和深化，公立医院将发挥出更加重要的作用。它们将更加注重预防保健和健康管理，为患者提供更加全面、连续的医疗服务，进而推动医疗服务质量的整体提升。

（三）患者满意度与就医体验提升措施

针对提供患者满意度和就医体验的关键措施之一是推动医疗服务的信息化建设。通过电子病历、预约挂号、在线支付等信息化手段，简化患者的就医流程，减少排队等待时间。同时，医疗大数据的应用也使得医生能够更准确地了解患者的病史和病情，为患者提供更加精准的诊疗方案。

另一关键措施是加强医疗服务的人文关怀。医疗机构应通过改善就医环境、提升医务人员的服务态度、加强医患沟通等方式，增强患者的信任感和归属感。这种人文关怀的融入可以使医疗服务不再冰冷，而是充满了温暖和关怀。

此外，政府还鼓励医疗机构开展多学科协作和远程医疗服务，以满足患者多样化的就医需求。多学科协作能够集结不同领域的专家智慧，为患者提供更加全面的诊疗方案；而远程医疗服务则能够突破地域限制，让患者在家中就能享受优质的医疗资源。

公立医院在提升患者满意度方面进行了积极的探索和实践。以下是一些成功的案例分享：

某大型公立医院通过引入智能导诊系统，实现了患者就医流程的智能化管理。患者可以通过手机 App 或自助终端机进行挂号、缴费、查询等操作，避免了长时间的排队等待。同时，该医院还设置了多个服务窗口和志愿者团队，为患者提供咨询和帮助，确保患者能够顺利就医。

另一家公立医院则注重提升医疗服务的人文关怀，在就诊区域设置了舒适的休息区和儿童游乐区，让患者和家属在等待就医的过程中能够感受到家的温馨。同时，医务人员也接受了专业的服务培训，提升了服务态度和沟通技巧，使得患者能够感受到更多的尊重和关怀。

这些成功实践不仅提升了患者的满意度和就医体验，也为其他医疗机构提供了宝贵的经验和启示。

三、我国医疗服务质量提升的政策启示与未来展望

从上述政策和实践中，我们可以得出以下几点政策启示：

首先，政策应继续加大对医疗服务质量提升的支持力度，推动医疗服务的信息化建设、多学科协作和远程医疗服务等创新举措的深入发展。

其次，政策应更加注重患者需求和就医体验的提升，从患者的角度出发，优化服务流程、改善就医环境、加强医患沟通等，以提升患者的满意度和信任感。

最后，政策还应鼓励医疗机构之间加强合作与交流，共享优质医疗资源和经验，共同推动医疗服务质量的整体提升。

展望未来，随着政策的不断完善和医疗技术的不断进步，我们有理由相信，患者的就医体验将会得到进一步提升，医疗服务质量也将迎来新的飞跃。

第四节　智慧医院建设有序发展

一、我国智慧医院发展的政策脉络

（一）智慧医院建设政策导向与标准体系

1. 国家层面智慧医院建设的政策背景、总体目标与技术路线

在国家层面，智慧医院建设已成为推动医疗卫生事业发展的重要战略方向。随着信息技术的飞速发展和医疗需求的日益增长，智慧医院建设旨在通过整合信息资源、优化服务流程、提升医疗质量，为患者提供更加便捷、高效的医疗服务。

政策背景方面，国家出台了一系列政策文件，为智慧医院建设提供了有力保障。这些政策明确了智慧医院建设的总体目标，即构建以患者为中心、以数据为驱动的现代化医疗服务体系，实现医疗资源的优化配置和医疗服务质量的持续提升。

技术路线方面，智慧医院建设注重信息技术的创新应用，包括云计算、大数据、物联网、人工智能等先进技术的引入，为智慧医院提供了强大的技术支撑。通过这些技术的融合应用，智慧医院能够实现医疗信息的互联互通、医疗服务的智能化和精细化。

2. 智慧医院评价体系解读

为确保智慧医院建设的健康有序发展，国家建立了智慧医院评价体系。该体系从多个维度对智慧医院的建设成果进行评估，包括基础设施建设、信息技术应用、医疗服务质量、患者满意度等方面。

评价体系的核心在于确保智慧医院建设符合政策导向和标准要求。通过定期评价和反馈，可以及时发现建设中存在的问题和不足，为医院提供改进方向和动力。同时，评价体系还能促进医院之间的交流和学习，推动智慧医院建设的整体水平的提升。

在评价过程中，注重数据的收集和分析。通过对医疗数据、患者反馈等信息的深入挖掘，可以更加准确地评估智慧医院的建设成效，为政策制定和决策提供科学依据。

3. 智慧医院建设指南等相关政策文件的核心内容

为进一步指导智慧医院建设，国家还发布了智慧医院建设指南等相关政策文件。这些文件详细阐述了智慧医院建设的具体要求和实施路径。

政策文件明确了智慧医院建设的基本原则和总体框架。强调了以患者为中心、以医疗质量为核心的服务理念，提出了加强基础设施建设、推进信息技术应用、优化服务流程等具体措施。

同时，政策文件还针对不同类型的医院和不同的建设阶段，提供了具体的建设方案和实施建议。例如，对于基层医疗机构，重点加强信息化基础设施建设和基本医疗服务的智能化改造；对于大型综合医院，则注重医疗大数据的应用和高端医疗服务的拓展。

此外，政策文件还强调了智慧医院建设的风险管理和安全保障。要求医院在推进信息化建设的同时，加强网络安全和数据保护，确保患者信息的安全性和隐私性。

综上所述，国家层面为智慧医院建设提供了明确的政策导向和标准体系。通过评价体系的建立和实施，以及智慧医院建设指南等相关政策文件的发布，为智慧医院的健康有序发展提供了有力保障。

4. 远程医疗和互联网诊断的政策保障

政策支持方面，政府积极推动远程医疗和互联网诊疗的发展。通过出台相关政策，明确了远程医疗和互联网诊疗的合法地位和服务规范，为公立医院开展相关服务提供了依据和保障。

5. 电子病历在公立医院的应用现状与政策支持

电子病历作为智慧医院建设的重要组成部分，近年来在公立医院得到了广泛应用。通过电子病历系统，医院能够实现病历信息的数字化存储、传输和共享，提高了病历管理的效率和准确性。

政策支持方面，政府出台了一系列文件，推动电子病历的普及和应用。这些政策不仅明确了电子病历的标准和规范，还提供了资金和技术支持，鼓励医院加快电子病历系统的建设。

6. 人工智能技术在医疗服务中的创新应用与政策案例

人工智能技术在医疗服务中的应用正在逐渐改变传统的医疗服务模式。通过深度学习、自然语言处理等先进技术，人工智能可以辅助医生进行疾病诊断、制定治疗方案等工作，进而提高医疗服务的效率和质量。

政策方面，政府鼓励和支持人工智能技术在医疗服务中的创新应用。通过设立专项资金、建设示范基地等方式，推动人工智能技术在公立医院的落地实施。

（二）信息安全政策

1. 公立医院智慧化进程中数据安全与隐私保护面临的挑战与政策应对

随着公立医院智慧化建设的不断推进，医疗数据的采集、存储、传输和应用日益广泛，数据安全与隐私保护面临着前所未有的挑战。这些挑战主要包括以下几个方面：

一是数据泄露风险。由于医疗数据具有极高的敏感性和价值性，一旦泄露或被非法获取，将对患者和医院造成巨大损失。

二是数据滥用问题。未经授权的访问和使用医疗数据可能导致个人隐私泄露，甚至被用于非法目的。

三是技术安全漏洞。智慧医院建设中涉及的信息系统、网络设备等可能存在安全漏洞，给数据安全带来潜在威胁。

为应对这些挑战，政府出台了一系列政策措施。首先，加强法律法规建设，完善数据安全与隐私保护的法律框架。例如，制定《中华人民共和国个人信息保护法》等相关法律法规，明确医疗数据的保护范围和责任主体。其次，推动技术创新和应用，提升数据安全防护能力。鼓励研发先进的数据加密、匿名化等技术手段，保障医疗数据的安全传输和存储。最后，加强监管和执法力度，确保政策措施的有效实施，建立健全数据安全监管机制，对违规行为进行严厉打击。

2. 相关法律法规对智慧医院的数据合规要求与监管动态

针对智慧医院的数据安全与隐私保护问题，相关法律法规提出了一系列数据合规要求。这些要求旨在规范医疗数据的收集、使用、存储和传输等行为，确保数据的合法性和安全性。

具体而言，《中华人民共和国个人信息保护法》等法律法规要求医疗机构在收集和使用个人信息时，必须遵循合法、正当、必要原则，并获得个人明确同意。同时，医疗机构应当采取必要措施，保障个人信息的安全和隐私，防止数据被泄露和滥用。此外，医疗机构还应建立健全内部管理制度，对医疗数据进行分类管理，并定期对数据安全进行评估和审计。

在监管动态方面，政府相关部门不断加强对智慧医院数据安全的监管力度。通过定期开展数据安全检查、加强执法力度等措施，确保医疗机构严格遵守相关法律法规要求。同时，政府还积极推动跨部门协作和信息共享，形成数据安全监管合力，共同维护医疗数据的安全和隐私。

3. 政策推动智慧医院与公共卫生、医保、药品供应等系统对接的进展与未来趋势

与公共卫生、医保、药品供应等系统的对接是智慧医院发展的重要方向，也是实现区域卫生信息化的关键所在。政策在推动这一进程中起到了至关重要的作用。

近年来，政府出台了一系列政策，旨在促进智慧医院与公共卫生、医保、药品供应等系统的对接。这些政策不仅明确了对接的目标和任务，还提供了具体的实施路径和保障措施。例如，通过制定统一的数据标准和接口规范，实现各系统之间的数据共享和互通；通过加强信息安全和隐私保护，确保对接过程中的数据安全和隐私权益。

4. 智慧医院与区域医疗信息智能化

政策方面，政府已经出台了一系列措施，旨在推动智慧医院在区域医疗信息平台建设中的积极参与。这些政策不仅明确了智慧医院的建设标准和要求，还提供了资金和技术支持，鼓励医院加强信息化建设，提升信息化水平。

二、我国智慧医院建设落地情况

（一）信息技术在医疗服务中的深度应用

1. 电子病历在公立医院的应用

在公立医院中，电子病历的应用已经取得了显著成效。通过电子病历，医生可以方便地查阅患者的病史、检查结果和用药记录等信息，为临床决策提供有力支持。同时，电子病历还能帮助医院实现病历的远程调阅和共享，促进了医疗资源的优化配置。

然而，电子病历的应用也面临着一些挑战，如数据安全问题、系统稳定性问题等。

2. 远程医疗、互联网诊疗在公立医院的应用

在公立医院中，远程医疗和互联网诊疗的应用逐渐得到普及。通过远程会诊、远程监护等方式，医院能够与基层医疗机构、患者家庭等建立紧密的合作关系，实现医疗资源的共享和优化配置。同时，互联网诊疗也为患者提供了更加便捷的就医渠道，缓解了医院门诊压力。

然而，远程医疗和互联网诊疗在应用过程中也面临着一些挑战，如技术标准不统一、服务质量难以保障等问题。

3. 人工智能技术在医疗服务中的创新应用

在具体政策案例中，一些公立医院已经成功应用了人工智能技术。例如，通过智能辅助诊断系统，医生可以快速准确地识别出病变区域和病灶类型；通过智能药物管理系统，医院能够实现药物的智能调配和监管，确保用药安全。

这些创新应用不仅提高了医疗服务的效率和质量，还缓解了医生的工作压力，提升了患者的就医体验。未来，随着人工智能技术的不断发展和完善，相信其在医疗服务中的应用将会变得更加广泛和深入。

（二）数据安全与隐私保护

面对数据安全与隐私保护的挑战和法规要求，公立医院积极开展实践探索，加强数据安全与隐私保护工作。

首先，公立医院加强数据安全管理体系建设。建立完善的数据安全管理制度和流程，明确各部门在数据安全管理中的职责和权限。同时，加强数据安全培训和宣传，提高全体员工的数据安全意识。

其次，公立医院采用先进的数据安全技术手段。利用数据加密、匿名化等技术手段，保障医疗数据的安全传输和存储。同时，建立数据备份和恢复机制，确保数据的完整性和可用性。

最后，公立医院还加强了与其他机构的合作与信息共享。通过与其他医疗机构、政府部门等建立合作关系，共同推进数据安全与隐私保护工作。同时，加强了信息共享和互通，提高了医疗服务的效率和质量。

综上所述，公立医院在智慧化进程中面临着数据安全与隐私保护的挑战，但通过政策应对、法规要求和实践探索等多方面的努力，可以有效保障医疗数据的安全和隐私，推动智慧医院的健康有序发展。

（三）智慧医院与区域卫生信息化融合

1. 智慧医院在构建区域医疗信息平台中的角色

随着信息化技术的深入应用，智慧医院在构建区域医疗信息平台中扮演着日益重要的角色。区域医疗信息平台旨在实现医疗资源的共享、优化医疗服务流程、提升医疗服务质量，而智慧医院作为其中的关键节点，为平台的建设与发展提供了强大的动力。

在实践层面，智慧医院通过集成先进的信息技术，实现了与区域内其他医疗机构的互联互通。通过电子病历、远程医疗、移动医疗等手段，智慧医院打破了传统医疗服务的地域限制，为患者提供了更加便捷、高效的医疗服务。同时，智慧医院还积极参与区域医疗信息平台的数据共享和交换，为政策制定和决策提供科学依据。

未来，随着技术的不断进步和政策的持续推动，智慧医院在构建区域医疗信息平台中所扮演的角色将更加凸显。

2. 智慧医院推动医疗大数据应用的进展

医疗大数据是智慧医院建设的重要组成部分，也是推动医疗事业发展的重要力量。政府已经意识到医疗大数据的潜力，并在政策层面进行了相应的布局。

政府出台了一系列政策文件，明确了医疗大数据的应用方向和发展目标。这些政策鼓励医疗机构积极采集、整合和分析医疗数据，挖掘其中的价值，为临床决策、疾病预测、健康管理等方面提供有力支持。政府还推动建立了医疗数据共享机制，促进了医疗机构之间的数据互通和协作。

在实践层面，智慧医院在医疗大数据应用方面取得了显著进展。通过利用大数据技术对海量医疗数据进行分析和挖掘，智慧医院能够更准确地预测疾病趋势、评估治疗效果、优化诊疗流程等。这不仅提高了医疗服务的效率和质量，还为医院管理决策提供了科学依据。

3. 智慧医院与公共卫生、医保、药品供应等系统的对接进展

在实践层面，智慧医院与公共卫生、医保、药品供应等系统的对接已经取得了初步成效。通过对接，智慧医院能够实时获取公共卫生信息，为疫情防控和应急响应提供有力支持；同时，通过与医保系统的对接，实现了医疗费用的直接结算和报销，方便了患者就医；此外，与药品供应系统的对接也确保了医院药品的及时供应和质量安全。

三、我国智慧医院建设未来前景

在电子病历系统的未来前景中，还需要进一步完善电子病历系统的功能和性能，加强数据保护和安全管理，以确保电子病历在医疗服务中的安全、有效应用。

而对于互联网相关远程医疗服务，未来还需要加强相关技术的研发和推广，完善服务标准和监管机制，确保远程医疗和互联网诊疗在公立医院中的健康有序发展。

随着技术的不断进步和政策的持续推动，智慧医院与公共卫生、医保、药品供应等系统的对接将更加紧密和高效。我们期待看到更多创新性的对接模式和应用场景的出现，为提升医疗服务的质量和效率、保障人民健康福祉作出更大贡献。

在未来，更多智慧医院将与区域医疗信息平台深度融合，共同推动医疗服务的升级和转型。从长远来讲，智慧医院在医疗大数据应用方面的潜力将得到进一步释放。我们期待出现更多创新性的应用案例，为医疗事业的发展注入新的动力。

第五节　公立医院绩效考核实施情况

一、公立医院绩效考核政策背景

公立医院是我国医疗服务体系的主体，是全面推进健康中国战略建设的重要力量。当前，公立医院到了从“数量积累”转向“质量提升”的关键期，提高卫生健康供给质量和服务水平，必须将公立医院高质量发展置于更突出的位置。公立医院绩效考核是推动公立医院建立健全现代医院管理制度的重要抓手，2019 年 1 月，国务院办公厅发布《关于加强三级公立医院绩效考核工作的意见》(国办发〔2019〕4 号)，同年 4 月国家卫生健康委发布《关于启动 2019 年全国三级公立医院绩效考核有关工作的通知》，全面启动了对公立医院的绩效考核工作，统称为公立医院“国考”。这是国家层面首次对全国公立医院整体情况考核并对其考核成绩进行反馈，考核结果将被全方位应用，与公立医院的未来发展息息相关。2021 年国务院办公厅出台《关于推动公立医院高质量发展的意见》(国办发〔2021〕18 号)，要求公立医院以公益性为导向，全面推行绩效考核，优化绩效考核指标体系。同年，国家卫生健康委和国家中医药管理局制定了《公立医院高质量发展促进行动（2021—2025）》，要求深入推进公立医院绩效考核，发挥绩效考核与高质量发展促进行动的协同作用，以“国考”标准引领公立医院逐步走上现代化医院管理之路和高质量发展之路，越来越多的公立医院将更加重视医院的绩效管理。

公立医院“国考”包含医疗质量、运营效率、持续发展、满意度 4 个维度 56 个指标，涵盖医疗、护理、科教等医院管理的方方面面。“国考”成绩已成为衡量公立医院综合实力的重要指标。通过绩效考核，有利于各家医院找到自身的短板和差距，让医院管理者更加明确如何落实功能定位，如何提高医疗质量，如何提高运营效率，如何做好学科建设，促进医疗服务的同质化，推动公立医院的高质量发展，对医院的管理意义重大、影响深远。

国家公立医院绩效考核实施以来，国家卫生健康委每年对绩效考核结果、存在问题等情况进行通报。在2022年度三级公立医院绩效考核结果通报会上，国家卫生健康委医政司焦雅辉司长表示，从5年来的数据看，全国三级公立医院发展方式、运行模式、资源配置更趋合理，绩效考核已经成为引导公立医院坚持公益性、持续提升医疗服务质量和效率、加强内部运营管理、实现高质量发展的指挥棒，成为推动公立医院实现“三个转变、三个提高”的关键一招。

从国家卫生健康委公布《2022年度全国三级公立医院绩效考核国家监测分析情况》来看，和2018年度相比，全国三级公立医院医疗质量全面提升，病例组合指数和出院患者四级手术占比分别增长了10%和23.5%。5年来，Ⅰ类切口手术部位感染率、低风险组病例死亡率、抗菌药物使用强度呈逐年下降趋势，大型仪器设备检查阳性率接近90%，检查检验同质化水平和结果可比性不断提升。医疗服务模式创新发展，出院患者微创手术占比和日间手术占择期手术比例分别提升了4.6和6.7个百分点。公立医院运行模式和费用控制不断优化，77.6%的三级公立医院设立了总会计师，83%的三级公立医院的电子病历应用水平达到4级及以上水平，即实现了全院信息共享。与2018年相比，门诊和住院次均费用增幅均低于5%，医药费用不合理增长得到有效控制。医院资源配置与人才培养更加科学，全国三级公立医院万元收入能耗支出较2018年下降7.8元，麻醉、儿科、重症等紧缺医师数量和占比均较2018年有所增长，临床药师和医护配置更加合理。医疗服务收入占比（不含药品、耗材、检查检验收入）和人员支出占比较2018年分别提升了1个和3个百分点，医务人员劳务价值进一步体现。公立医院绩效考核指标持续向好，公立医院改革发展取得了阶段性成效。

二、公立医院内部绩效考核问题

（一）现阶段公立医院发展面临的主要问题

随着国家医改政策的相继出台，对公立医院规范化管理、精细化运行、高质量发展提出了更高更严的要求。分级诊疗、支付制度改革、智慧医院建设、“国考”等都影响和考验着医院的发展和走向。针对如何推动临床医疗服务发展，新一轮医保制度改革致力于“三医联动”寻求新突破，形成良性互动，推动医保事业和医疗事业可持续发展。在“国考”与付费改革背景下，“互赢共生、共同发展”的新格局显得尤为重要，医院需要不断挖掘内部潜力和优势，助力高质量发展。

公立医院绩效考核给各级医院的发展指明了方向，而公立医院在实际运行中普遍存在以下几个问题：医院精细化、科学化管理程度不高，医疗运行中的信息互联、智慧决策能力欠缺；医疗核心竞争力不够强，学科建设及学科发展方向不明，学科发展参差不齐，学科特色及学科优势不明显，人才梯队不尽合理，新医疗新技术发展后劲不足；医疗运行效率提升遇到瓶颈，医院提效困难；支付方式改革应对乏力，合理控费及降本增效动力不足等方面的矛盾仍很突出。

（二）公立医院绩效管理现状

1. 坚持公益性和服务性导向，推进医院治理体系现代化，提升医院管理能力是医院管理者共同追求的目标

公立医院绩效管理是一个复杂的议题，涉及很多因素，包括医院规模、组织结构、管理理念、经济情况、员工素质以及政策环境等。各医院发展水平和管理水平存在较大差异，缺乏有效考核监督机制，考核结果应用等方面相对薄弱。

2. 绩效管理的目的是实现医院战略目标

绩效分配直接关乎员工薪酬水平，因此绩效考核与分配体系是否科学合理影响着医务人员的积极性与医院战略的实现。公立医院面临自负盈亏，随着规模扩大及多院区的发展，导致运行成本不断增大，给绩效管理增加了压力。

3. 公立医院绩效考核中存在的问题

（1）绩效考核体系不完善，考核指标导向、权重分配以及量化评分方法等环节仍存在诸多问题。考核指标重视财务业绩指标而忽略非财务业绩指标，有些指标难以量化，导向作用不强，导致考核内容不能起到有效缓解公立医院看病难的作用。部分医院绩效考核量化评分设置不够合理，使得考核结果差异较小，绩效激励作用不明显，医务人员改善动力较低，内部绩效考核“指挥棒”作用未能得到有效发挥。

（2）绩效考核信息化程度不高，内部部门之间配合度欠缺。目前仍有很多医院绩效考核依赖手工作业，数据来源不统一，由于缺少信息技术支撑导致考核效果不太尽如人意。内部各部门间协作程度不高，未对考核起到监管督促作用，使得有些考核流于形式。

（3）绩效考核认知力不高，绩效结果反馈与绩效改进机制不够完善。绩效考核的最终目的是提升医院的整体绩效，部分员工对绩效考核的重要性、必要性认识不足，参与度较低，或是认为考核指标不合理而出现抵触情绪，考核结果难以调动员工积极性。绩效考核责任主体没有及时对绩效考核结果进行沟通，缺乏有效的反馈机制，员工无法通过绩效考核过程及结果发现自身存在的问题并及时作出调整，进而影响了绩效考核机制的进一步优化以及总体绩效的提升。

（4）绩效考核工作能否有效落地，关键在于绩效结果的运用。很多医院绩效考核结果主要用于科室的奖金发放，员工对于考核结果的应用与奖金挂钩已经形成固定认知，工作中对其他无关考核指标的工作内容缺乏关注度。

公立医院绩效考核存在的资源紧张、管理水平不高、员工素质参差不齐等问题，都可能影响绩效考核的效果。此外，政策环境的变化也可能对绩效考核的实施产生影响。因此，公立医院在实施绩效考核时需要充分考虑自身的实际情况和需求，制定合理的考核标准和方法，确保考核的公正、公平和公开，不断完善和优化绩效考核体系。

三、公立医院绩效考核对医院的影响

实施公立医院绩效考核以来，绩效考核作为一种重要的管理工具，被广泛应用于公立医院的日常管理，促进了医院管理水平和服务能力的显著提升，切实提高了整体医疗服务能力水平。

（一）促进医院发展方式转变

1. 促进医院诊疗能力持续提升

医疗质量是公立医院发展的生命线和永恒主题，也是三级公立医院绩效考核占比最大的一类指标。从国家卫生健康委发布的全国公立医院绩效考核国家监测分析情况来看，绩效考核引导医院注重内涵式发展，即医院在保持规模稳定的基础上，通过提高医疗技术和服务水平、优化服务流程、加强内部管理等方式，提高医疗服务的质量和效益，提升医院解决疑难复杂疾病的能力，增强医院的核心竞争力，推动医院由规模扩张型转向质量效益型转变。2022 年度全国三级公立医院出院患者四级手术占比为 20.2%，微创手术占比为 20.5%，较“国考”之初增长明显。近年来医疗质量安全稳中向好，实现了医院的可持续发展。

2. 推动分级诊疗就医模式的发展

鼓励三级医院与基层医疗机构协同发展，通过资源共享、优势互补等方式提高整个医疗体系的效率和效益，推动医疗卫生事业的全面发展。引导三级公立医院逐步落实救治疑难危重症的功能定位，将常见病、多发病引导到基层卫生机构接受诊疗服务，进一步推进分级诊疗的落实，不断满足人民群众日益增长的就医需求。

（二）促进公立医院运行模式的精细化

随着医疗需求不断变化，患者对医疗服务的质量、效率和体验提出了更高的要求。注重高质量发展不仅要提高诊疗服务水平，还要不断提高运营管理水平，通过完善管理制度、优化资源配置、信息化手段推动经济运行模式转变，将预算、成本、绩效有机融合，以经济管理手段优化医疗管理流程，强化成本管控，持续减少资源消耗，优化医疗收入结构和人员支出结构，从医疗的“质和量”不同维度进行综合评价，提高运行效率和服务质量，促进医院实现精细化管理。

（三）促进公立医院资源配置不断优化

通过绩效考核，医院可以更好地了解自身在医疗质量、医疗安全、成本效益以及患者满意度等方面的表现，从而找出资源配置的短板和问题，根据实际情况调整资源配置，优化资源使用效率，有效提升人民群众的获得感。高质量发展更加注重人才与技术要素，人才和技术要素的紧密结合是推动公立医院持续、健康发展的重要保障。高素质的医疗人才能够为技术创新提供源源不断的动力和支持，推动医院在科研、教学、医疗等方面取得新的突破和进展。公立医院绩效考核促进医院人员结构更趋合理，科技创新能力显著增强，员工的归属感和满意度正在不断增加。加强“以患者为中心”的医院文化，营造健康、积极、人性化的医院文化，能够为患者提供一个更加舒适、安全的医疗环境，运用新理念、新技术、新模式及时满足患者多样化就医需求，可以让群众看病就医更便捷更舒心，进而增强患者对医院的信任感和满意度。

四、公立医院绩效考核应对策略

自公立医院绩效考核实施以来，国家层面一直呼吁医院将关注重点从考核排名转向对考核结果及数据的分析与应用。在实际工作中，大多数公立医院对考核结果的应用仍有潜力可挖，通过对“国考”指标变化背后原因进行剖析，找出医院管理中需要解决的问题，解决医疗质量、持续发展等方面的瓶颈问题，为医院绩效的持续改进提出意见和建议，持续提质增效。

（一）突出高质量发展导向，明确医院战略

从 2021 年开始，国家陆续发布了医院高质量发展意见、促进行动、评价体系等相关政策，积极驱动医院实现高质量发展转型。医院发展的前提是“高质量”，从原来的“又快又好”到现在的“又好又快”。高质量发展的核心是推进医疗质量管理体系和管理能力现代化，包括医疗质量、服务体验、运营管理等多个方面，以学

科发展为目标，持续提升医疗服务能力，补齐专业专科短板，构建优质高效整合型医疗卫生服务体系。

（二）优化病种结构，提升运行效率

突出三级公立医院在急危重症、疑难复杂疾病的诊治能力，是医院的核心竞争力之所在。优化病种结构，使之更加符合自身功能定位，收治急危重症患者、开展疑难复杂手术是绩效考核的导向。通过手术结构和收支结构评价，推动公立医院发展方式从规模扩张转向提质增效，关注服务总量的同时，更重视对质量、效率、持续性以及职工与患者满意度的多维考量，是量与质的协调共生。运行模式从粗放管理转向精细化管理，通过技术创新、管理革新和服务更新来推动运行模式调整升级，通过开展日间手术、微创技术，优化临床诊疗路径，提升整体效率，获取最大的服务产出。资源配置从注重物质要素投入转向更加注重人才技术要素，学科是基础，人才是关键，依靠人才、技术等高级要素，以创新驱动来突破资源要素的瓶颈，引导公立医院落实功能定位。

（三）强化内部管理，提高运营水平

结合公立医院高质量发展要求分析，医院精细化运营管理实质上是对人、财、物、技术等医院所能掌控的核心资源进行科学配置、精细管理和有效使用而开展的一系列管理活动。医院受内外部综合因素影响，经济运行面临着前所未有的压力，因此，医院成本管控显得尤为重要。成本是管出来的，不是算出来的，效率、成本将成为公立医院经营状况重要的衡量指标。手术资源的充分利用，资源的有效配置，药品、材料成本的管控等都是成本管理的重点。提高医院内部管理水平，以患者为中心、以问题为导向，通过流程优化，加强内涵建设、科学决策，解决医疗运行过程中“卡脖子”节点，以日间手术为切入点，提高病床周转率，在优势上持续发力，在劣势上补足短板，精准定位，提升医疗服务能力和运行效率，才能更好地满足人民群众健康需求。

（四）完善内部绩效考核体系，促进考核精细化

国家公立医院绩效考核指标体系一直在不断调整优化，其指挥棒、风向标效应日趋明显，医院如何交出满意“答卷”，如何在外部绩效引导下探索构建符合自身发展的内部绩效评价体系显得尤为重要。基于高质量发展目标的考核指标体系设计是医院内部绩效改革的根本，将“国考”各项考核指标内化为医院管理的标准和工具，确保内部绩效评价体系与国家政策导向一致，强化考核数据分析应用，利用数据说话，通过不断完善内部绩效评价体系，科学合理运用考核结果来促进医院进一步加强内部精细化管理，为公立医院内部绩效考核提供了驱动力。

（五）深化业财融合，推进智慧医院建设

信息化建设是全面提升医院运营管理水平的重要手段，信息化的发展赋能医院业财融合，以业财融合为要点，聚焦医用耗材等重点难点问题，可实现全流程监管。以电子病历为核心，建设智慧医疗、智慧服务、智慧管理“三位一体”的智慧医院信息系统，进一步夯实智慧医疗的信息化基础，开展智慧医疗服务新模式，简化医疗流程，可提高患者的就医体验。构建业务与管理统一的集成平台，解决信息孤岛，深挖医院人、财、物等核心资源效率，通过数据分析、云计算等对医院的各项资源进行有效地整合和利用，提高信息化管理水平，可为医院决策和运营管理提供数据支持。

（六）提升科研创新能力，加强人才队伍建设

科研创新能力是“国考”的重要内容，是支撑和驱动医院可持续发展的驱动力，也是医院高质量发展的基本要求。医院科研创新能力受人才队伍水平、资金投入、政策支持、医院管理举措以及激励约束机制等各类因素的影响。应通过公立医院绩效考核引导，不断优化人才队伍，保证人员稳定性，提升科研创新能力，保障人才科研经费和人才待遇落实。充分把握好“国考”的导向和要求，持续完善政策、创新管理，强化管理举措与机制，不断提升医院的科研创新能力，更好地促进医学科技创新发展，满足人民群众对医疗健康服务的需求。

（七）注重人文关怀，提高医务人员满意度

医务人员满意度是公立医院提供高质量医疗服务的重要保障。提高医务人员工作满意度，有利于提升医院效益、提高核心竞争力。随着医疗卫生体制改革的不断深化，医务人员的工作压力逐渐增加，势必影响其满意度。医院通过完善绩效薪酬制度设计、拓宽人才培养晋升通道、加强人文关怀、扎实做好服务保障等，为医务人员创造平等发展机会，创造职业认同环境来增强医护职业认同感，可提高员工的凝聚力，稳定职工队伍，逐步提升医务人员的满意度。

第二章

2023 年我国医疗器械监管相关政策分析

第一节　创新医疗器械发展步伐加快

一、我国创新医疗器械政策发展脉络

（一）国家顶层战略性规划指引器械创新发展

医疗装备的发展事关健康中国战略和制造强国战略的实施，为了更好地满足人民日益增长的医疗卫生健康需求，推动医疗装备产业高质量发展，2021年12月，工业和信息化部等十部门联合发布《“十四五”医疗装备产业发展规划》，强调创新发展基本原则，完善产学研医相结合的技术创新体系，推进医疗卫生、生命科学、生物技术与信息通信、新材料等技术的融合应用，研发新技术、拓展新产品、探索新模式，突破产业发展瓶颈，提升技术发展水平。到2025年，医疗装备产业基础高级化、产业链现代化水平明显提升，主流医疗装备基本实现有效供给，高端医疗装备产品性能和质量水平明显提升，初步形成对公共卫生和医疗健康需求的全面支撑能力。到2035年，医疗装备的研发、制造、应用提升至世界先进水平。我国进入医疗装备创新型国家前列，为保障人民全方位、全生命健康服务提供有力支撑。

医药工业是关系国计民生、经济发展和国家安全的战略性产业，是健康中国建设的重要基础。2022年7月，工业和信息化部等九部门联合发布《“十四五”医药工业发展规划》，强调产业创新要取得新突破，提出加快产品创新和产业化技术突破。核心技术攻关方面，要求大力推动创新产品研发，推动企业围绕尚未满足的临床需求加大投入力度，开展创新产品的开发，为医疗器械创新产品产业化工程的发展提出明确方向，重点发展中高端医疗器械产品，加快人工智能等信息技术在医疗装备领域的应用。产业技术提升方面，要求围绕医疗器械生产的关键技术、核心装备、新型材料开展攻关，开发和转化应用一批先进技术，构建产业技术新优势。在医疗器械产业化技术攻关工程领域，重点发展可提高产品稳定性和可靠性的工程化技术、医疗设备数字化技术、人工智能辅助决策/诊断分析软件、远程诊断技术、高价值的关键部件和专用材料等。

医药工业和医疗装备产业是卫生健康事业的重要基础，事关人民群众生命健康和高质量发展全局。2023年8月，国务院总理李强主持召开国务院常务会议，审议通过《医药工业高质量发展行动计划（2023—2025年）》《医疗装备产业高质量发展行动计划（2023—2025年）》等文件，为医械装备创新突破提出指引。会议强调，要着力提高医药工业和医疗装备产业韧性和现代化水平，增强高端药品、关键技术和原辅料等供给能力，加快补齐我国高端医疗装备短板。要着眼医药研发创新难度大、周期长、投入高的特点，给予全链条支持，鼓励和引导龙头医药企业发展壮大，提高产业集中度和市场竞争力。要高度重视国产医疗装备的推广应用，完善相关支持政策，促进国产医疗装备迭代升级。要加大医工交叉复合型人才培养力度，支持高校与企业联合培养一批医疗装备领域领军人才。随着政策红利的加持，我国医疗器械创新发展将进入全新阶段，创新水平或将明显提速。

产业是经济发展的关键所在，是国家立国之本。2023 年 12 月，国家发展改革委公布《产业结构调整指导目录（2024 年本）》（以下简称《目录》），旨在推动制造业高端化、智能化、绿色化，巩固优势产业领先地位。《目录》由鼓励、限制和淘汰三类目录组成。其中，医药产业作为对经济社会发展具有重要促进作用的产业门类，鼓励高端医疗器械创新发展，内容包括新型基因、蛋白和细胞诊断设备、新型医用诊断设备和试剂、高性能医学影像设备、高端放射治疗设备、急危重症生命支持设备、人工智能辅助医疗设备、移动与远程诊疗设备、高端康复辅助器具、高端植入介入产品、手术机器人等高端外科设备及耗材、生物医用材料、增材制造技术开发与应用。

（二）多项国家政策助力创新医疗器械贯彻落实

自 2000 年 1 月国务院发布《医疗器械监督管理条例》（以下简称《条例》）以来，经历了 2014 年、2017 年、2020 年三次修改，在 2021 年发布的最新版《条例》中提到，将医疗器械创新纳入发展重点，对创新医疗器械予以优先审评审批，支持创新医疗器械临床推广和使用，推动医疗器械产业高质量发展。国家将创新医疗器械事业的发展写入行业顶层政策，予以高度重视。

2015 年 8 月，国务院发布《关于改革药品医疗器械审评审批制度的意见》，强调要改革医疗器械审批方式。鼓励医疗器械研发创新，将拥有产品核心技术发明专利、具有重大临床价值的创新医疗器械注册申请，列入特殊审评审批范围，予以优先办理。2017 年 10 月，中共中央办公厅、国务院办公厅印发了《关于深化审评审批制度改革鼓励药品医疗器械创新的意见》，指出鼓励新药和创新医疗器械研发，对国家科技重大专项和国家重点研发计划支持以及由国家临床医学研究中心开展临床试验并经中心管理部门认可的新药和创新医疗器械，给予优先审评审批。

为贯彻落实《关于改革药品医疗器械审评审批制度的意见》，鼓励医疗器械研发创新，促进医疗器械新技术的推广和应用，推动医疗器械产业高质量发展，2018 年 11 月，国家药监局组织修订并发布了《创新医疗器械特别审查程序》，指出在标准不降低、程序不减少的前提下，对创新医疗器械予以优先办理，并加强与申请人的沟通交流。此后，为进一步落实规范创新医疗器械特别审查工作，保证审查质量，规范审查流程，强化沟通机制，国家药监局医疗器械技术审评中心又相继修订并发布了《创新医疗器械特别审查申请审查操作规范》（2018 年）、《创新医疗器械特别审批申报资料编写指南》（2018 年）、《创新优先医疗器械注册技术审评沟通交流操作规范》（2021 年），确保创新医疗器械审评审批绿色通道有法可依，全面打通，彻底落实，解决产品研发、申报、审批等关键环节的卡点问题，营造积极正向的政策支持环境。

此外，针对外资医疗器械企业的创新产品审评审批方面，2022 年 6 月，国家药监局也发布了《关于进一步加强外资企业服务工作的通知》，提出加快医疗器械创新产品审评审批，充分实施创新和优先审评审批程序。支持进口医疗器械产品在中国境内企业生产，鼓励和支持真实世界数据的研究和利用。

（三）地方政策推动创新医疗器械发展

中国物流与采购联合会医疗器械供应链分会（简称中物联医疗器械供应链分会或分会）对 2023 年各地创新医疗器械相关政策进行调查汇总，在国家指导性政策、行业监管政策的引导下，北京、上海、浙江等地相继出台利好创新医疗器械发展政策，促进了创新医疗器械事业的发展（见表 2-1）。

表 2-1　2023 年地方创新医疗器械发展相关政策

省市	发布日期	发文机构	政策文件
北京	2023 年 10 月 27 日	北京市药监局	《医疗器械创新服务增效行动方案（2023—2025 年）》
	2023 年 2 月 23 日	北京经济技术开发区管理委员会	《北京市经济技术开发区关于促进医药健康产业高质量发展的若干措施》
上海	2023 年 8 月 3 日	上海市药监局	《上海市服务生物医药创新发展工作方案》
浙江	2023 年 1 月 18 日	浙江省药监局	《浙江省第二类创新医疗器械特别审查程序》
河北	2023 年 1 月 31 日	河北省人民政府	《关于支持生物医药产业高质量发展若干措施的通知》
山东	2023 年 1 月 4 日	青岛市人民政府	《关于印发青岛市进一步支持生物医药产业高质量发展若干政策的通知》
湖北	2023 年 7 月 7 日	湖北省药监局	《湖北省第二类创新医疗器械特别审查程序》
重庆	2023 年 11 月 28 日	重庆市药监局	《重庆市创新医疗器械审批程序》

二、我国创新医疗器械发展现状

在国家政策的引导下，近年来，我国创新医疗器械发展迅速，国家药监局发布的数据显示，从 2014 年到 2023 年，国家药监局共批准了 251 个创新医疗器械。2023 年，我国医疗器械质量数量实现双丰收，国家药监局共批准创新医疗器械 61 个，相较 2022 年增加了 11%，批准数量再创新高（见图 2-1）。在数量增加的同时，创新医疗器械“含金量”不断提升，在全球率先批准通过破坏交感神经治疗肺动脉高压的一次性使用环形肺动脉射频消融导管上市，单光子发射及 X 射线计算机断层成像系统、腹腔内窥镜单孔手术系统、颅内取栓支架等产品技术达到国际领先水平，更好地满足了公众使用高端医疗器械的需求。

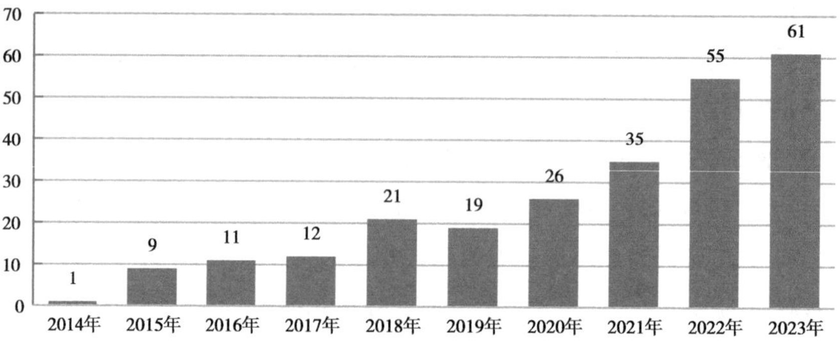

图 2-1　2014—2023 年我国创新医疗器械审批数量（个）

数据来源：国家药监局，中物联医疗器械供应链分会整理。

其中，境内创新医疗器械涉及 16 个省的 167 家企业，进口创新医疗器械涉及 5 个国家的 18 家企业。北京、上海、广东、江苏、浙江创新医疗器械获批产品数和相应企业数量最多，约占全部已批准的 251 个创新医疗器械的 78.4%，但与 2022 年相比有所下降（见图 2-2）。

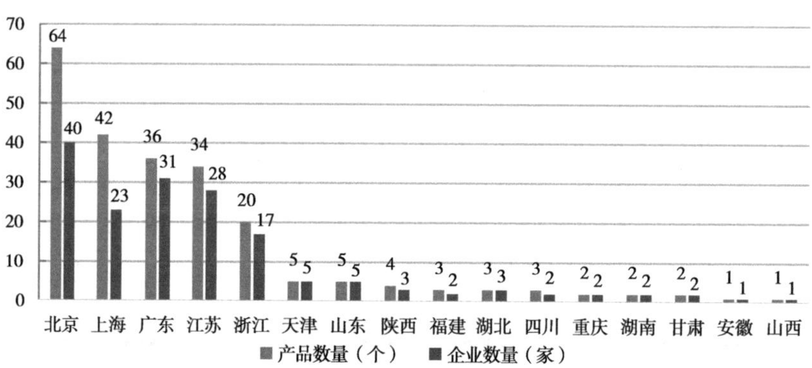

图 2-2　2023 年境内创新医疗器械各省份注册数量排位图

数据来源：国家药监局，中物联医疗器械供应链分会整理。

在 61 个被国家药监局批准的创新医疗器械产品中，包括 43 个有源医疗器械，

16个无源医疗器械，2个体外诊断试剂。创新医疗器械注册品种排位方面，有源手术器械、无源植入器械、医用软件、医用成像器械、放射治疗器械等高端医疗器械分列2023年批准的创新医疗器械数量的前五位（见图2-3）。

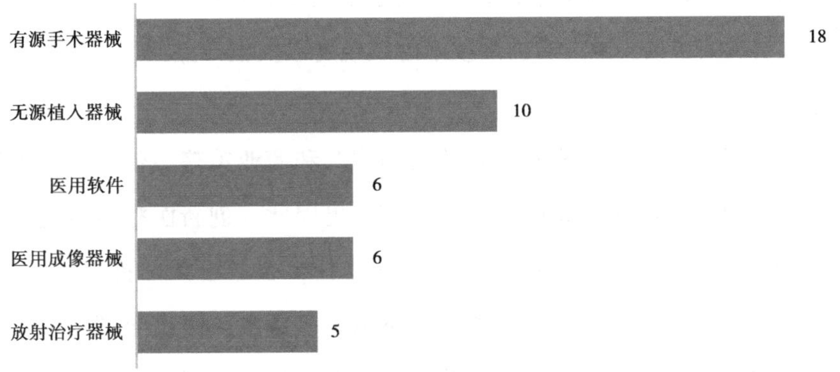

图2-3　2023年创新医疗器械批准数量排位图（个）

数据来源：国家药监局，中物联医疗器械供应链分会整理。

三、我国创新医疗器械的发展建议

众所周知，医疗器械产品的设计、制造、临床试验、注册申报及其产业化是一个复杂的流程。每个环节对医疗器械产业化落地都至关重要，也可能成为其过程中的阻碍。创新医疗器械本身具有绝对的技术性和专业性，从产品设计概念形成到最终落地推广更是遵循上述流程。因此，创新医疗器械的发展仍然有诸多需要我们关注的地方：

一是要加强医疗器械产品立项前期的调查研究。医疗器械的产品技术多源于外部成果转化或公司内部研发成果。产品立项往往需要详细的市场调研做支撑，包括技术创新性、可行性、市场规模、需求等相关内容。但目前不少企业忽略了该阶段，导致产品上市后市场表现不及预期，无法瞄准临床需求，这不利于创新医疗器械事业的长远发展。

二是要加强临床医学与生物医学工程科学的结合，即“医工结合”。临床专家与生物医学工程专家的紧密合作是医疗器械创新的关键。临床专家根据多年积累的临床实践经验可以发现临床治疗中的瓶颈问题，进而针对医疗器械产品可能的使用场景提出参数要求，生物医学工程专家则可以利用生物医学工程技术将临床专家的想法落地，设计出测试样机，二者通过优势互补更有利于推进产品概念落地，生产出贴近临床需求的创新产品。

三是要重视专业人才在医疗器械技术创新领域的重要作用。医疗器械的创新对于生物医学工程人才要求很高。目前，除少数大型医疗器械企业外，多数企业的研发力量相对薄弱，人才多集中在大学和科研院所。他们的晋升往往与科研基金和发表论文挂钩，科研人员更多地将主要精力用于论文发表和各类基金申请上，会导致部分科研人员远离市场，缺乏对前沿技术的敏锐度以及在产品研发过程中实际解决问题的能力。

四是要重视创新医疗器械上市后的市场推广和商业策略。创新医疗器械的专业技术属性决定了其进入市场后的推广难度，也因此，创新医疗器械是一场成本竞跑。新产品需要得到医生和患者的认可和信任，企业在预热推广、医生教育、培训使用、市场导入等方面要做足功课、付出更多成本，留出合理的成本回收和利润空间，这样，创新医疗器械才有可能被市场所接受，从真正意义上进入市场。

五是要加强企业与政府相关部门之间的沟通交流。创新医疗器械的研发需要进行严格的临床试验和审批程序，以确保产品的安全性和有效性。但由于临床试验的成本高、时间长，审批的程序严格、不确定性因素多，给创新医疗器械的研发和上市带来了巨大挑战。目前，市场环境推动器械产品不断创新，行业监管法规有待进一步完善。因此，企业要积极保持与政府部门的沟通，确保产品顺利批准上市，共同推动相关政策、审评路径的制定与优化。

第二节　医疗器械经营质量管理制度完善

一、《医疗器械经营质量管理规范》解读

（一）《医疗器械经营质量管理规范》内容修订

为加强医疗器械经营质量管理，规范医疗器械经营行为，促进行业规范发展，保障公众用械安全有效，根据相关法规规章规定，国家药监局修订了《医疗器械经营质量管理规范》（以下简称《规范》），自 2024 年 7 月 1 日起施行，原国家食品药品监督管理总局《关于施行医疗器械经营质量管理规范的公告》（2014 年第 58 号）同时废止。

1. 修订背景

《规范》自2014年发布实施以来，为规范医疗器械经营行为，加强医疗器械经营环节质量监管，促进行业规范发展，保障公众用械安全有效，发挥了积极作用。近年来，医疗器械产业快速发展，2023年11月底，全国医疗器械经营企业数量是2014年同期的近3倍。同时，近年来《医疗器械监督管理条例》《医疗器械经营监督管理办法》《企业落实医疗器械质量安全主体责任监督管理规定》等法规规章陆续制修订并发布实施；高值医用耗材集中带量采购、医疗器械唯一标识制度等新政策相继出台；互联网销售、第三方物流、医用耗材供应链管理等新业态不断涌现。为适应上位法变化以及行业新政策、新业态，《规范》内容亟待更新。

2. 修订思路

《规范》作为指导医疗器械经营质量管理与监督管理的重要规范性文件，在修订的总体思路上，主要把握了四点：一是适应上位法的新要求、新变化。对与现行政策法规不相一致的内容进行修改，补充完善相关规定。二是坚决贯彻“四个最严”要求。以严控经营环节质量安全风险为导向，对监管部门与行业企业反映的突出问题进行针对性的补充，解决经营环节的质量管理盲区，提高监管效能。三是准确把握发展与安全的关系。深化推进“放管服”改革，促进医疗器械产业高质量发展，释放市场创新活力。四是严格落实企业主体责任。通过强化质量管理体系要求，细化质量管理规范条款，明确落实企业各层级管理责任。

3. 修订内容

新增章节“质量管理体系建立与改进”。《规范》第二章“质量管理体系建立与改进”为新增章节，共五条，包括质量体系建立、质量方针与目标、履行主体责任、体系自查、持续改进条款内容。此章深化落实《医疗器械监督管理条例》第四十四条“从事医疗器械经营，应当依照法律法规和国务院药品监督管理部门制定的医疗器械经营质量管理规范的要求，建立健全与所经营医疗器械相适应的质量管理体系并保证其有效运行”的有关要求，进一步强化医疗器械经营环节的质量管理体系理念，不断完善企业质量管理。

《规范》修订的主要内容：一是对2014版《规范》在企业管理与监管实践中存在执行困难以及理解歧义的条款进行适宜性修订，以使规范内容更契合医疗器械经营环节的质量管理与监管实际情况。二是对新的监管要素进行识别与补充，以适应新的监管方式。明确医疗器械唯一标识在产品验收、出库复核、计算机系统方面的要求，明确电子证照与纸质证书具有同等法律效力，鼓励企业使用信息化技术传递和存储电子证照资料等。三是针对出现的新业态和新经营方式进行识别，补充经营环节质量管理盲区。例如：新增自动售械机质量管理、多仓协同的管理、直调的质量管理、临床确认后销售产品管理等内容。

4. 修订重点

（1）自动售械机的设置和管理。在医疗器械销售环节设置自动售械机，使医疗器械的可获得性更好、更快，在提高医疗器械可获得性的同时，相关质量管理需要加强。《规范》明确自动售械机是医疗器械零售经营场所的延伸，并对自动售械机的经营主体、设置位置、设置数量以及自动售械机的功能、内部陈列环境、售后机制建立、贮存与出货、定期检查、销售凭据开具等提出了具体要求，确保自动售械机的经营过程在质量受控的状态下运行，保证医疗器械产品和经营过程的质量安全。

（2）多仓协同的设置与管理。随着我国物流业的快速发展，结合已经发布实施的《国家药品监督管理局关于医疗器械经营企业跨行政区域设置库房办理事项的通告》《医疗器械经营质量管理规范附录：专门提供医疗器械运输贮存服务的企业质量管理》，《规范》新增了多仓协同的条款，明确规定企业可通过跨行政区域设置仓库、委托跨行政区域的专门提供医疗器械运输、贮存服务的企业等方式，构建全国或者区域多仓协同物流管理模式。企业应当对跨行政区域设置的仓库加强质量管理，配备与经营企业本部互联互通、能够实时交互医疗器械贮存、出入库数据的计算机信息系统等。

（3）直调运营的条件和管理。《规范》明确了企业在保证医疗器械购销渠道安全和产品质量可追溯的前提下，对于发生灾情、疫情、突发事件、临床紧急救治等特殊情况，或者经营医用磁共振、医用CT等大型医用设备以及其他符合国家有关规定的情形，可采用直调方式购销医疗器械。企业应当加强直调方式购销医疗器械的质量管理，应当在购销前对供货者、购货者以及医疗器械产品的资质合法性进行审核，并建立专门的直调医疗器械采购记录，保证有效的质量跟踪和追溯。

（4）在库贮存医疗器械新要求。企业应当根据医疗器械的质量特性进行合理贮存。根据医疗器械产品的实际情况，《规范》对在库贮存管理进行了修订和细化，如：在冷库贮存时，应当根据冷库验证报告确定合理的贮存区域，制冷机组出风口应当避免遮挡。搬运、堆垛、放置医疗器械时，应当按照包装标示要求规范操作，堆垛高度、放置方向等应当符合包装图示要求，且应当按照货架、托盘承重范围等要求妥善存放，避免损坏医疗器械。组合销售的医疗器械和非医疗器械可以不分开贮存；在实施自动化操作的自动化仓库中，医疗器械与非医疗器械可以按货位分开存放。库房贮存产品包含非医疗器械产品时，应当做好库房分区管理，应当充分评估非医疗器械产品对贮存环境与人员的污染风险，制定措施确保医疗器械贮存环境安全。

（5）随货同行单应包含内容。《规范》规定从事医疗器械批发业务的企业，在医疗器械出库时应当附随货同行单，并加盖本企业或者委托的专门提供医疗器械运输、贮存服务企业的出库印章。随货同行单内容应当包括：供货企业名称，医疗器械注册人、备案人和受托生产企业名称，医疗器械的名称、型号、规格、注册证编号或者备案编号，医疗器械的生产批号或者序列号、使用期限或者失效日期、数量，医疗器械运输及贮存条件，专门提供医疗器械运输、贮存服务的企业名称（若有），收货单位名称、收货地址、联系方式、发货日期等。医疗器械直调购销的，供货者应当开具两份随货同行单，分别发往直调企业和购货者。直调随货同行单应当有明显的直调标识，并标明直调企业名称、直调原因。

（6）运输环节做好记录。《规范》明确了医疗器械运输环节应记录的内容。企业应当按照相关制度以及运输操作规程要求进行医疗器械运输，选择合理的运输工具及运输路线，做好运输过程的产品防护，确保运输过程医疗器械产品的质量安全，并做好运输记录。运输记录应当包括：收货单位名称、地址、联系方式、运输方式，医疗器械名称、型号、规格、医疗器械注册证编号或者备案编号，生产批号或者序列号、单位、数量、发货日期等内容。委托运输时还应当记录承运单位名称和运单号，自行运输时应当记录运输车辆车牌号和运输人员。

（7）售后服务要求。《规范》规定企业应当按照与供货者在采购合同或者协议中约定的质量责任和售后服务责任，以及与购货者约定的质量责任和售后服务责任，提供相应的售后服务。企业可以自行提供售后技术服务，也可以由供货者或者第三方机构提供售后技术服务。企业使用第三方机构提供售后服务支持的，应当选择具备质量保障能力的服务机构，签订质量保证书面协议，约定双方质量责任和义务，明确售后服务的服务范围与质量管理要求。企业应当定期对服务机构的质量保障能力进行考核评估，确保售后服务过程的质量安全与可追溯。

5. **修订意义**

（1）适应科学监管和行业高质量发展需求。医疗器械的质量安全有效性关乎人民群众生命健康，而医疗器械的经营过程直接影响产品的质量安全。新《规范》的修订与实施顺应了市场快速发展、技术不断创新、经营环节新业务形态不断涌现的需求。

新《规范》以保障公众用械安全、提高健康水平为出发点和落脚点，在强化医疗器械经营质量安全监管的前提下，聚焦行业痛点问题，结合行业发展需求，进一步规范经营质量安全管理，加强产品质量安全，筑牢质量安全防线，促进行业健康发展。

（2）解决经营环节质量管理盲区。新发布《规范》新增“质量管理体系建立与改进”章节，内容包括质量体系建立、质量方针与目标、履行主体责任、体系自查、持续改进等条款内容。该章节是对《医疗器械监督管理条例》的第四十四条“从事医疗器械经营，应当依照法律法规和国务院药品监督管理部门制定的医疗器械经营质量管理规范的要求，建立健全与所经营医疗器械相适应的质量管理体系并保证其有效运行”的深化落实，进一步强化了医疗器械经营环节的质量管理体系理念，完善企业质量管理，推动质量管理的科学、严密、合理和有效。

新增章节也为行业质量管理建立了理论基础，确保各企业都能按照这套质量管理体系有效运行不产生偏差，有利于促进行业统一规范和协同发展。同时，该章明确了企业质量管理的要素，有利于企业落实全面质量管理，提升质量风险防控能力。

（3）鼓励创新激发市场活力。新修订《规范》及相关附录落实“放管服”改革要求，解决行业难点，释放市场创新活力，引导和规范医疗器械流通行业健康持续与高质量规范发展，鼓励行业不断创新，对医疗器械供应链的产品质量安全、经营效率提升、社会成本降低至关重要。同时，《规范》链接医疗器械网络销售管理、第三方物流管理相关要求，在保障质量安全、风险可控的基础上，鼓励企业充分利用现代物流行业信息化、数字化与互联网、物联网等新技术，推动医疗器械唯一标识的落地实施，推进医疗器械全程可追溯。

新修订《规范》不仅有助于推动企业完善经营环节质量管理体系，提升质量操作规范性，确保产品质量安全风险，促进行业诚信经营，还将引导企业加快信息化、数字化、智能化建设，提高经营效率，尤其是规范新业态新模式的发展，将进一步推动企业创新发展。

（二）国家层面医疗器械第三方物流专项政策正式实施

为加强医疗器械经营监督管理，规范专门提供医疗器械运输贮存服务的企业质量管理，根据《医疗器械监督管理条例》及《医疗器械经营监督管理办法》，国家药监局组织制定了《医疗器械经营质量管理规范附录：专门提供医疗器械运输贮存服务的企业质量管理》，于 2022 年 10 月 31 日公布，自 2023 年 1 月 1 日起施行。

1. 制定背景及意义

医疗器械的质量安全关乎人民群众的生命健康，医疗器械经营过程中的运输、贮存环节直接影响产品的质量安全。党中央、国务院高度重视医疗器械质量安全与医药行业健康发展，《中共中央 国务院关于加快建设全国统一大市场的意见》中明确指出："建设现代流通网络。大力发展第三方物流，支持数字化第三方物流交付平台建设，推动第三方物流产业科技和商业模式创新，培育一批有全球影响力的数字化平台企业和供应链企业，促进全社会物流降本增效。"为进一步贯彻落实《医疗器械监督管理条例》，推动《医疗器械经营监督管理办法》《医疗器械经营质量管理规范》有效实施，保证医疗器械在运输、贮存环节的质量安全，国家药监局组织制定了《医疗器械经营质量管理规范附录：专门提供医疗器械运输贮存服务的企业质量管理》（以下简称《附录》）。

《附录》主要体现了以下特点：一是全面落实新法规要求。以"保证医疗器械的安全、有效，保障人体健康和生命安全，促进医疗器械产业发展"为目的；遵循"风险管理、全程管控、科学监管、社会共治"的原则。二是严格落实企业主体责任。通过细化质量规范要求，厘清委托、受托双方的质量责任与义务，保障医疗器械产品在运输、贮存环节的质量安全，夯实企业主体责任。三是充分听取与回应行业诉求。充分听取企业在专门提供医疗器械运输、贮存服务模式推进中遇到的问题与困扰，综合研判分析，落实"放管服"改革要求，解决行业难点，释放市场创新活力。四是引导行业规范发展，鼓励行业不断创新。引导和规范专门提供医疗器械运输、贮存服务的企业的健康持续与高质量发展，对医疗器械供应链的产品质量安全、经营效率提升、社会成本降低至关重要。同时，在保障质量安全、风险可控的基础上，鼓励企业充分利用现代物流行业信息化、数字化与互联网、物联网等新技术，推动医疗器械唯一标识的落地实施，推进医疗器械全程可追溯。

2. **内容解读**

（1）人员及设施配备要求。

专门提供医疗器械运输、贮存服务有较强的专业性，从业人员的专业素质水平决定了医疗器械运输、贮存环节的质量管理水平。《附录》明确了专门提供医疗器械运输、贮存服务的企业人员岗位配置与素质要求，明确相关岗位人员工作经历、年限、专业等要求。

专门提供医疗器械运输、贮存服务的企业应当配备与所提供运输、贮存服务规模相适应的设备设施，仓储设备设施应当包括：计算机硬件设备，医疗器械唯一标识采集识读设备，货架系统，装卸搬运及输送设备，分拣及出库设备，避光、通风、防潮、防虫、防鼠等设备，温湿度自动监测及控制设备，运输车辆及设备。

专门提供医疗器械运输、贮存服务的企业应当加强实时监测监控管理，对作业流程及异常状况监控；运输、贮存产品包括冷链管理医疗器械时，还应当配备备用供电设备或采用双路供电，保证在紧急情况下能够及时采取有效应对措施。

同时，鼓励专门提供医疗器械运输、贮存服务的企业采用创新技术，建设医疗器械自动化仓库，如高层货架、自动分拣机、出入库自动输送系统以及周边设施设备等构成的现代化自动仓，减少人工差错，提升服务能力。

（2）计算机信息系统要求。

专门提供医疗器械运输、贮存服务的企业的计算机信息系统是其质量管理体系的核心组成部分，应当具备权限、数据、记录、报表等多方面功能，可以有效固化质量体系的流程和质控点，可以全面留存操作过程的记录，可以承载不同岗位、不同企业主体的互联互通。计算机信息系统既是质量制度与质量流程固化与实施的有效手段，也是真实、准确、完整生成和留存质量记录的载体。

专门提供医疗器械运输、贮存服务企业的计算机信息系统应当包括仓库管理系统、温湿度监测系统、运输管理系统等，需冷链运输医疗器械的还应当配备冷链运输管理系统。计算机信息系统应当对医疗器械的运输、贮存全过程实行动态管理和控制，对相关数据进行收集、记录、查询、统计。

（3）质量管理责任划分。

《附录》明确了委托方和受托专门提供医疗器械运输、贮存服务的企业双方的责任要求。医疗器械注册人、备案人和经营企业委托专门提供医疗器械运输、贮存服务的企业运输、贮存医疗器械时，委托方应当依法承担产品经营质量管理责任。

委托方是医疗器械经营的质量责任主体。委托方应当负责其经营医疗器械的供货者、购货者与医疗器械产品资质审核、采购、销售、售后服务及医疗器械召回、不良事件监测等工作，并对委托的专门提供医疗器械运输、贮存服务的企业进行必要的质量监督。

专门提供医疗器械运输、贮存服务的企业负责收货、验收、贮存、在库检查、出库复核、发货与运输的具体操作，以及协助委托方进行退货、召回、不良事件监测等工作。

3. 制定意义

《附录》的提出有利于引导和规范专门提供医疗器械运输、贮存服务企业的健康持续和高质量发展，促进行业集约化、一体化、数字化发展，通过采用互联网、物联网、大数据等新技术发展现代物流，提升医疗器械供应链保障服务能力。

机构与人员方面，《附录》对从业企业提出设立物流机构要求，对履职人员提出专业、人数、分工等方面要求，有利于提高从业主体及行业人员的专业性，企业应加强对人员专业性的培训，进而促进行业的良性发展。设备与设施方面，《附录》对经营场所、仓储条件提出要求，有利于行业规范；鼓励企业采用唯一标识采读等先进设备，有利于推进产品追溯，确保质量安全；鼓励企业采用现代化自动仓等创新技术，有利于行业创新，降本增效，提升全链条的服务能力。计算机信息系统方面，《附录》要求计算机信息系统应当包括仓储管理、温湿度监测、运输管理等系统，有利于信息化、数字化与医疗器械物流产业的深度融合，推进行业信息互联互通、平台化建设，提升行业运作效率。质量责任划分方面，《附录》明确了委托方与受托方之间的质量责任范畴，有利于行业主体之间分工配合对产品安全质量负责，推进行业健康有序的发展。

第三节　医疗器械网络销售管理日趋完善

伴随我国互联网经济浪潮的快速来袭，互联网因素不断嵌入传统医疗器械产业，网络销售（网购）已成为医疗器械领域的常态化消费方式。近年来，我国医疗器械网络销售行业呈现高速增长态势。国家药监局南方所数据显示，2022 年我国药品与医疗器械网络销售额已经达到 2924 亿元，2023 年约为 3500 亿元（见图 2-4）。其快速增长态势及可观的销售规模使得我国医疗器械网络销售事业备受瞩目。伴随我国医疗器械网络销售规模不断扩大，规范医疗器械网络销售从业主体的行业行为变得越发重要。

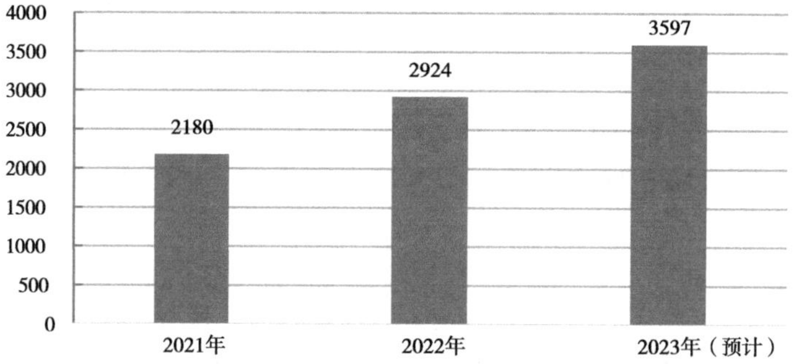

图 2-4　2021—2023 年（预计）药械网络销售额变化（亿元）

数据来源：南方所，中物联医疗器械供应链分会整理。

一、我国医疗器械网络销售相关政策法规沿革

伴随我国医疗器械网络销售规模不断扩大，规范医疗器械网络销售从业主体的行业行为变得越发重要。回顾过往，早在 2001 年 1 月，原国家食药监局便发布了《互联网药品信息服务管理暂行规定》，对互联网药品信息服务的概念进行明确界定，是指通过互联网向上网用户提供药品（包括医疗器械、卫生材料、医药包装材料）信息的服务活动，并规定国家药监局对从事经营性互联网药品信息服务进行审核，对从事非经营性互联网药品信息服务实行备案管理。

2004 年 7 月，为加强药品监督管理，规范互联网药品信息服务活动，保证互联网药品信息的真实准确，原国家食药监局出台《互联网药品信息服务管理办法》，《互联网药品信息服务管理暂行规定》同时废止，要求提供互联网药品（含医疗器械）信息服务的网站应事前取得互联网药品信息服务资格证书。拟提供互联网药品信息服务的网站，应当在向国务院信息产业主管部门或者省级电信管理机构申请办理经营许可证或者办理备案手续之前，按照属地监督管理的原则，向该网站主办单位所在地省、自治区、直辖市食品药品监督管理部门提出申请，经审核同意后取得提供互联网药品信息服务的资格。

2005 年 12 月，为规范互联网药品交易，原国家食药监局出台《互联网药品交易服务审批暂行规定》，对互联网网药品交易服务的概念进行明确，是指通过互联网提供药品（包括医疗器械、直接接触药品的包装材料和容器）交易服务的电子商务活动。互联网药品交易服务应包括为药品生产企业、药品经营企业和医疗机构之间的互联网药品交易提供的服务，药品生产企业、药品批发企业通过自身网站与本

企业成员之外的其他企业进行的互联网药品交易以及向个人消费者提供的互联网药品交易服务。要求从事互联网药品（含医疗器械）交易服务的企业必须经过审查验收并取得互联网药品交易服务资格证书。

此后，伴随互联网对医药行业的赋能，为适应国家审评审批制度改革及监管工作的实际需要，2017 年起，行业主管部门逐步取消了各类互联网药品交易服务资格证书审批，并以医疗器械销售信息备案制替代审批制，同时从制度层面精细化医疗器械网络销售主体的义务及法律责任、强化医疗器械网络监管手段和措施，规范经营行为。

2017 年 12 月，原国家食药监局出台《医疗器械网络销售监督管理办法》，明确了从事医疗器械网络销售企业和医疗器械网络交易服务第三方平台提供者之间的区别，并对二者的市场准入条件及主体责任进行了明确。同时，将此前推行的准入审批制改为现行的备案制。

2018 年 8 月 31 日，第十三届全国人民代表大会常务委员会第五次会议通过《中华人民共和国电子商务法》（简称《电子商务法》），并于 2019 年 1 月 1 日起正式实施。《电子商务法》从高层视角出发，对包含医疗器械领域在内的整个电商行业的网络销售相关主体与交易行为进行了规范。

2021 年 3 月，国家药监局修订并发布了《医疗器械监督管理条例》，从行政法规层面概括性地总结了医疗器械网络销售的监督要求。从事医疗器械网络销售的，应当是医疗器械注册人、备案人或者医疗器械经营企业。从事医疗器械网络销售的经营者，应当将从事医疗器械网络销售的相关信息告知所在地设区的市级人民政府负责药品监督管理的部门。

自此，以《电子商务法》《医疗器械监督管理条例》《医疗器械网络销售监督管理办法》为中心的医疗器械网络销售监督管理的政策法规治理框架形成。目前，为加强医疗器械网络销售环节质量管理，保障网络销售医疗器械质量安全，2023 年 9 月，国家药监局组织起草了《医疗器械网络销售质量管理规范（征求意见稿）》，相信未来在医疗器械网络销售领域的政策法规体系将日趋完善。

二、我国医疗器械网络销售发展现状

根据《医疗器械网络销售监督管理办法》，我国从事医疗器械网络销售的企业主要分为两类。一类是从事医疗器械网络销售的企业，是指通过网络销售医疗器械的医疗器械上市许可持有人（即医疗器械注册人或者备案人）和医疗器械生产经营企业。另一类是医疗器械网络交易服务第三方平台的提供者，是指在医疗器械网络交易中仅提供网页空间、虚拟交易场所、交易规则、交易撮合、电子订单等交易服务，供交易双方或者多方开展交易活动，不直接参与医疗器械销售的企业。

根据国家药监局对网络销售备案数及网络交易服务第三方平台备案数的统计，截至 2024 年 2 月 29 日，我国从事医疗器械网络销售的企业共有 26.7 万家，从事医疗器械网络交易服务第三方平台提供的企业共有 873 家。我国从事医疗器械网络销售服务的企业数量已形成一定规模，并在不断扩大。

从地域分布来看，根据国家药监局数据统计，截至 2024 年 2 月 29 日，广东省从事医疗器械网络销售的企业规模最大，网络销售企业备案数量、网络交易服务第三方平台备案数量最多，分别是 7.70 万个、209 个，医疗器械网络销售事业发展迅速。

从医疗器械网络销售平台入驻分布情况来看，各家医疗器械网络销售企业更倾向于入驻开设药械销售板块的知名互联网企业平台。淘宝、天猫、阿里巴巴等网络销售平台的入驻率分列前三（见图 2-5）。

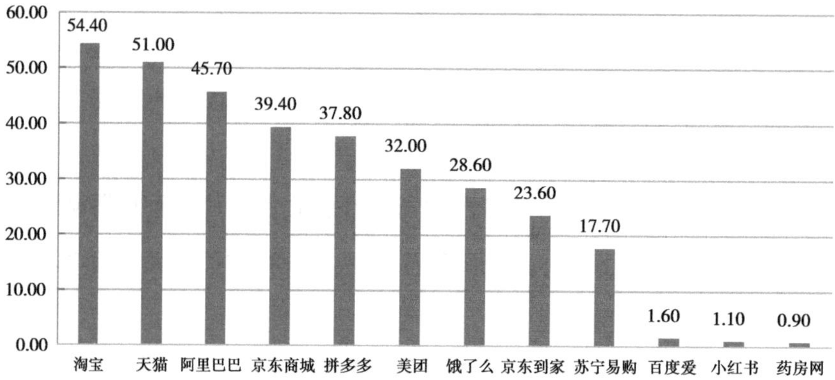

图 2-5　备案网销企业入驻第三方平台占比统计（%）

数据来源：南方所，中物联医疗器械供应链分会整理。

三、我国医疗器械网络销售现存问题

为加强医疗器械网络销售监管，切实维护人民群众的身体健康和用械安全，国家药监局指导各级药品监督管理部门依托国家医疗器械网络销售监测平台，加强医疗器械网络销售监测和违法违规线索处置，严厉打击违法违规行为。截至 2024 年 3 月 27 日，国家药监局共分期通报 5 批共 30 件医疗器械网络销售违法违规案件。分会对 30 起案件进行汇总整理，分析案件共性和行业问题（见表 2-2）。

表 2-2　截至 2024 年 3 月国家药监局通报医疗器械网络销售违法违规案件

序号	案件概述	违规行为	平台提供	器械类别	具体品类	违反规定
1	漯河市德家医疗器械有限公司未经许可在阿里巴巴网销售第三类医疗器械	未经许可销售第三类医疗器械	阿里巴巴	第三类医疗器械	人类免疫缺陷病毒 p24 抗原及抗体检测试剂盒（胶体硒法）	《条例》第四十二条、第四十六条
2	芜湖瞳妹电子商务有限责任公司在拼多多商城销售医疗器械，擅自变更经营方式、未建立进货查验记录和销售记录制度、未按照要求展示医疗器械注册证	擅自变更经营方式、未建立进货查验记录和销售记录制度、未按照要求展示医疗器械注册证	拼多多商城	—	软性亲水接触镜	《条例》第四十五条、《办法》第十条
3	河北嘉越医疗器械商贸有限公司在拼多多商城销售医疗器械，擅自变更经营方式	擅自变更经营方式	拼多多商城	—	甲型/乙型流感病毒抗原检测试剂（胶体金法）	《办法》第十五条
4	深圳市千誉科技有限公司在京东商城销售医疗器械，未展示医疗器械经营备案凭证和医疗器械注册证，且未按要求整改	未展示医疗器械经营备案凭证和医疗器械注册证，且未按要求整改	京东商城	—	强脉冲光治疗仪	《办法》第十条
5	春妙（上海）医疗器械有限公司在找商网销售医疗器械，未展示医疗器械注册证，且未按要求整改	未展示医疗器械注册证，且未按要求整改	找商网	—	医用一次性防护服	《办法》第十条
6	厦门走启医疗科技有限公司在京东商城销售医疗器械，未按照要求展示医疗器械经营备案凭证和医疗器械注册证	未按照要求展示医疗器械经营备案凭证和医疗器械注册证	京东商城	—	高频电灼治疗仪	《办法》第十条

续 表

序号	案件概述	违规行为	平台提供	器械类别	具体品类	违反规定
7	唐某龙未经许可在美团外卖平台销售第三类医疗器械	未经许可销售第三类医疗器械	美团外卖	第三类医疗器械	人类免疫缺陷病毒抗体检测试剂盒（胶体金法）	《条例》第四十二条
8	北海市海城区艾特化妆美容店未经许可在微信小程序网店“艾特化妆海城店”销售第三类医疗器械	未经许可销售第三类医疗器械	微信小程序网店	第三类医疗器械	软性亲水接触镜、隐形眼镜多功能护理液	《条例》第四十二条
9	杭州品选超市有限公司未经许可在饿了么外卖平台销售第三类医疗器械	未经许可销售第三类医疗器械	饿了么	第三类医疗器械	天然胶乳橡胶避孕套（含苯佐卡因）	《条例》第四十二条
10	成都昭一汐商贸有限公司在有赞网销售医疗器械，未展示医疗器械注册证	未展示医疗器械注册证	有赞网	—	软性亲水接触镜	《办法》第十条
11	江西康虔诚医疗器械有限公司在天猫商城销售医疗器械，未展示医疗器械注册证，且未按要求整改	未展示医疗器械注册证，且未按要求整改	天猫商城	—	无菌敷料	《办法》第十条
12	泉州市健宁大药房在京东商城销售医疗器械，未展示医疗器械注册证及备案凭证	未展示医疗器械注册证及备案凭证	京东商城	—	通用电子血压计臂带、引流袋胆汁体外医用一次性防返流防逆流导接集尿袋	《办法》第十条
13	重庆市江北区周扬成人保健用品店未经许可在美团买药平台销售第三类医疗器械	未经许可销售第三类医疗器械	美团买药	第三类医疗器械	人类免疫缺陷病毒抗体（HIV 1/2）检测试剂（胶体金法）	《条例》第四十二条
14	中山市艺美电子科技有限公司在拼多多商城销售未依法注册的第二类医疗器械	销售未依法注册第二类医疗器械	拼多多商城	第二类医疗器械	激光脱毛仪	《条例》第五十五条

续　表

序号	案件概述	违规行为	平台提供	器械类别	具体品类	违反规定
15	杭州迪准医疗科技有限公司在拼多多商城销售未依法注册的第二类医疗器械	销售未依法注册的第二类医疗器械	拼多多商城	第二类医疗器械	菲贝锦 Lk87 血氧仪	《条例》第五十五条
16	宁波吉登电子科技有限公司在天猫商城销售未依法注册的第二类医疗器械	销售未依法注册的第二类医疗器械	天猫商城	第二类医疗器械	Dayshow 冰感美肤仪	《条例》第五十五条
17	黑龙江福瑞堂医药有限公司福瑞堂大药房在微信小程序网店“福瑞堂医药”销售医疗器械，未展示医疗器械经营备案凭证，且未按要求整改	未展示医疗器械经营备案凭证，且未按要求整改	微信小程序网店	—	医用外科口罩	《办法》第十条
18	上海博桑超市商行在饿了么平台销售医疗器械，未展示医疗器械注册证	未展示医疗器械注册证	饿了么	—	医用普通口罩	《办法》第十条
19	辽宁太极大药房连锁有限公司营口成隆分店未经许可在饿了么平台销售第三类医疗器械、未更新展示医疗器械注册证	未经许可销售第三类医疗器械，未更新展示医疗器械注册证	饿了么	第三类医疗器械	胰岛素注射笔针头	《条例》第四十二条《办法》第十条
20	新余旺博商贸有限公司未经许可在京东商城销售第三类医疗器械	未经许可销售第三类医疗器械	京东商城	第三类医疗器械	灭菌凡士林纱布	《条例》第四十二条
21	重庆市巴南区知行合一贸易有限公司在拼多多商城销售未依法注册的第二类医疗器械	销售未依法注册的第二类医疗器械	拼多多商城	第二类医疗器械	IPL 脉冲光脱毛仪	《条例》第五十五条
22	临沂卡梵康商贸有限公司在天猫商城销售已取消备案的医疗器械，且未按要求整改	销售已取消备案的医疗器械，且未按要求整改	天猫商城	—	显微针	《条例》第六十六条

续 表

序号	案件概述	违规行为	平台提供	器械类别	具体品类	违反规定
23	江苏德朗电子设备有限公司在阿里巴巴网销售医疗器械，未展示第二类医疗器械经营备案凭证	未展示第二类医疗器械经营备案凭证	阿里巴巴	第二类医疗器械	手术无影灯	《办法》第十条、第十一条
24	哈密市华仕益药品零售有限公司在美团平台销售医疗器械，未展示医疗器械注册证，且未按要求整改	未展示医疗器械注册证，且未按要求整改	美团	—	血糖仪、医用酒精消毒棉片	《办法》第十条
25	门某某未经许可在闲鱼平台销售第三类医疗器械	未经许可销售第三类医疗器械	闲鱼	第三类医疗器械	肿瘤电场治疗仪	《条例》第四十二条
26	桥东来吧来吧便利店未经许可在美团平台销售第三类医疗器械	未经许可销售第三类医疗器械	美团	第三类医疗器械	天然橡胶乳胶避孕套（含苯佐卡因）	《条例》第四十二条
27	深圳艾尚品生物科技有限公司在快团团平台销售未依法注册第二类医疗器械	销售未依法注册第二类医疗器械	快团团	第二类医疗器械	水银温度计	《条例》第四十五条、第五十五条
28	回福堂（厦门）生物科技有限公司在淘宝平台销售未依法注册第二类医疗器械	销售未依法注册第二类医疗器械	淘宝	第二类医疗器械	医用冷敷贴	《条例》第四十五条、第五十五条
29	杭州澳趣电子科技有限公司在苏宁易购平台销售未依法注册第二类医疗器械	销售未依法注册第二类医疗器械	苏宁易购	第二类医疗器械	脉搏血氧仪	《条例》第四十五条、第五十五条
30	重庆市万和药房连锁有限公司黔江区新华西路店在大众点评平台销售医疗器械，未展示医疗器械注册证	未展示医疗器械注册证	大众点评	—	医用外科口罩、灸疗贴	《办法》第十条

资料来源：国家药监局，中物联医疗器械供应链分会整理。

注：《医疗器械监督管理条例》简称《条例》，《医疗器械网销售监督管理办法》简称《办法》。

通报的30起医疗器械网络销售违法违规案件具有以下共性特征：

（1）违规企业的违规行为主要包括未经许可销售第三类医疗器械、销售未依法注册第二类医疗器械、未按照要求展示医疗器械注册证或备案凭证、擅自变更经营方式、未按要求整改等内容。

（2）违规企业均是在第三方网络销售平台销售医疗器械，具体包括阿里巴巴、拼多多、美团、京东商城、苏宁易购、大众点评等知名电商平台。

（3）违规企业销售的医疗器械主要为第二类、第三类具有中度或较高风险的医疗器械，具体包括水银温度计、肿瘤电场治疗仪、灭菌凡士林纱布、IPL脉冲光脱毛仪等，需要严格管控，保证器械安全有效使用。

（4）违规企业主要违反的是《医疗器械监督管理条例》的第四十二条、第四十五条、第四十六条、第五十五条、第六十六条以及《医疗器械网络销售管理办法》的第十条、第十一条、第十五条。

总结发现，目前医疗器械网络销售领域现存问题如下：

（1）从事医疗器械网络销售的企业法规意识薄弱。对于《医疗器械监督管理条例》《医疗器械网络销售管理办法》等相关规定的理解不足，导致重复出现医疗器械网络违规销售行为，甚至出现被监管部门指出后不予整改的现象。

（2）医疗器械网络交易服务第三方平台提供者的监管机制不够完善，对入驻第三方平台的医疗器械销售商的资格审查存在漏洞，导致出现了上述未经许可销售第三类医疗器械、销售未依法注册的第二类医疗器械的现象。

（3）医疗器械网络销售监督管理力度仍需加强。从事医疗器械网络销售的企业主体对于行业法规理解不足，说明政策法规的普及宣传力度仍需加强。

四、我国医疗器械网络销售未来发展趋势

我国医疗器械网络销售市场规模将持续向好。随着“互联网+”医药产业的快速发展，网购已成为人们的常态化消费方式。伴随人民群众对医疗器械网络销售接受度的快速提高、医疗器械互联网销售服务需求的快速增加，我国医疗器械网络销售市场规模有望进一步扩大；伴随国家行业监管政策的不断完善、医疗器械网络销售平台服务不断优化，我国医疗器械网络销售将得到健康有序的发展。

我国医疗器械网络销售将呈现规范化发展态势。网络销售具有跨时空性、多媒体性、交互性、高效性、虚拟性、隐蔽性等特点，使得医疗器械网络销售成为医疗器械监管的工作重点。近年来，国家药监局始终坚持“线上线下一致”管理原则，

积极推进法规制度体系建设，不断创新监管技术手段，持续开展网络销售监测工作，坚持问题导向，加大“线上清网，线下整治”治理力度，严查违法违规行为，有力保障网络销售医疗器械的质量安全。

我国医疗器械网络销售将呈现平台化发展趋势。伴随医疗器械销售企业不断入驻各大电商平台，医疗器械网络销售平台已成为链接生产企业、经营企业、终端用户之间的重要媒介。医疗器械网络销售平台化运营模式充分发挥资源整合的优势，可加速产品、物流等相关信息的快速同步与共享，提高服务效率，降低沟通成本，为用户提供更加全面的产品选择和优质的购买体验。

第四节　医疗器械唯一标识工作有序推进

一、医疗器械唯一标识的定义

医疗器械唯一标识（Unique Device Identification，简称 UDI）是医疗器械全球通用的身份信息，是解决医疗器械全球监管问题的通用语言。根据 2019 年 8 月国家药监局发布的《医疗器械唯一标识系统规则》，医疗器械唯一标识是医疗器械产品的电子身份证，医疗器械唯一标识数据载体是储存或者传输医疗器械唯一标识的媒介，医疗器械唯一标识数据库是储存医疗器械唯一标识的产品标识与关联信息的数据库，三者共同组成了医疗器械唯一标识系统。建立医疗器械唯一标识系统，有利于运用信息化手段实现对医疗器械在生产、经营和使用各环节的快速、准确识别，有利于实现产品监管数据的共享和整合，有利于创新监管模式，提升监管效能，有利于加强医疗器械全周期管理，实现政府监管与社会治理相结合，形成社会共治的局面，进一步提升公众用械安全有效的保障水平。

国家药监局医疗器械唯一标识数据库显示，截至 2024 年 4 月 3 日，我国登记入库的医疗器械种类共 3599108 种。其中，医疗器械类 3468405 种，占比 96.37%；体外诊断试剂类 130703 种，占比 3.63%（见图 2-6）。

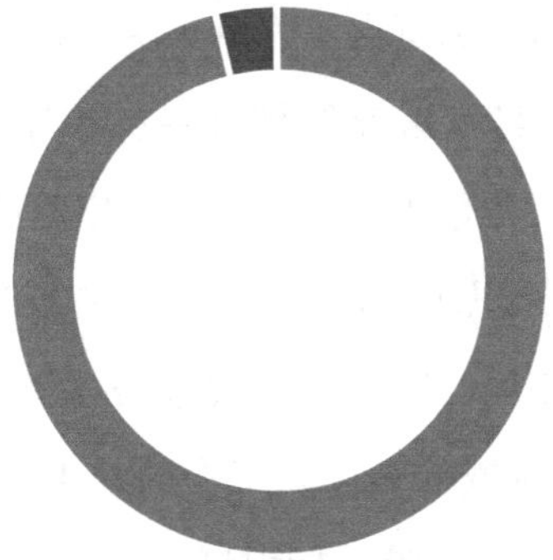

图 2-6　医疗器械产品标识统计（种）

数据来源：国家药监局。

二、我国医疗器械唯一标识的政策发展脉络

伴随信息化建设水平的不断提高，医疗器械行业精细化管理要求不断提升，医疗器械唯一标识成为串联各环节的关键线索，可实现全流程追溯。

我国医疗器械唯一标识工作的提出可追溯到 2016 年，国务院发布的《“十三五”国家药品安全规划》提出“制定医疗器械编码规则，构建医疗器械编码体系”的要求。2019 年 5 月，国务院办公厅发布《深化医药卫生体制改革 2019 年重点工作任务》，要求“制定医疗器械唯一标识系统规则”。2019 年 7 月，我国以使用质量风险高、医疗成本较大的植入介入类高值医疗器械治理为切入点，国务院办公室印发《治理高值医用耗材改革方案》，明确制定医疗器械唯一标识系统规则，逐步统一全国医保高值医用耗材分类与编码，探索实施高值医用耗材注册、采购、使用等环节规范编码的衔接应用。

为使医疗器械唯一标识各环节充分应用，国家药监局、国家卫生健康委、国家医保局联合推动医疗器械唯一标识制度实施。2019 年 7 月，国家药监局综合司、国家卫生健康委办公厅发布《关于医疗器械唯一标识系统试点工作方案的通知》，明确试点范围，要求以心脏、颅脑植入物、假体类等高风险植（介）入类医疗器械为重点品种，同时覆盖不同种类的典型产品，并部署了从 2019 年 7 月到 2020 年 7 月为期一年的试点工作，这也标志着我国医疗器械唯一标识系统试点工作的正式启动。

在试点工作启动后，2019 年 8 月，国家药监局立即发布《医疗器械唯一标识系统规则》，要求进一步加强医疗器械全周期的监督管理，创新监管模式。明确医疗器械唯一标识系统的建设目的、适用对象、建设原则、各方职责和有关要求，并于2019年10月1日起正式施行，为试点工作落地提供保障支持。同年10月，国家药监局发布《关于做好第一批实施医疗器械唯一标识工作有关事项的通告》，针对“部分有源植入类、无源植入类等高风险第三类医疗器械”，要求2020年10月1日起开展唯一标识赋码、唯一标识注册系统提交和唯一标识数据库提交等工作。

2020年10月，国家药监局、国家卫生健康委、国家医保局发布《关于深入推进试点做好第一批实施医疗器械唯一标识工作的公告》，要求深入推进医疗器械唯一标识试点工作。但受疫情影响，唯一标识试点深度尚有不足。为充分验证唯一标识制度实施的成效，经研究，决定将唯一标识系统试点工作时间延长至2020年12月31日，全面启动第一批唯一标识实施工作时间由2020年10月1日调整至2021年1月1日。

2021年3月，《医疗器械监督管理条例》修订并发布，明确国家根据医疗器械产品类别，分步实施医疗器械唯一标识制度，实现医疗器械可追溯。2021年5月，国务院办公厅发布《关于全面加强药品监管能力建设的实施意见》，提出“逐步实施医疗器械唯一标识，加强与医疗器管理、医保管理等衔接”。2021年9月，国家药监局、国家卫生健康委、国家医保局发布《关于做好第二批实施医疗器械唯一标识工作的公告》，将第一批之外的所有第三类医疗器械（含体外诊断试剂）纳入实施范围，自2022年6月1日起正式实施，自此第三类医疗器械在上市前，均需完成医疗器械唯一标识的实施工作。

自2021年1月1日首批医疗器械唯一标识实施工作开展以来，唯一标识在医疗器械生产、流通、使用全链条各环节成功得到示范应用。为进一步做好唯一标识示范推广工作，国家药监局组织医药、卫生、医保领域专家开展了唯一标识示范单位遴选工作，选出首批15家医疗器械唯一标识示范单位，以此实现以点带面、以面扩域，扎实推进唯一标识制度的有效实施。

2023年2月，国家药监局、国家卫生健康委、国家医保局发布《关于做好第三批实施医疗器械唯一标识工作的公告》，按照风险程度和监管需要，确定部分临床需求量较大的一次性使用产品、集中带量采购中选产品、医疗美容相关产品等部分第二类医疗器械作为第三批医疗器械唯一标识实施品种，并自2024年6月1日起正式实施。医疗器械唯一标识试点工作推进进程如图2-7所示。

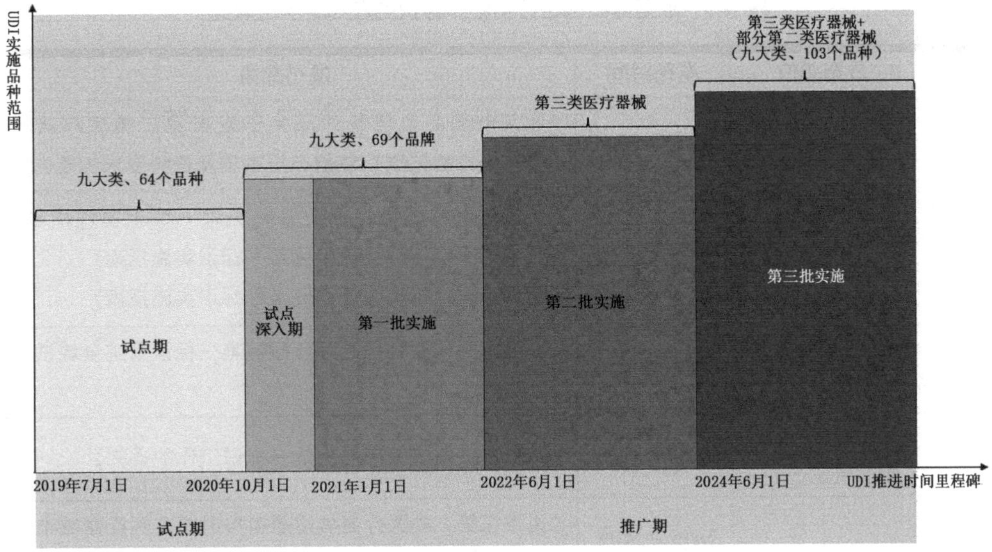

图 2-7　医疗器械唯一标识政策推进情况

信息来源：政府公开政策信息，中物联医疗器械供应链分会整理。

2023 年 7 月，国家药监局发布新版《医疗器械经营质量管理规范》，增加了体系文件与质量记录关于可追溯管理的要求，在质量机构职责、第三类经营计算机系统、经营产品资质审核等多项条款中，均提出医疗器械唯一标识与追溯的要求，并鼓励企业应用数字化、智能化工具，提升医疗器械供应链的效率与质量安全。不难看出，伴随政策落地与实施，医疗器械唯一标识将充分贯彻并融入医疗器械生产、流通、使用的各个环节。

三、我国医疗器械唯一标识的地方工作推进情况

伴随《关于做好第三批实施医疗器械唯一标识工作的公告》发布，距离医疗器械唯一工作正式实施已进入倒计时状态。与此同时，一些省（市）已提前布局，在国家政策的基础上加快推进地方医疗器械唯一标识的实施工作，明确要求部分二类、三类甚至一类医疗器械实施医疗器械唯一标识工作，推进生产端、经营端、医院端的全域试点工作。分会根据公开信息对近两年部分重点省市的医疗器械唯一标识实施情况进行汇总，如表 2-3 所示。

表 2-3 近三年我国医疗器唯一标识地方政策发布情况

地区	发布单位	发布时间	发布政策
北京	北京市药监局	2021 年 12 月	《北京市药品监督管理局关于发布第二类医疗器械（含体外诊断试剂）注册申报事项及资料要求的通告》
北京	北京市药监局	2023 年 3 月	《北京市医疗器械注册人备案人唯一标识实施指南》 《北京市医疗器械经营企业唯一标识实施指南》 《北京市医疗机构医疗器械唯一标识实施指南》
上海	上海市药监局等三部门	2021 年 1 月	《上海市关于联合推进医疗器械唯一标识系统全域试点工作方案》
深圳	深圳市市场监督管理局等三部门	2021 年 12 月	《关于推进实施医疗器械唯一标识工作的通知》
天津	天津市药监局	2022 年 5 月	《关于在第二类医疗器械注册申报时提交医疗器械唯一标识有关事项的通知》
天津	天津市药监局	2022 年 11 月	《天津市医疗器械生产监督管理实施细则》
广东	广东省医保局、药监局	2022 年 4 月	《关于开展国家医保耗材标准编码和医疗器械唯一标识数据信息维护工作的通知》
广东	广东省药监局	2022 年 10 月	《关于发布第一批广东省医疗器械唯一标识示范单位名单的通告》
山东	山东省药监局等三部门	2022 年 3 月	《山东省推进医疗器械唯一标识（UDI）实施应用工作方案》
山东	山东省药监局等三部门	2023 年 1 月	《关于公布山东省医疗器械唯一标识（UDI）实施应用技术示范单位的通知》
福建	福建省医保局、卫生健康委、药监局	2022 年 8 月	《关于加强医保定点医疗机构高值医用耗材管理的通知》

四、我国医疗器械唯一标识的推进难点

伴随医疗器械唯一标识工作的逐步推进与实施，医疗器械追溯体系也在逐步建立完善。鉴于医疗器械唯一标识串联在从生产到临床使用的各个环节，实施过程中环环相扣，实施工作面临着不小的挑战。

生产企业是医疗器械唯一标识落地过程中赋码的责任主体。对于生产企业而言，最大的难点在于如何结合自身产品特点，确保赋码的质量。第一，医疗器械行业产品多样、复杂，这为生产企业实施医疗器械唯一标识工作带来了巨大的挑战。生产企业需要考虑医疗器械在上市流通过程中如何基于产品的性能特点、渠道价格管理、

物流流通等要素，定义产品的最小销售单元、包装质量管理，进而考虑产线赋码实现的难易程度等。该过程需要生产企业的产品质量管理、市场规划管理、物流管理、设备管理等专业人士，联合发码机构对制定医疗器械唯一标识规则的专家，不断对实施医疗器械唯一标识的产品进行编码设计和优化，才能达到较为理想的效果。第二，在医疗器械唯一标识工作的落地实践过程中，生产企业和发码机构需要深入协同、反复调整，方能确保赋码质量，而这也为生产企业带来大量试错成本。第三，目前国内中小型医疗器械生产企业对医疗器械唯一标识实施工作推进缓慢，部分生产企业担心上传医疗器械唯一标识数据信息后友商更容易获取已上传产品的商业信息，影响自家产品销量。

流通企业在医疗器械上市流转供应链中占据至关重要的位置，上连生产厂家，下连医疗机构，汇聚来自生产企业的各类产品信息，这也为流通企业实施推进医疗器械唯一标识工作带来了巨大的挑战。第一，流通企业需要考虑如何快速兼容识别多家生产厂家出厂的多码制、多载体、多包装单元的医疗器械产品。第二，作为各类医疗器械产品的汇聚入口，经营企业积累了海量产品数据，如何将经营企业自有的医疗器械产品数据库与国家医疗器械唯一标识数据库中生产厂家维护的数据实现互认，一次性提高物流扫码效率，通过数据互认校验识别到货实物的产品质量，也是流通企业面临的难点。第三，在经营企业实施医疗器械唯一标识的过程中，除了升级扫码应用的硬件设备和软件系统之外，很多经营企业忽略了结合医疗器械唯一标识实施企业经营质量管理体系，进行医疗器械唯一标识管理要素的升级，未能将医疗器械唯一标识融入企业的质量管理体系中，造成了“两张皮”现象。

在医疗器械唯一标识落地过程中，虽然生产企业是赋码的责任主体，但在应用链条中，医疗机构才是推进的主体，也存在诸多难点。第一，在医用耗材入院扫码应用时，生产企业的医疗器械唯一标识条码不能满足实际临床使用的管理颗粒度。对于医疗机构而言，需要根据临床使用产品信息对患者使用的医用耗材的质量安全溯源，但基于成本的考虑，很多生产企业仅在产品的包装货运箱上赋码，在使用单元上却没有医疗器械唯一标识，这无法满足患者使用医用耗材的质量追溯，需要在医用耗材入院后，实施二次赋码，将现有包装单元的产品标识拆分至临床使用的唯一标识，以解决医用耗材质量安全追溯问题，造成了不必要的二次赋码。第二，医疗器械唯一标识的推进需要医疗机构对包含供应链管理系统（SPD）、医院信息系统（HIS）、实验室信息系统（LIS）、医院资源计划系统（HRP）等已有信息系统进行升级，而医疗机构科室众多，涉及系统之间的有效串联和信息流转等问题。第三，医疗机构现有耗材基础数据词典标准不一致，对于耗材的名称、型号规格、分类等描述不规范，存在字段颗粒度粗、录入信息不规范、分类标准不明确等问题。

上述工作问题与挑战还需要产业上下游的生产企业、流通企业、医疗机构等利益相关方积极沟通、加强协同，加速多码信息融合，共同推进标准化建设工作，助力医疗器械唯一标识工作的落地实施。

五、我国医疗器械唯一标识的实施影响

建立医疗器械唯一标识系统，有利于实现监管数据的整合和共享，创新监管模式，提升监管效能，加强医疗器械全生命周期管理，净化市场、优化营商环境，实现政府监管与社会治理相结合，形成社会共治的局面，助力产业转型升级和健康发展，为公众提供更加安全高效的医疗服务，增强人民群众的获得感。

从产业角度看，对于医疗器械生产企业，利用唯一标识，有助于提升企业信息化管理水平，建立产品追溯体系，加强行业自律，提升企业管理效能，助推医疗器械产业高质量发展。对于医疗器械经营企业，利用唯一标识，可建立符合现代化的物流体系，实现医疗器械供应链的透明化、可视化、智能化。对于医疗机构，利用唯一标识，有利于减少用械差错，提升院内耗材管理水平，维护患者安全。

从政府管理角度看，对于医疗器械监管部门，利用唯一标识，可构建医疗器械监管大数据，实现医疗器械来源可查、去向可追、责任可究，实现智慧监管。对于卫生行政管理部门，利用唯一标识，可强化对医疗用械行为的规范化管理，推动建立健康医疗大数据，提高卫生管理效率，助力健康中国战略。对于医保部门，利用唯一标识有助于在采购招标中精准识别医疗器械，推动实现结算透明化，打击欺诈和滥用行为。

从公众角度看，通过信息公开和数据共享，能够让消费者放心使用、明白消费，有效维护消费者合法权益。

医疗器械唯一标识系统的建立是一项多赢的举措，不仅能够提升监管效能，还能促进产业的高质量发展，同时保障公众的健康和权益。通过医疗器械唯一标识系统，可以确保医疗器械的安全性、有效性和可追溯性，这对于提升医疗服务质量、保障患者安全具有重要意义。

第三章

2023 年我国医保相关政策分析

第一节　我国医疗保障事业取得新成效

国家医保局自2018年成立以来，截至2024年已组建六年多，先后制定出台了两部行政法规、六部部门规章，为医疗保障领域改革提供了重要的法律保障，推动医保事业改革发展在法治的道路上行稳致远。

2023年1月，全国医疗保障工作会议总结了近五年我国医疗保障工作成果，并指出了2023年医保工作将继续围绕保基本、促创新、强监管展开，包括：进一步巩固拓展医保脱贫攻坚成果；切实做好实施“乙类乙管”后新冠感染患者治疗费用医保工作；加强生育医疗费用保障；持续加大基金监管及飞行检查力度；持续挤压药品耗材虚高价格水分；开展新批次国采，扩大地方集采覆盖品种；进一步扩大普通门诊和门诊慢特病费用跨省联网定点医疗机构覆盖范围；推进扩大长期护理保险制度试点；健全失能等级评估标准体系；全面建立职工医保普通门诊统筹，谋划门诊高血压、糖尿病“两病”用药保障机制向其他病种扩容；有序推进医保引导分级诊疗、医保省级统筹等基础性、长远性重大改革。

2023年，我国医疗保障事业改革成效如下。

一、医疗保障内涵更加充实

2023年居民医保人均财政补助标准提高至640元，2023年全国基本医保参保率稳定在95%，参保质量进一步提升。强化基本医保、大病保险、医疗救助三重制度综合保障，多层次医疗保障体系更加健全，梯次减轻患者负担。持续巩固“基本医疗有保障”成果，助力乡村全面振兴，农村低收入人口和脱贫人口参保率稳定在99%以上，综合帮扶惠及低收入人口就医超1.8亿人次、减负超1800亿元。

二、群众医药费用减负更加有力

制度化常态化开展集中带量采购。国家层面推进两批80种药品集采，覆盖一批高血压、糖尿病、癌症等常见病、慢性病用药，集采药品总数达374种；开展人工晶体和运动医学类耗材集采，耗材集采共覆盖心脏支架、人工关节、脊柱类骨科耗材、人工晶体、运动医学等高值医用耗材。优化医保药品目录管理，完成2023年国家医保药品目录调整，加大支持创新力度，新增126种药品，目录内药品数增至

3088种。持续完善“两病”门诊用药保障机制，截至2023年底，全国累计1.8亿“两病患者”享受待遇，减轻患者用药负担799亿元。2023年协议期内谈判药品在全国超24万家定点医药机构配备，惠及群众购药2.4亿人次，医保报销900多亿元，叠加降价和医保报销，为患者减负2000多亿元。

三、群众医保“救命钱”更加安全

加大日常监督检查力度。统筹协议管理和行政执法，全国医保行政部门和经办机构全年检查核查80.2万家医药机构，处理45.1万家。全面加强飞行检查，国家完成31个省（自治区、直辖市）和新疆生产建设兵团128家医药机构和经办机构飞行检查。开展专项整治，联合公安部门破获近2000起案件，抓获犯罪嫌疑人近6000人。加强长效机制建设，创新大数据监管模式，所有省份均上线国家智能监管子系统，拒付、追回资金32.5亿元。

四、群众医保服务更加便捷

推动建设“15分钟医保服务圈”，持续健全服务网络。实施16条医保服务便民措施，全国超7成政务服务事项实现全程网办，8项高频事项实现“跨省通办”。住院费用跨省直接结算率超70%，提前完成“十四五”规划目标。跨省异地就医联网医药机构达55万家，当年惠及群众就医1.3亿人次，减少群众垫付资金1536.7亿元。

五、医疗保障管理更加精细

完善定点医疗机构管理，深化支付方式改革，全国超9成统筹地区开展按病组（DRG）或病种分值（DIP）支付方式改革，25个省（自治区、直辖市）和新疆生产建设兵团实现统筹地区全覆盖。拓展信息化应用，积极推进“两结合三赋能”工作。医保码累计激活超10.8亿人、覆盖超80万家定点医药机构。31个省份上线电子处方中心，18个省份上线电子票据应用。加大药品价格治理力度，2023年全国药品采购价格指数较2022年下降4%。强化药品价格常态化监管，开展短缺、易短缺药品价格和配送异常信息监测。

第二节 医保基金监管工作取得重大进展

2023 年 7 月 28 日，国家医保局、财政部、国家税务总局发布《关于做好 2023 年城乡居民基本医疗保障工作的通知》，相较于 2022 年版文件，新增“扎实推进参保扩面”“推动省域内‘双通道’处方流转电子化”“持续推进实施全国医药价格监测工程”等内容。进一步合理医保筹资标准：2023 年居民医保筹资标准为 1020 元，其中人均财政补助标准达到每人每年不低于 640 元，个人缴费标准达到每人每年 380 元。在完善医保支付管理方面提出具体的量化指引：按照《DRG/DIP 支付方式改革三年行动计划》要求，扎实推进支付方式改革，2023 年底不少于 70%的统筹地区开展实际付费；并对药品监测、经办管理服务、医保助力乡村振兴等方面提出新的工作要求。

一、扎实推进医保基金使用常态化监管

（一）《医疗保障基金飞行检查管理暂行办法》

1. 出台的背景

2023 年 3 月，国家医疗保障局印发《医疗保障基金飞行检查管理暂行办法》（以下简称《办法》），并于 2023 年 5 月 1 日开始实施。《办法》共五章三十二条，规定了飞行检查遵循的原则、启动条件、组织方式、检查要求、检查程序、问题处理等内容，为进一步规范飞行检查工作提供了重要制度保障。

为进一步加强医保基金监管工作，切实完善飞行检查机制，优化飞行检查程序，规范飞行检查行为，为法治化、规范化、科学化开展飞行检查提供制度保障，持续严厉打击欺诈骗保行为，国家医保局结合相关法律法规规章、飞行检查实践经验等内容，经过多次调研、研讨，多轮征求系统内部、相关单位、社会公众等意见建议，历时两年制定了该《办法》。

医疗保障是减轻群众就医负担、增进民生福祉、维护社会和谐稳定的重大制度安排，医保基金是这一制度体系健康运行的物质基础和动力源泉。出台《办法》就是为了进一步守护医保基金安全。

2. 出台的重要意义

（1）是进一步贯彻落实党中央、国务院决策部署的重要举措。国家医保局深入

贯彻落实党中央、国务院决策部署，坚定不移地把维护医保基金安全作为全系统首要任务，始终坚持把飞行检查作为基金监管重要抓手。紧密结合目前基金监管新形势，及时出台《办法》，有效提升制度保障层级，进一步发挥飞行检查利剑震慑效应与引领示范作用，持续遏制欺诈骗保普发、频发势头，切实强化定点机构自律管理，全面营造“不敢骗、不想骗”的社会氛围，坚决守护人民群众的“看病钱”“救命钱”。

（2）是进一步规范提升飞行检查监管效能的制度保障。《办法》进一步规范了飞行检查行为，强化了飞行检查工作机制，有效突出飞行检查检查对象广泛、检查方式多样、部门联动紧密、检查结果权威、打击力度大、震慑作用强等特点。规定医保部门要聚焦重点领域、重点环节、重点对象开展“双随机”突击检查，持续发挥飞行检查在查办大案要案、震慑违法行为、规范医保服务等方面的重要作用，使之进一步成为医保部门主动发现问题、严打欺诈骗保、净化医药环境的有效工具和重要利器。

（3）是构建医保基金监管体系的首要关口和关键一环。在现行基金监管方式中，飞行检查侧重于点、专项整治侧重于线、日常监管侧重于面。《办法》进一步扩大了启动检查的情形和形式，强调了对违法违规使用基金行为实施综合打击，确保飞行检查能够精准、快速、彻底撕开“问题口子”，实现“点上开花”，既发挥飞行检查利剑震慑和打击作用，又通过及时揭露普遍性、典型性、苗头性、领域性等问题，促进基金监管工作的“点线面”结合，有效推动构建全方位、多层次、立体化的基金监管体系，从而不断提高基金使用效率，切实维护医保基金安全。

（二）《关于加强医疗保障基金使用常态化监管的实施意见》

2023 年 5 月 30 日，国务院办公厅发布《关于加强医疗保障基金使用常态化监管的实施意见》（以下简称《意见》）。《意见》指出，医保基金是人民群众的“看病钱”“救命钱”。加强医保基金使用常态化监管，对保障医保基金安全运行、提高基金使用效率、规范医疗服务行为、减轻群众看病就医负担具有重要意义。要全面贯彻落实党的二十大精神，加快构建权责明晰、严密有力、安全规范、法治高效的医保基金使用常态化监管体系，坚决守住医保基金安全底线。《意见》主要有以下特点。

1. 全面压实各方责任，形成监管合力

明确了医保基金使用各个环节的监管责任，包括医保行政监管责任、医保经办机构审核检查责任、定点医药机构医保基金使用自我管理主体责任、行业部门主管责任、地方政府属地监管责任。厘清了医保基金使用和监管各方的职责边界，确保相关部门各司其职，充分发挥各方职能优势，推动形成齐抓共管的综合治理格局。

2. 坚持系统思维，推动构建全方位、多层次、立体化的基金监管体系

全面总结五年来基金监管的实践经验，把现实中管用、有效的措施明确下来，通过飞行检查、专项整治、日常监管、智能监控、社会监督等多种监管方式，打好监管“组合拳”，成体系地推进医保基金监管工作。

3. 着眼长效机制建设，促进医保、医疗、医药协同发展和治理

明确要进一步建立健全监督管理机制、协同监管机制、信用管理机制、异地就医跨区域监管机制、重大事项处置机制等五项机制，有效破解各类监管难题。通过部门协同联动，激励和约束并举，促进定点医药机构规范合理使用医保基金，更好地保障人民群众的健康权益。

（三）《2023 年医疗保障基金飞行检查工作方案》

2023 年 7 月 15 日，国家医保局联合财政部、国家卫生健康委、国家中医药局印发了《2023 年医疗保障基金飞行检查工作方案》（以下简称《方案》）。

1. 明确总体要求

《方案》提出，要以四个坚持为遵循，做好飞行检查各项工作。一要坚持问题导向，围绕社会关注的医保基金使用重点领域开展飞行检查。聚焦重点是近年来医保监管的主要工作思路，目前，医学影像检查、临床检验、康复等领域参保群众反映的问题比较突出，为切实提升人民群众看病就医的获得感，2023 年将以上三个领域作为检查重点。二要坚持依法依规，2023 年，国家医保局联合有关部门进一步明确并统一了检查内容、检查方法、行为规范、结果判定、后续处置等方面，各飞行检查组要依照有关规定依法开展检查工作，做到执法程序规范、执法依据准确、执法结果公正。三要坚持系统观念，要通过飞行检查撕开问题“口子”，摸清实际情况并总结形成有效的检查经验，同时和专项整治、日常监管等其他监督检查方式有机衔接起来，努力做到检查一个、查透一个、规范一个，成体系地推进医保基金监管工作不断走深走实。四要坚持协调治理，针对检查发现的问题要认真分析，属制度层面的推动制度完善，属执行层面的加强日常管理，借助飞行检查推动医疗保障和医药卫生事业高质量发展。

2. 明确工作目标

《方案》明确了 2023 年飞行检查的两项目标：一方面通过彻查医保领域各类违法违规行为，持续保持基金监管高压态势，进一步压实定点医药机构合理、规范使用医保基金的主体责任；另一方面通过飞行检查后续整改，不断优化医疗、医保现行政策，强化经办机构审核检查责任，提升定点医药机构全国统一医保信息业务编码应用的准确性和规范性。

3. 明确检查对象

2023 年检查对象为定点医疗机构、定点零售药店、医保经办机构。在检查对象选取上分两步走，先从各省范围内选择医保基金用量较大的地级市作为被检城市，再从被检城市医保基金支付排名靠前的定点医药机构中现场抽取 2 家医院和 1 家药店，连同当地市级医保经办机构共同作为被检单位。同时，《方案》强调，检查组可根据举报线索或智能监控疑点提示等直接确定被检单位。

4. 明确检查内容

检查范围为 2021 年 1 月 1 日—2022 年 12 月 31 日期间医保基金使用和管理情况。《方案》强调，必要时检查组可追溯检查以前年度或延伸检查至 2023 年度。其中针对定点医疗机构，主要检查内控管理、财务管理、药品耗材集中带量采购执行情况、医保基金使用过程中涉及的医疗服务行为和收费行为等。为强化飞行检查对医保基金管理的推动作用，还将定点医疗机构是否规范使用全国统一的医保信息业务编码纳入检查内容。针对定点零售药店，主要检查是否存在违规刷卡、伪造信息、串换收费、为非定点机构结算医保费用等行为。针对医保经办机构，主要检查对定点医药机构和参保人申报的费用日常审核、支付以及核查情况，DRG/DIP 付费方式 2024 年度预算额度确定情况，智能审核系统使用情况等。

5. 明确各方职责

国家医保局会同有关部门明确检查重点、制定检查方案，选派有关人员指导、监督飞行检查工作，总结提炼检查经验并结合检查发现的问题对医保现行政策进行研究完善。各省级医疗保障部门指定人员担任组长，组织做好队伍组建、检查实施、后续整改等工作，同时参照国家飞行检查模式，健全省级飞行检查机制。财政、卫生健康、中医药等部门可指派人员参与飞行检查，对涉及本单位职能问题认真研究并逐步解决。

6. 明确组织程序

国家医保局联合有关部门采取抽签的方式随机匹配参检和被检省份。飞行检查实行组长负责制，计划在 2023 年 7 月完成前期筹备工作，在 2023 年 8—12 月完成现场检查工作，在 2024 年 1—3 月完成后续总结工作。

7. 明确组织保障

《方案》从加强组织领导、严格规范执法、严肃后续处置、注重标本兼治等四个方面提出具体要求，强调要规范执法行为、遵守相关纪律、运用多种手段严肃后续处理并强化飞行检查结果运用，确保本年度飞行检查工作取得成效。

（四）《关于开展2024年医疗保障基金飞行检查工作的通知》

2024年4月，国家医保局、财政部、国家卫生健康委、国家中医药局联合发布《关于开展2024年医疗保障基金飞行检查工作的通知》，提出国家飞行检查坚持以上查下，统筹全国医保基金监管力量，通过“下查一级、各省交叉”机制，对省级和地市级开展监督检查，着力破解“熟人社会、同级监管”难题；坚持广泛覆盖，实现全国所有省（自治区、直辖市及新疆生产建设兵团）、各类医保基金使用主体全覆盖，重点关注医保基金收支体量较大、医疗服务资源比较丰富的地区和机构；坚持随机抽查，随机确定被检城市和被检机构，强调公平公正和警钟长鸣，引导定点医药机构强化自律、主动规范；坚持突出重点，聚焦群众反映问题比较强烈和医保基金使用问题比较突出的领域，按照压茬推进、逐个解决的思路，分批分期推动问题逐个查深查透、逐步规范解决。

（五）《国家医疗保障局关于进一步推广三明医改经验持续推动医保工作创新发展的通知》

2024年5月24日，国家医保局官网发布《国家医疗保障局关于进一步推广三明医改经验持续推动医保工作创新发展的通知》（医保函〔2024〕25号），围绕“进一步推广三明医改经验，持续推动医保工作创新发展”提出三项指导意见：一要深刻领会三明医改精神实质，二要持续巩固落实三明医改制度性成果，三要持续创造医保改革新经验。

在不断健全医疗基金监管体制机制方面，坚持点线面结合，深入推进飞行检查、专项整治、日常监管，严厉打击虚假诊疗、虚假购药、非法倒卖医保药品等欺诈骗保行为，严肃查处挤占挪用、拖欠占款、账实不符等问题，切实保障医保基金的安全运行。坚持宽严相济、分类处置，督促引导定点医药机构深入开展自查自纠，压实医药机构主体责任，推动存量问题全面整改。强化数据赋能，筑牢医院端事前提醒、经办端事中审核、行政端事后监管三道防线，加强药品追溯码在监管工作中的应用，加快推进反欺诈大数据监管试点工作。深入研究基金监管面临的新形势新问题，加快探索门诊统筹、异地就医基金监管工作机制。探索推进基金监管信用管理，用好举报奖励，强化社会监督。

第三节　DRG/DIP 支付方式改革进展

美国于 20 世纪 80 年代开展 DRG 付费。此后，德国、澳大利亚、日本等国家也相继实施 DRG 付费。有研究显示，目前全球有 50 多个国家和地区实施了 DRG 付费。

我国于 20 世纪开始逐步探索推行 DRG 改革。改革的基本原理是，根据住院患者的疾病诊断、合并症、并发症、治疗方式等因素，将临床特征和医疗资源消耗情况相似的患者分为同一组。对同组患者确定相似的费用标准，由医保部门“打包”支付给医疗机构。从源头改变对医疗机构和医务人员的激励机制，从“多开项目获得收益”转变为“控制成本也能获得收入”。DRG/DIP 改革的重点，就是将过去医保基金向医疗机构“按项目付费”为主，改革为“按病种付费”为主。DRG 全称为“疾病诊断相关分组”，是一种用于衡量医疗服务质量效率，以及进行医保支付的重要工具。

2023 年是实施 DRG/DIP 支付方式改革三年行动计划承前启后的关键一年。深化支付方式改革，是实现“三医”协同发展的重要途径，有助于激励医疗机构主动规范医疗服务行为，在节省成本的基础上，提高诊治水平和服务质量，使有限的医保基金得到更高效的使用，实现医保、医院和患者三方共赢。随着医疗服务更加透明、医疗行为更加规范，患者的服务体验也在进一步提高，群众就医满意度正在不断提升。

一、DRG/DIP 支付改革成效

2024 年 3 月国家医保局发布的《国家医疗保障局 2023 年法治政府建设情况》显示，到 2023 年底，全国超九成医保统筹地区已经开展了 DRG/DIP 支付方式改革，改革地区住院医保基金“按项目付费”占比下降到 1/4 左右。从各地实践看，改革已经取得了以下几方面效果。

（一）患者医疗费用负担减轻，就医便利性提高

DRG/DIP 付费后，一些地区患者次均医疗费用、住院时间、个人负担部分明显降低。一些地区落实基层病种“同病同质同价”后，基层医疗机构收治患者的积极性提高，高等级医疗机构收治此类患者积极性下降，引导了分级治疗，也方便了患

者就近就医，节约了交通、住宿等社会成本。

（二）医疗机构运营向精细化转变

DRG/DIP 付费后，医疗机构对医保收入有了合理预期，主动控成本、强管理，向内部改革要效益的动力增强，时间消耗指数、费用消耗指数下降。医院 CMI 值（病例组合指数，指数值越高表明医院治疗病例的技术难度越高）得到提高，三四级手术比例明显增加，患者收治更符合功能定位，腾挪了发展空间。浙江省在全面实施 DRG 付费后，推动了检查检验结果全省互认，节约了大量不必要的检查检验资金。

（三）医保基金使用效能提升

经过支付方式改革等措施综合发力，部分改革城市住院率下降，医保基金实现了收支平衡。有的城市以往每到年底，医疗机构总是反映医保总额不足，患者住院难。支付方式改革后，医保与医院建立了协商谈判机制，形成以医疗服务结果为导向的合理支付，保证了不需要住院的患者不再低标准入院、确实需要住院的患者能够“住得上院”。

（四）完善 DRG/DIP 有关的权重、费率动态调整机制

2023 年 9 月 4 日，国新办举行《社会保险经办条例》国务院政策例行吹风会，会上介绍了《社会保险经办条例》的基本情况。会议明确了医保经办在优化定点医药机构管理服务上的具体措施：经办机构应当改进基金支付和结算服务，建立健全与“两定机构”（定点医院和定点药店）的集体协商谈判机制。随着医保支付方式改革的全面推进落地，将进一步完善医保基金支付方式和结算管理机制，加强与定点医疗机构协商谈判，引入专家力量，健全评审评议机制，完善 DRG/DIP 支付方式有关的权重、费率动态调整机制，加强费用审核和检查，做好年初预付、月度结算、年度清算和医保基金的拨付，减轻定点医药机构垫付资金的压力，有效提高医保基金的使用效率。

二、多地着力完善 DRG 付费相关政策

（一）北京市

2023 年 5 月，为贯彻落实《国务院办公厅关于进一步深化基本医疗保险支付方式改革的指导意见》，充分发挥 DRG 付费改革对医疗机构使用集采医用耗材的导向作用，不断完善对医疗机构的激励约束机制，北京市医保局发布《关于我市第一批 DRG 付费和带量采购政策联动采购方案征求意见的通知》，由北京市医疗机构组成

医疗机构 DRG 联动采购集团，针对运动医学类、神经介入类、电生理类医用耗材制定了 DRG 付费和带量采购政策联动采购方案。

（二）上海市

2023 年 7 月 28 日，上海市医保局联合市经信委、市科委、市卫生健康委等七部门制定发布《上海市进一步完善多元支付机制支持创新药械发展的若干措施》指出，在 DRG/DIP 支付方面对创新药械予以倾斜，提高新技术应用病例支付标准，新技术应用高倍率病例不设控制比例，成规模新技术应用可独立成组；稳步扩大上海市医疗服务项目和医用耗材医保支付范围，优先覆盖创新药械。

（三）山东省

2023 年 8 月 11 日，为进一步做好 DRG 付费相关工作，维护参保人权益，根据山东省医保局《关于印发山东省 DRG/DIP 支付方式改革三年行动计划的通知》（鲁医保发〔2021〕61 号）相关要求，烟台市发布《关于完善 DRG 付费相关措施的通知》，要求建立并完善 DRG 付费除外机制、优化 DRG 付费协商谈判流程，各级医保部门要加强对 DRG 付费的监督管理，定期对基金运行情况和使用效益进行分析评价，确保基金安全可控。

（四）南通市

2023 年 8 月 29 日，为纵深推进南通市医保支付方式改革，实现 DRG 付费“四个全覆盖”，南通市医保局出台《关于深入推进 DRG 点数法付费改革的通知》，进一步完善相关政策，明确具体工作要求。明确 2023 年纳入 DRG 点数法付费范围的新增定点医疗机构名单以及启动实际付费的时间。明确新增定点医疗机构 2023 年仍执行各地医疗保障部门下达的医疗保险基金总量指标，不纳入 DRG 点数法总额预算管理。各地强化 DRG 业务知识培训指导，切实加强新增定点医疗机构专业能力建设，制定切实可行的培训工作方案。对全面实现“四个全覆盖”提出具体目标任务，2023 年底前实现医疗机构病种数达到 90%以上（一级医疗机构不低于 75%）、病种入组结算率不低于 90%和 DRG 付费医保基金支出占统筹地区住院医保基金支出达到 70%。

三、我国医保支付改革发展影响

医保支付改革为生产企业、流通企业、医院、患者等供应链各环节的供给优化和支付方式都带来了一定影响。

对生产企业而言，DRG/DIP 改革对有竞争性但价格昂贵的医疗器械产品，以及非必要和辅助医疗器械等不规范、不合理治疗会产生挤压效应，从而使医疗器械生产企业受到较大影响，上游生产企业需要被迫降价，以便拓宽产业链利润空间。但也为创新性、技术含量高的产品保留了发展空间，促使医疗器械企业坚持价值医疗发展模式，提升产品的临床疗效和技术价值，找到产品在每个 DIP 价值包中的最优成本定位，这将为生产企业带来良好的发展机遇。

对流通企业而言，DRG/DIP 改革使得产品价格大幅下滑，给流通企业的收入带来了负面影响，尤其对中小企业的打击较为严重。与此同时，头部流通企业凭借多年积累的供应链、营销渠道、资金等资源优势，在医保控费阶段，可以获取更大的市场份额。这也有利于企业转型升级，创造新的盈利模式和增长点，包括利用积累的中介资源，为产业链上下游的医疗机构、药企和零售药店提供赋能的增值服务等。

对于医院等终端机构，医保支付方式能够引导和调整医疗服务行为，倒逼医疗机构改变运营管理理念，提升运营管理水平。DRG/DIP 改革的实施在规范诊疗行为的同时，对医疗机构的诊疗能力方面也提出了更高的要求。医保支付改革给医院带来的最直接、最主要的影响是在规则下，医院提供医疗服务的数量与质量并不一定与收入成正比。DRG/DIP 付费方式的推行相当于给医院预设了成本限制，而在新的医保支付模式下，检查项目、手术耗材等都会转变为医院的成本。因此，医院在保证医疗质量的前提下，会尽量减少支出、降低成本、提高效率，减少不必要的医疗行为，提高定点医疗机构精细化管理水平。

对于患者而言，DRG 改革的实施在减少看病费用的同时，还能促使医疗机构提升医疗质量，使医院和医生以最优、最省的资源把病看好，同时“大处方”“泛检查”等问题将会被遏制，从一定程度上解决“看病难”的问题。DRG 改革促使医院优化诊疗方案，缩短病人住院时间，从而增加了接收病人的能力，严格遵循临床路径下的优化诊疗方案，将使更多患者享受到优质医疗资源，进一步提升患者疾病治疗的获得感。

四、DRG/DIP 支付方式改革的下一步发展方向

2024 年 5 月，国家医保局印发《关于进一步推广三明医改经验持续推动医保工作创新发展的通知》，提出着力提升医保支付管理水平。建立健全管用高效的医保支付机制，加快推行以按病种付费为主的多元复合式医保支付方式，在确保 2024 年实现按病组和病种分值（DRG/DIP）支付方式改革统筹地区全覆盖的基础上，着力巩固做实、提质增效。规范病组（病种）、权重（分值）等核心要素管理和调整机制，建立与医疗机构的意见收集和反馈机制，加强沟通协商，推动医保、医疗“相

向而行”。国家统一制定 DRG/DIP 付费管理办法，建立 DRG/DIP 分组定期规范升级制度，使分组贴近临床需求，符合地方实际。深化 DRG/DIP 功能模块应用，赋能医保支付管理标准化、精细化。探索异地就医费用纳入就医地 DRG/DIP 付费和中医优势病种按病种付费。

第四节　2023 年医疗器械集采工作进展

一、2023 年集采重点政策

（一）《关于做好 2023 年医药集中采购和价格管理工作的通知》

2023 年 3 月 1 日，国家医保局发布《关于做好 2023 年医药集中采购和价格管理工作的通知》（以下简称《通知》）。以改革创新、精细管理、蹄疾步稳为工作总基调，进一步完善医药价格形成机制，促进医保、医疗、医药协同发展和治理，向人民群众提供优质高效、经济合理、方便可及的医药服务。

《通知》要求，扎实推进医用耗材集中带量采购。按照“一品一策”的原则开展新批次国家组织高值医用耗材集采。做好脊柱类耗材集采中选结果落地执行，参照人工关节置换手术价格专项调整的做法，优先调整与脊柱类耗材集采相关的手术价格。适时启动人工关节集采全国统一接续。聚焦心内科、骨科重点产品，指导更多省份推进吻合器、超声刀等普外科耗材集采，继续探索体外诊断试剂集采，各省份至少开展 1 批省级耗材集采。重点指导陕西牵头开展硬脑（脊）膜补片、疝修补耗材省际联盟采购，河南牵头开展神经外科等耗材省际联盟采购，安徽牵头开展体外诊断试剂省际联盟采购。

（二）《关于加强和改进医药价格和招采信用评价工作的通知》

2023 年 11 月，国家医保局发布《关于加强和改进医药价格和招采信用评价工作的通知》（以下简称《通知》）。《通知》就强化责任担当、加强向生产企业穿透、加大信息披露力度、拓展评定结果应用等方面作出明确要求。医药价格与招采信用评价制度主要着眼于医药集中采购市场内药品和医用耗材价格虚高现象，完善以市场为主导的医药价格形成机制，促进医药企业按照公平、合理、诚实信用、质价相符的原则制定价格，对违反医药价格和招采信用评价制度的失信企业的医药产品予以相应评级。《通知》的发布进一步压实了集采机构主体责任，强化制度落实，对医药集采市场的良好运行与发展具有重要意义。

（三）《关于加强医药集中带量采购中选产品供应保障工作的通知》

药品、医用耗材集中带量采购工作开展以来，中选产品供应总体稳定，但受短期临床需求波动等影响，也出现个别品种临时性供应紧张问题。

2024 年 1 月，国家医保局办公室印发《关于加强医药集中带量采购中选产品供应保障工作的通知》，为压实中选企业履约责任，确保临床用药稳定，巩固集中带量采购改革成果，就进一步做好中选药品和医用耗材供应保障工作作出具体规定。一是及时组织签订采购协议，二是畅通医疗机构反馈问题渠道，三是积极协调应对短时间激增需求，四是做好中选产品供应情况监测，五是探索建立供应情况评价机制，六是加强供应情况评分结果运用。各地医保部门要高度重视集采中选产品供应保障工作，切实担负起供应监测、督促整改、违约处置等工作责任，细化完善具体政策举措，确保群众持续享受集采改革成效。

（四）《关于加强区域协同做好 2024 年医药集中采购提质扩面的通知》

2024 年 5 月，国家医保局办公室印发《关于加强区域协同做好 2024 年医药集中采购提质扩面的通知》，强调深入推进高值医用耗材集中采购。按照“一品一策”的原则，适时开展新批次国家组织高值医用耗材集采；开展人工关节全国统一接续采购。国家医保局重点指导如下全国联采工作：江西牵头开展生化类体外诊断试剂联盟采购，安徽牵头开展肿瘤标志物等体外诊断试剂联盟采购，广东牵头开展超声刀头联盟采购，浙江牵头开展乳房旋切针联盟采购，福建牵头开展血管组织闭合用结扎夹联盟采购，河南牵头开展冠脉切割球囊等联盟采购，河北牵头开展血管介入等耗材联盟采购。各省份要抓紧“补缺”，对止血材料、补片、体外诊断试剂等已有多个省份开展的品种，通过带量价格联动等方式纳入集采范围。到 2024 年底，各省份至少完成 1 批医用耗材集采。

二、2023 年集采工作进展

公开数据显示，2023 年，医用耗材集中采购新开展项目数量超百项，均超过 2022 年同期水平。其中，省际联盟层面共开展 29 项带量采购，包括京津冀“3+N”联盟、河北三明耗材联盟、辽宁牵头八省二区省际联盟、内蒙古牵头 15 省止血材料集采联盟、广东五省低值耗材集采联盟、河南牵头介入类等三个耗材集采联盟、津鄂电生理联盟、京津牵头超声刀吻合器联盟等。省级层面开展项目 57 项，包括 26 项集中采购项目、31 项挂网采购项目。如北京、上海、广东、安徽等省市分别针对人工晶体、弹簧圈、超声刀等进行了带量采购。市级层面开展了 14 项集中采购，包括 6 项联盟采购、7 项单独采购、1 项挂网采购。

（一）第三批国家组织高值医用耗材集采降价边际趋缓，价格形成机制优化

2023 年 11 月，国家组织高值医用耗材联合采购办公室发布《国家组织人工晶体类及运动医学类医用耗材集中带量采购公告（第 2 号）》，进一步细化第三批高值医用耗材国采量价机制、入围机制、后续执行机制的规则。第三批高值耗材国家集采覆盖产品广泛，眼科晶体及运动医学骨科主要产品均被覆盖。价格形成机制包括伴随服务费及配送费，价格形成机制更加合理。企业申报价格包含产品价格、产品配送费用、配套工具配送费用和配套工具使用费用、伴随服务费用。人工晶体申报价格中须包括推注器费用，伴随服务包括协助组装工具、进行必要的工具使用指导、对医疗机构进行工具操作培训等。

（二）地方联盟集采情况

1. 河北联盟和三明采购联盟——40 余种耗材

2023 年 3 月 6 日，三明采购联盟发布《关于开展三明采购联盟血管结扎夹等 20 种医用耗材集中带量采购数据填报工作的通知》，指出河北省将牵头三明采购联盟开展 20 种耗材带量采购。2023 年 11 月 9 日，河北省医保局发布了《关于对医用耗材集中带量采购文件公开征求意见的通告》，明确河北省将牵头开展京津冀“3+N”联盟医用耗材集中带量采购，一次性覆盖 28 类耗材品种。这种“以老带新、生熟结合”的方式也说明集采触角正在不断探索新领域，实现品类上的快速扩围。

2. 京津冀“3+N”联盟——关节骨水泥

2023 年 5 月 20 日，京津冀“3+N”医药联盟采购办公室发布《京津冀“3+N”联盟关节骨水泥类医用耗材集中带量采购公告》。31 个省（自治区、直辖市）和新疆生产建设兵团的 4762 家医疗机构参与本次集采。本次集采平均降价达 83.13%，按约定采购量计算，预计每年可为患者节约 8.53 亿元。此次关节骨水泥类医用耗材集中带量采购对既往医用耗材集中带量采购既有继承又有创新，在国家组织人工关节集中带量采购协议期内开展，形成了上下联动、协同推进的工作格局，实现了对国家人工关节集采关联产品的补充。

3. 京津冀“3+N”和河南 12 省——骨科创伤类

2023 年 9 月 18 日，京津冀医药联合采购平台发布《省际联盟骨科创伤类医用耗材集中带量采购公告》，公布了《省际联盟骨科创伤类医用耗材集中带量采购文件》。由京津冀“3+N”和河南 12 省两大联盟共同发力，首年采购需求总量高达

1411018个。此轮大规模联盟集采，覆盖28省（自治区、直辖市），仅北京、上海、江苏、浙江等省市未参与，规模空前浩大，堪比国采，再次推进骨科创伤市场发展。

4. 浙江联盟——冠脉血管内超声诊断导管

2023年11月21日，浙江省药械采购平台发布省际联盟集中带量采购文件（征求意见稿）。从规模上来看，此次集采完全媲美国采的范围和力度。冠脉血管内超声诊断导管覆盖全国31省（自治区、直辖市），输注泵类覆盖28省（自治区、直辖市）。输注泵市场相对较为成熟，此前已在福建、河南、山西、河北等地进行过集采。相较之下，冠脉血管内超声诊断导管目前尚未在任何省份进行过带量采购，是真正意义上的集采新项目。不论是高值耗材还是低值耗材，单一地区的集采已经成为普遍趋势。

三、集采对医疗器械产业的影响

集采通过集中采购、量价挂钩、以量换价的方式，显著降低了医疗器械特别是高值耗材的价格。这种价格降低不仅减少了医疗机构的采购成本，也减轻了患者的经济负担。同时，对于医疗器械企业来说，虽然短期内面临利润压力，但长期来看，有助于行业优胜劣汰，促进资源向优质企业集中。

（一）市场格局方面

集采加剧了医疗器械市场的竞争，推动了行业整合和产业升级。随着集采的推进，一些规模较小、技术落后、成本控制能力弱的企业可能面临生存压力，甚至退出市场。而具备规模优势、技术优势和品牌优势的企业则能够获得更多的市场份额和竞争优势。

例如，在冠脉支架领域，经过多轮集采后，中标产品的市场份额逐渐向头部企业集中。这些企业凭借技术实力、成本控制能力和品牌影响力，在市场中占据主导地位。

（二）技术创新方面

集采在降低价格的同时，也对医疗器械企业的创新能力提出了更高要求。企业需要不断加大研发投入，提升产品质量和性能，以满足临床需求。同时，随着集采政策的深入推进，一些具有创新性和临床价值的新产品也将获得更多机会进入市场。

然而，也需要注意到，集采可能对企业的创新研发投入产生一定影响。因此，在集采过程中需要平衡价格与创新的关系，避免损害我国生物医药产业的创新力和竞争力。

（三）供应链管理方面

集采对医疗器械供应链的管理提出了更高的要求。企业需要更加关注供应链的可靠性和效率，确保产品的及时供应和有效使用。同时，随着集采政策的推进，医疗器械供应链的透明度也将得到提升，有助于降低交易成本和提高市场效率。

（四）医疗服务质量方面

集采通过降低医疗器械价格，使更多患者能够享受到高质量的医疗服务。同时，随着 DRG/DIP 等医保支付方式的改革，医疗机构也需要更加注重提高医疗技术服务能力和医院运行效率，以降低成本、提高服务质量和患者满意度。

集采对医疗器械产业链的影响是深远的。它不仅降低了医疗器械价格，推动了行业整合和产业升级，促进了技术创新和产业升级，提高了供应链管理水平，还有助于提升医疗服务质量和效率。然而，也需要注意到集采可能带来的挑战和问题，如对企业创新研发投入的影响等。因此，在推进集采政策的过程中需要综合考虑各方面因素并采取相应的措施加以应对。

四、2024 年集采工作重点方向

2024 年 5 月，国家医保局印发《关于进一步推广三明医改经验持续推动医保工作创新发展的通知》，提出加快药品耗材集中采购改革进度。

继续大力推进国家组织药品和高值医用耗材集中采购，加强区域协同，指导和推动地方规范开展集中采购工作，支持和协调有意向有担当的省份牵头，各省份参与，有针对性地扩大药品和医用耗材集中采购品种范围，形成国家组织的药品和高值医用耗材集中采购、省份牵头的全国联盟药品和高值医用耗材集中采购为主体，省级集采为补充的集中采购新格局。

做好集中采购协议期满品种的接续采购工作，巩固集采成果，群众同步受益。在加强统筹中发挥地方积极性与干劲，各省（自治区、直辖市）2024 年提前实现“十四五”规划国家和省级药品集中采购品种达 500 个以上的目标，并加快推进。确保以集中采购为推动力实现更深层次、更高质量的“腾笼换鸟”，集中采购腾出的费用空间首先向人民群众释放改革红利，同时为促进体现新质生产力的新药、新诊疗项目进入临床应用腾出空间，为医疗服务价格调整创造条件。完善集中采购结果执行机制，强化医疗机构和医药企业采购履约管理。全面完善医保信息平台招采子系统功能，依托省级集采平台开展全流程闭环交易活动，提升医药集中采购平台服务能力和服务水平，推动《医药集中采购平台服务规范（1.0 版）》落实见效。持续开展集采中选产品临床真实世界研究，及时回应社会关切。

行业篇

HANGYE PIAN

第四章

2023 年我国医疗器械工业市场现状与展望

第一节　我国医疗器械工业市场现状分析

一、工业市场发展现状分析

（一）全球医疗器械工业市场规模

根据弗若斯特沙利文预测，2023 年全球医疗器械市场规模达 6160 亿美元，同比增长 7. 11%，呈逐年上升趋势（见图 4–1）。

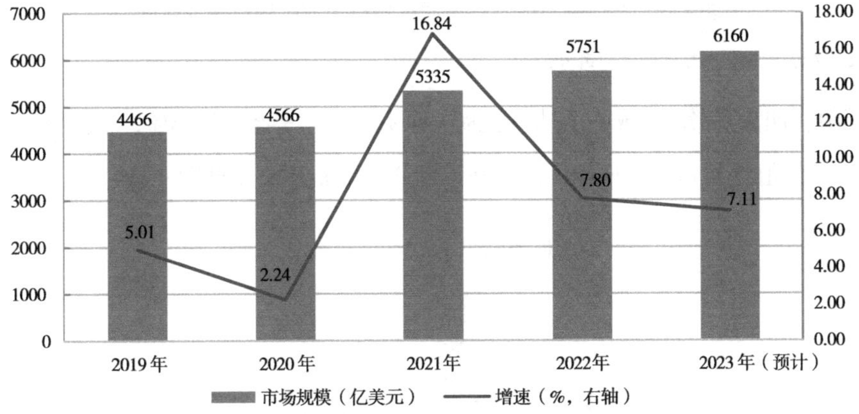

图 4–1　2019—2023 年（预计）全球医疗器械市场规模及增速

数据来源：弗若斯特沙利文。

（二）我国医疗器械工业市场规模

2019—2023 年，我国医疗器械工业市场规模保持增长态势，2023 年市场规模约 11800 亿元，同比增长 10. 04%，整体增速略有放缓（见图 4–2）。社会恢复常态化运行，叠加新医改政策持续推进、带量集采深化落实、行业合规建设等因素影响，市场进入调整期。

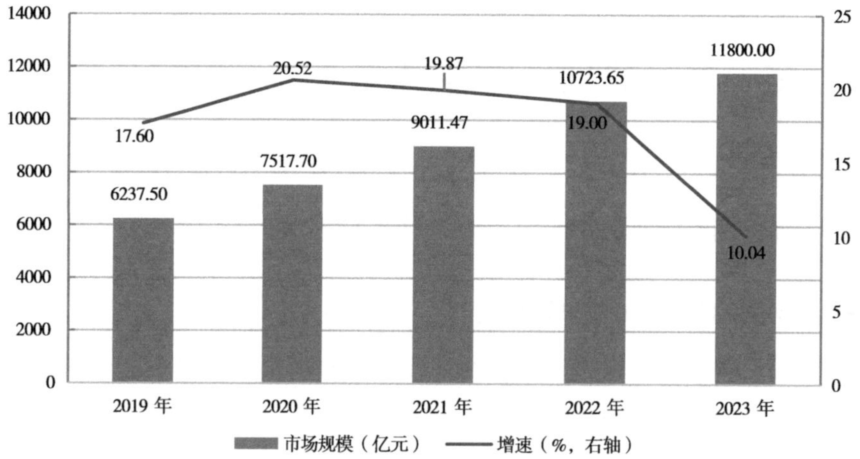

图 4-2　2019—2023 年中国医疗器械工业市场规模及增速

数据来源：中物联医疗器械供应链分会。

其中，四大细分领域占比情况为：医疗设备占比 58.23%，高值耗材占比 16.32%，低值耗材占比 14.49%，体外诊断占比 10.96%（见图 4-3）。

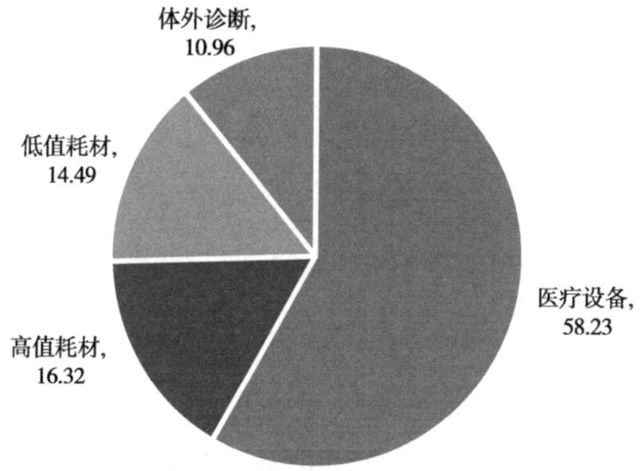

图 4-3　2023 年医疗器械四大细分领域占比（%）

数据来源：中物联医疗器械供应链分会。

二、工业市场产品注册分析

（一）医疗器械产品注册备案概况

根据国家药监局汇总各省份有效期内医疗器械产品注册备案情况，近年来，我国医疗器械产业稳步发展。2023 年，我国境内医疗器械产品注册证、备案证分别达到 108288 个、153209 个，同比增长 8.18%、11.16%（见图 4-4）。

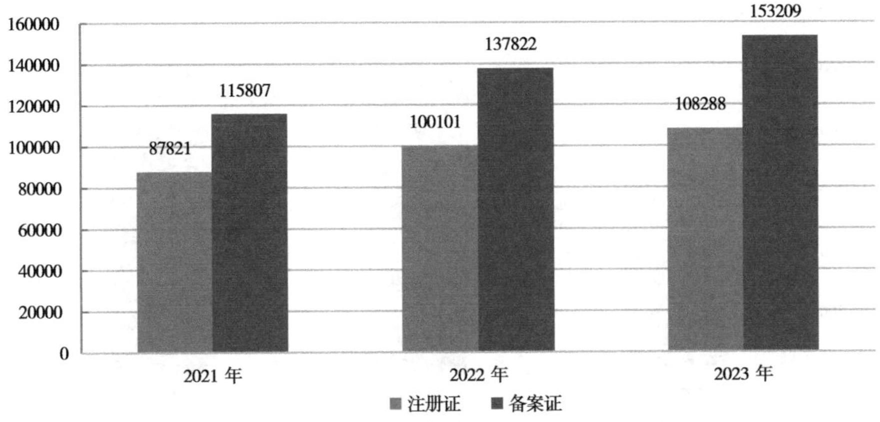

图 4-4　2021—2023 年中国境内医疗器械产品注册备案情况（个）

数据来源：国家药监局，中物联医疗器械供应链分会整理。

其中，2023 年，注册证方面，广东省、江苏省、湖南省分别以 17388 个、16977 个、9075 个位列前三；备案证方面，江苏省、广东省、山东省分别以 30204 个、20829 个、18328 个位列前三（见图 4-5）。

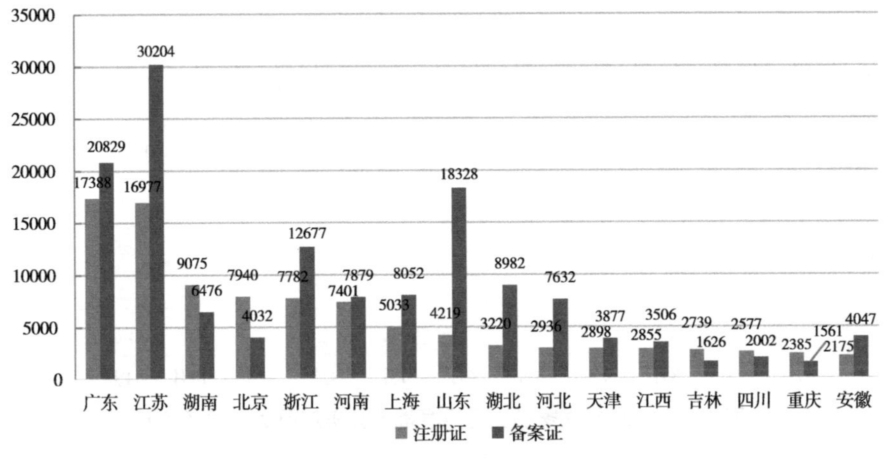

图 4-5　2023 年中国部分省份境内医疗器械产品注册备案情况（个）

数据来源：国家药监局，中物联医疗器械供应链分会整理。

（二）医疗器械产品首次注册审批概况

近三年，医疗器械产品注册审批数量稳步增长。2023 年，国家药监局共批准首次注册医疗器械产品 2728 个，同比增长 9.12%。其中，境内第三类医疗器械产品首次注册数量达到 2079 个，同比增长 12.74%，在政策鼓励及技术创新的多重政策助推下，中高端产品不断涌现（见图 4-6）。

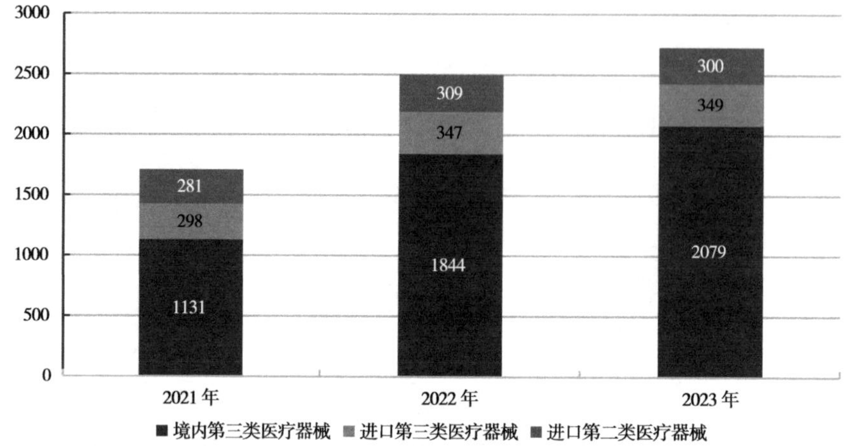

图 4-6　2021—2023 年国家药监局注册审批医疗器械产品情况（个）

数据来源：国家药监局，中物联医疗器械供应链分会整理。

从 2023 年度国家药监局每月批准注册医疗器械产品数量情况来看，2023 年 1 月批准产品数量最少，共 124 个；12 月批准注册产品数量最多，共 343 个（见图 4-7）。

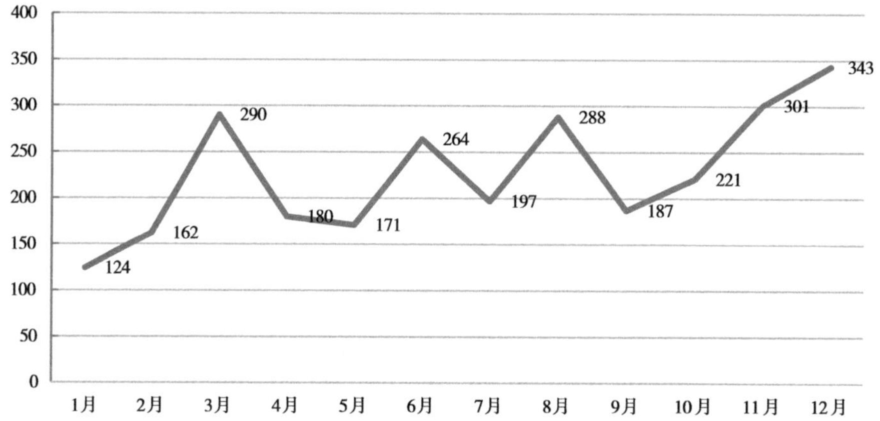

图 4-7　2023 年国家药监局月度批准首次注册数量图（个）

数据来源：国家药监局，中物联医疗器械供应链分会整理。

从国家药监局每月批准注册医疗器械产品情况来看，境内第三类医疗器械产品方面，2023 年 1 月批准产品数量最少，共 99 个；12 月最多，共 266 个。进口第三类医疗器械产品方面，2023 年 1 月批准注册产品数量最少，共 11 个；6 月最多，共 46 个。进口第二类医疗器械产品方面，2023 年 1 月最少，共 12 个；11 月最多，共 39 个。港澳台医疗器械产品方面，2023 年 5 月无产品注册；7 月最多，共 5 个（见图 4-8）。

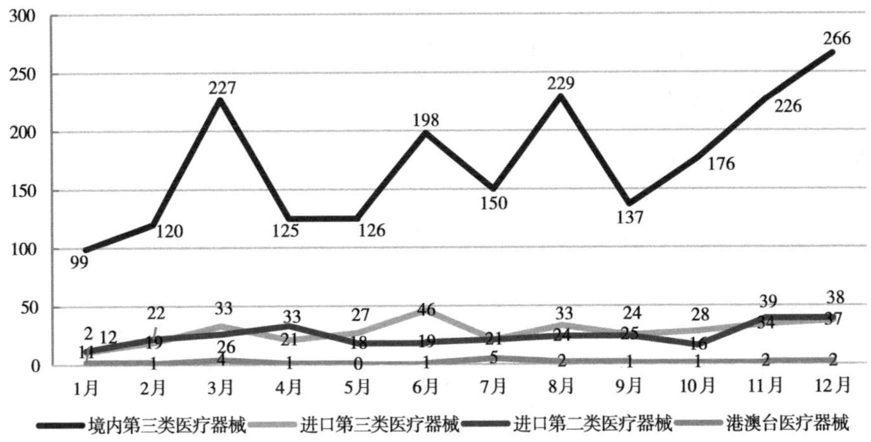

图 4-8　2023 年国家药监局批准注册各医疗器械产品类目情况（个）

数据来源：国家药监局，中物联医疗器械供应链分会整理。

（三）具体批准品类分析

从批准品类情况来看，注册的境内第三类医疗器械，除体外诊断试剂外，共涉及《医疗器械分类目录》中 18 个子目录的产品。注册数量前五位的境内第三类医疗器械是：无源植入器械，神经和心血管手术器械，注输、护理和防护器械，有源手术器械，医用成像器械（见图 4-9）。与 2022 年相比，有源手术器械超过医用成像器械，注册数量同比增加 54%，其他品类注册数量也有所增加，如注输、护理和防护器械增加 26.2%，神经和心血管手术器械增加 11%，无源植入器械增加 18.8%。

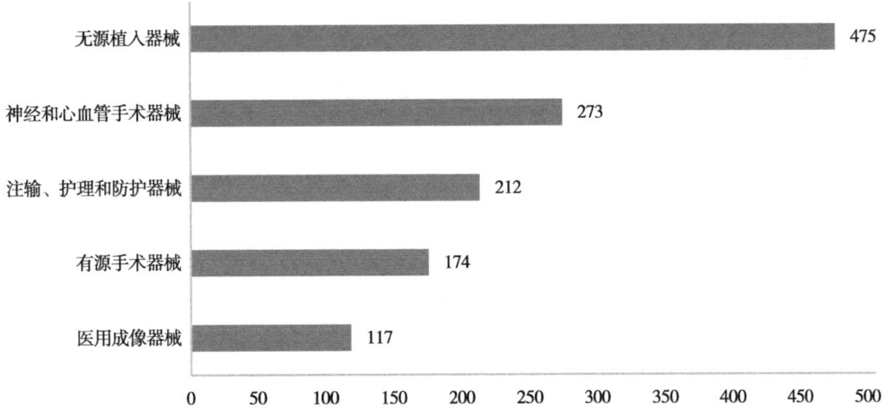

图 4-9　2023 年境内第三类医疗器械注册品种审批数量（个）

数据来源：国家药监局，中物联医疗器械供应链分会整理。

注册的进口医疗器械，除体外诊断试剂外，共涉及《医疗器械分类目录》中 22 个子目录的产品。注册数量前五位的进口医疗器械主要是：无源植入器械、口腔科器械、眼科器械、医用成像器械、有源手术器械（见图 4-10）。与 2022 年相比，变化较大，眼科器械取代注输、护理和防护器械，有源手术器械取代神经和心血管手术器械，无源植入器械数量增加 43.3%，口腔科器械数量增加 57.8%，医用成像器械注册数量减少 44.2%。

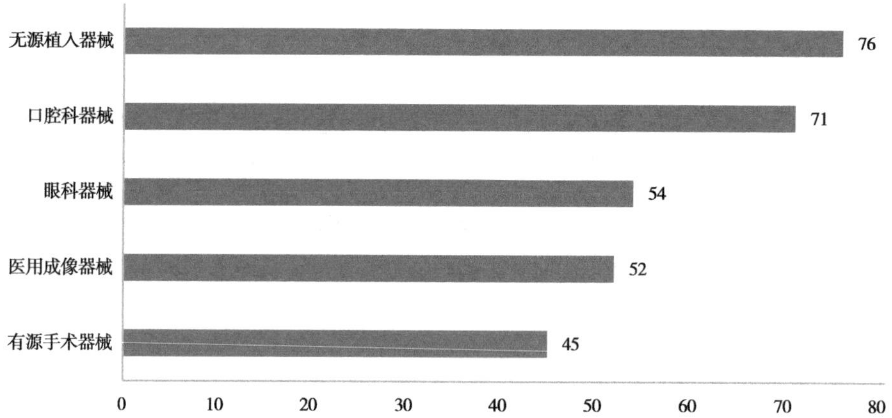

图 4-10　2023 年进口医疗器械注册品种审批数量（个）

数据来源：国家药监局，中物联医疗器械供应链分会整理。

（四）进口医疗器械国别情况

2023 年，共有 31 个国家（地区）产品在我国获批上市。其中，美国、德国、日本、韩国、法国医疗器械在中国医疗器械进口产品首次注册数量位列前五位，注册产品数量约占 2023 年进口产品首次注册总数量的 77%，与 2022 年相比略有增加（见图 4-11）。

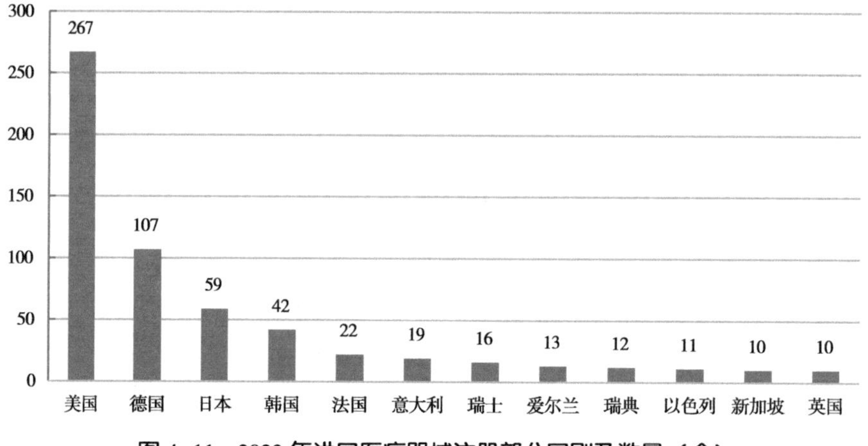

图 4-11　2023 年进口医疗器械注册部分国别及数量（个）

数据来源：国家药监局，中物联医疗器械供应链分会整理。

从进口医疗器械代理人分布看，共有 16 个省份涉及本省份企业作为进口医疗器械代理人，其中上海市的进口医疗器械代理人代理的进口医疗器械首次注册数量最多，占全部进口医疗器械首次注册数量的 64%（见图 4-12）。

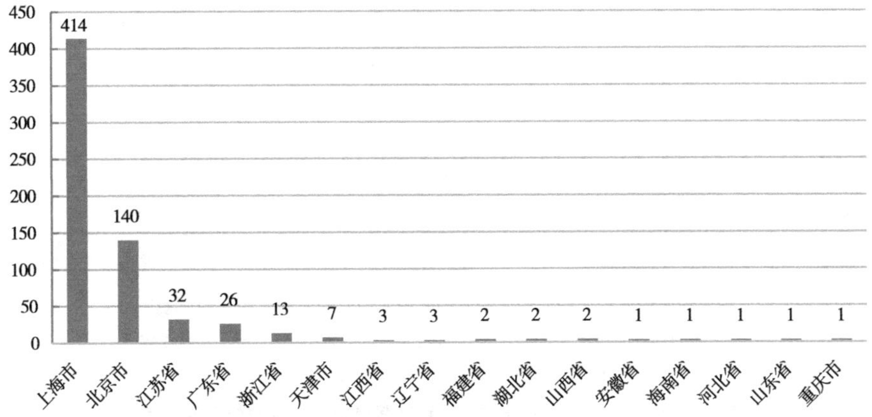

图 4-12　2023 年各省份进口医疗器械代理人代理数量（个）

数据来源：国家药监局，中物联医疗器械供应链分会整理。

（五）境内第三类医疗器械首次注册省份分析

从 2023 年境内第三类医疗器械首次注册情况看，相关注册人主要集中在沿海经济较发达省份。青海首次有境内第三类医疗器械获准注册。其中，江苏、广东、北京、浙江、上海是境内第三类医疗器械首次注册数量排前五名的省份，占 2023 年境内第三类医疗器械首次注册数量的 68%，但与 2022 年相比略有减少（见图 4-13）。

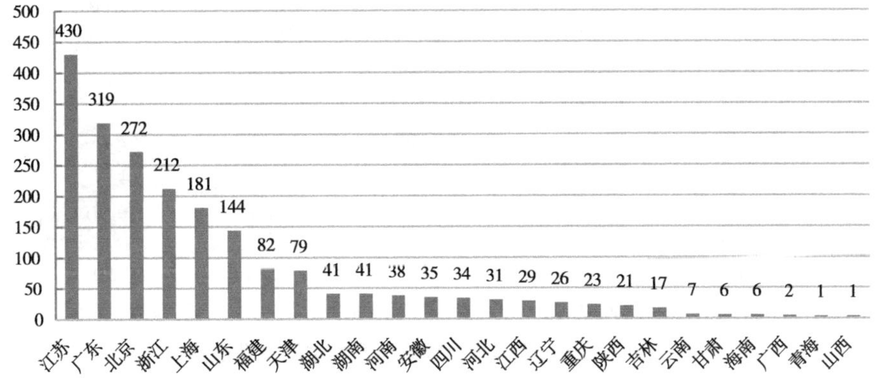

图 4-13　2023 年境内第三类医疗器械各省注册数量（个）

数据来源：国家药监局，中物联医疗器械供应链分会整理。

三、工业市场企业现状分析

（一）工业市场企业数量略有下降

2021—2023 年，我国医疗器械生产企业数量增长态势出现波动。截至 2023 年

12月底，全国共有医疗器械生产企业3.23万家，同比下降0.98%（见图4-4）。

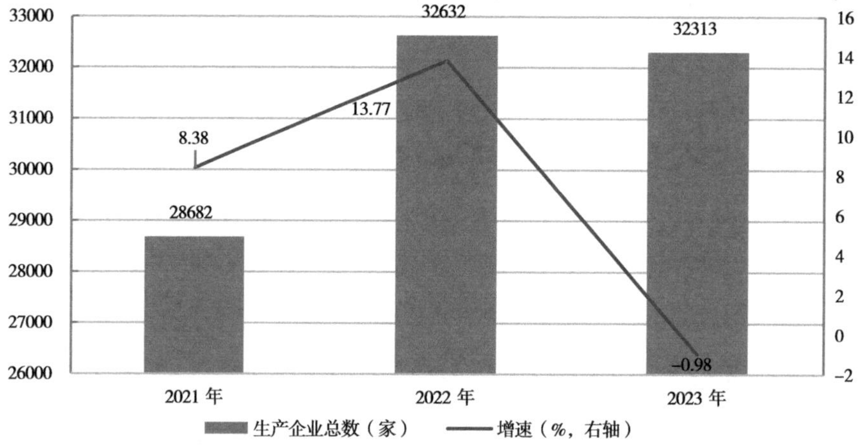

图4-14 2021—2023年中国医疗器械生产企业数量及增速

数据来源：国家药监局，中物联医疗器械供应链分会整理。

其中，可生产一类医疗器械产品的企业数量为20659个，可生产第二类医疗器械产品的企业数量为14612个，可生产三类医疗器械产品的企业数量为1020个（见图4-15）。

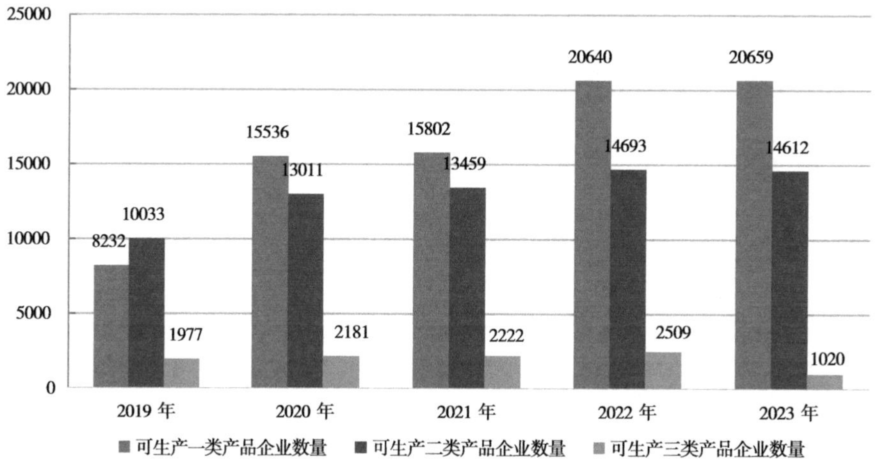

图4-15 2019—2023年中国医疗器械各类生产企业数量（个）

数据来源：国家药监局，中物联医疗器械供应链分会整理。

（二）各省份医疗器械生产企业持有许可备案证件情况

根据国家药监局对各省份医疗器械生产备案许可情况统计，2021—2023年，我国医疗器械生产许可证、备案证数量稳步提升（见图4-16）。其中，2023年，许可证方面，江苏省、广东省、浙江省分别以3065个、3022个、1623个位列前三；备案证方面，江苏省、山东省、广东省分别以 3777 个、3746 个、3196 个位列前三（见图 4-17）。

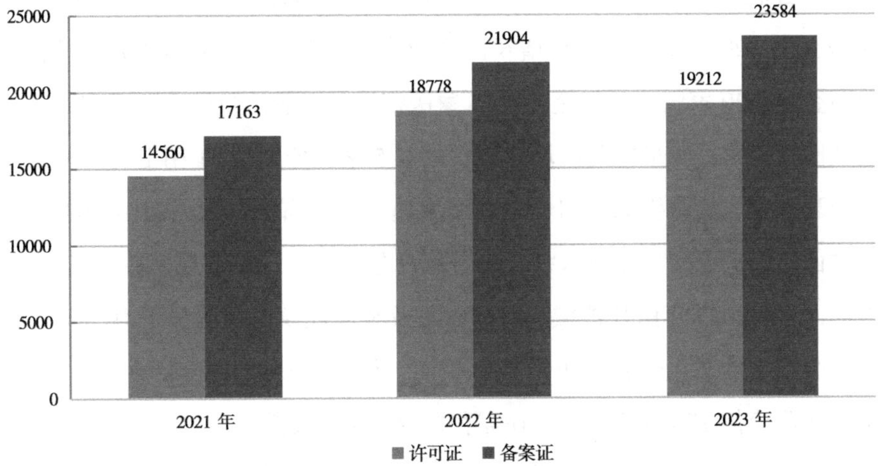

图 4-16　2021—2023 年中国医疗器械生产企业许可备案情况（个）

数据来源：国家药监局，中物联医疗器械供应链分会整理。

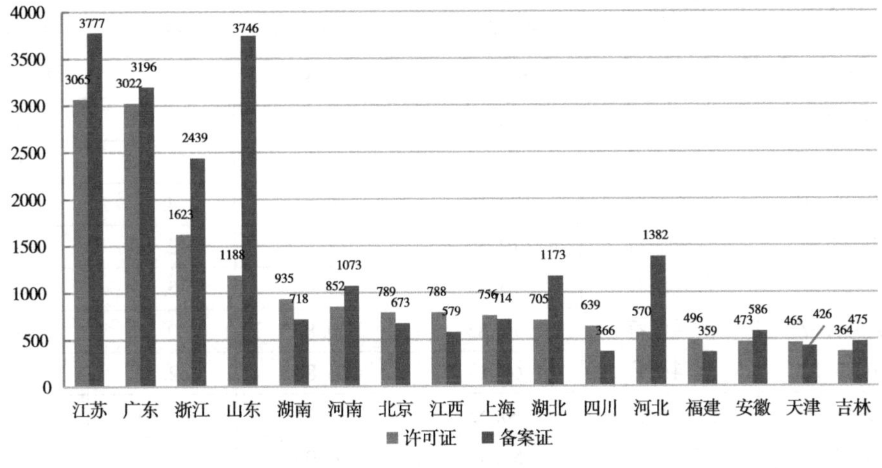

图 4-17　2023 年中国部分省份医疗器械生产企业备案许可情况（个）

数据来源：国家药监局，中物联医疗器械供应链分会整理。

四、工业市场上市企业分析

据分会不完全统计，截至 2023 年 12 月 31 日，A 股、港股医疗器械工业上市企业共 138 家，2023 年上市的企业有 4 家，分别是博讯生物、西山科技、安杰思、港通医疗。2023 年，138 家医疗器械工业上市企业营收总和为 2599.50 亿元，相较 2022 年的 3385.62 亿元，同比下降 23.22%；2023 年归母净利润总和为 388.89 亿元，相较2022年的775.17亿元，同比下降49.83%；研发投入方面，2023年投入283.14亿元，占年度总营收比重的10.89%。

其中，百亿元级营收规模的企业有4家，分别是迈瑞医疗、威高医疗、联影医疗、新华医疗；2023年营收为负增长的企业有61家，占比约44.20%，包含26家体外诊断企业、20家医疗耗材企业、15家医疗设备企业；归母净利润破百亿元的企业仅迈瑞医疗一家；归母净利润增速破百的有5家，分别是ST南卫、山外山、澳华内镜、业聚医疗、昊海生物；归母净利润增速为负的有88家，占比约63.77%；研发投入方面，迈瑞医疗、联影医疗、乐普医疗分列前三，投资规模在10亿元以上。

整体而言，2023年医疗器械行业的营收及利润规模出现明显下滑，其背后原因可能与社会恢复常态化运营、集采扩容扩面、行业合规建设下市场需求放缓有关。各家企业在业绩备受压力的同时，还需积极寻求破局良策。

2023年中国医疗器械行业部分上市企业业绩概况见表4-1。

表4-1 2023年中国医疗器械行业部分上市企业业绩概况（亿元）

证券代码	证券名称	2023年营业收入	2023年归母净利润	2023年科研经费	2023年底总市值
300760. SZ	迈瑞医疗	349.32	115.82	37.79	3523.35
1066. HK	威高股份	132.29	20.02	5.93	347.83
688271. SH	联影医疗	114.11	19.74	19.19	1129.18
600587. SH	新华医疗	100.12	6.54	4.43	120.36
300003. SZ	乐普医疗	79.80	12.58	12.42	303.91
002223. SZ	鱼跃医疗	79.72	23.96	5.04	346.66
301515. SZ	港通医疗	74.83	0.83	0.30	28.62
300677. SZ	英科医疗	69.19	3.83	2.83	153.24
300358. SZ	楚天科技	68.53	3.17	6.31	63.16
300171. SZ	东富龙	56.42	6.00	3.80	136.86
600529. SH	山东药玻	49.82	7.76	1.38	169.89
002382. SZ	蓝帆医疗	49.27	-5.68	3.87	67.27
2393. HK	巨星医疗控股	47.05	-0.14	0.36	1.05
603658. SH	安图生物	44.44	12.17	6.56	334.23
603301. SH	振德医疗	41.27	1.98	1.39	65.28
300298. SZ	三诺生物	40.59	2.84	3.56	171.54
300832. SZ	新产业	39.30	16.54	3.66	614.43

续 表

证券代码	证券名称	2023年营业收入	2023年归母净利润	2023年科研经费	2023年底总市值
002432. SZ	九安医疗	32. 31	12. 52	2. 93	183. 94
688114. SH	华大智造	29. 11	-6. 07	9. 10	357. 53
300463. SZ	迈克生物	28. 96	3. 13	4. 14	92. 30
301087. SZ	可孚医疗	28. 54	2. 54	1. 14	79. 30
300482. SZ	万孚生物	27. 65	4. 88	4. 22	134. 11
002950. SZ	奥美医疗	27. 57	1. 10	0. 77	60. 03
688366. SH	昊海生科	26. 54	4. 16	2. 20	162. 08
603987. SH	康德莱	24. 53	2. 31	1. 02	42. 07
002022. SZ	科华生物	24. 28	-2. 34	3. 18	58. 53
688029. SH	南微医学	24. 11	4. 86	1. 51	181. 84
688139. SH	海尔生物	22. 81	4. 06	3. 21	128. 83
300633. SZ	开立医疗	21. 20	4. 54	3. 84	203. 70
300981. SZ	中红医疗	21. 05	-1. 31	0. 79	62. 48
688575. SH	亚辉龙	20. 53	3. 55	3. 25	129. 93
300206. SZ	理邦仪器	19. 38	2. 21	3. 47	59. 39
300529. SZ	健帆生物	19. 22	4. 36	2. 45	179. 52
300439. SZ	美康生物	18. 86	2. 57	1. 50	44. 47
688301. SH	奕瑞科技	18. 64	6. 07	2. 63	331. 74
300406. SZ	九强生物	17. 42	5. 24	1. 63	112. 39
300595. SZ	欧普康视	17. 37	6. 67	0. 73	202. 58
688617. SH	惠泰医疗	16. 50	5. 34	2. 38	259. 76
301235. SZ	华康医疗	16. 02	1. 07	0. 77	27. 07
600645. SH	中源协和	15. 90	1. 06	2. 04	94. 85
002901. SZ	大博医疗	15. 33	0. 59	2. 85	168. 05
2407. HK	高视医疗	14. 06	1. 74	0. 53	55. 93
603309. SH	维力医疗	13. 88	1. 92	0. 95	41. 72
300396. SZ	迪瑞医疗	13. 78	2. 76	1. 25	80. 90
603387. SH	基蛋生物	13. 69	2. 80	2. 66	55. 79
300341. SZ	麦克奥迪	13. 65	1. 69	0. 61	61. 05
301363. SZ	美好医疗	13. 38	3. 13	1. 20	149. 65
300453. SZ	三鑫医疗	13. 00	2. 07	0. 76	39. 65
688161. SH	威高骨科	12. 84	1. 12	1. 30	165. 80
1302. HK	先健科技	12. 67	2. 63	2. 98	108. 81

数据来源：同花顺，中物联医疗器械供应链分会整理。

第二节　我国医疗器械四大细分领域工业市场分析

一、高值医用耗材市场分析

（一）整体市场发展概况

1. 市场规模

高值医用耗材一般是指风险程度高、生产使用必须严格控制、限于某些专科使用且价格相对较高的消耗性医疗器械。据分会不完全统计，2023 年中国高值耗材市场规模为 1925.43 亿元，同比增长 5.00%。2019—2023 年五年复合增长率为 9.07%（见图 4-18）。

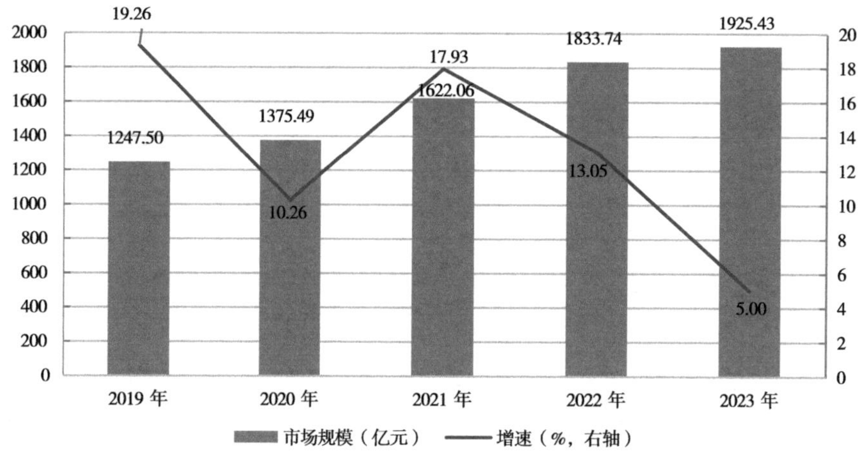

图 4-18　2019—2023 年中国高值耗材市场规模与增速

数据来源：中物联医疗器械供应链分会。

3. 细分产品分析

高值医用耗材产品通常分为血管介入耗材、骨科植入耗材、血液净化耗材、口腔材料、眼科耗材、电生理与起搏器、非血管介入耗材、神经外科耗材等几大类，2023 年各类高值医用耗材占比如图 4-19 所示，其中，血管介入类、骨科植入类耗材占比分别以 28.59%、24.00%位居前两位，合计占比过半。

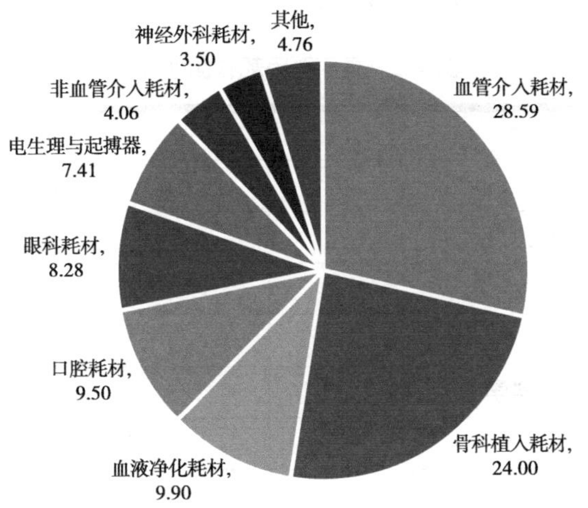

图 4-19　2023 年中国高值医用耗材各细分领域占比情况（%）

数据来源：中物联医疗器械供应链分会。

3. 行业发展现状

高值医用耗材行业作为多学科交叉、知识密集、资金密集型的高新技术产业、产品综合了医学、材料科学、生物力学、测试分析、表面技术、机械制造等多种学科及技术。由于高值医用耗材产品生产的高技术门槛和大量资金投入，在很长一段时间内，高值医用耗材的价格居高不下，令患者望而却步。但伴随带量集采制度在高值耗材领域的推进落实，受政策影响，产品价格有所下调，整体保持稳定水平，临床普及率、患者接受度得到提升。

高值医用耗材主要受人口老龄化因素驱动。伴随我国人口老龄化进程的逐步加快，老龄人口数量持续上涨，心脑血管、脊柱、关节等各类慢性疾病发病率不断上升，医疗机构诊疗人数及住院人数快速增加，庞大的诊疗患者尤其住院接受治疗的患者基数为我国高值医用耗材带来了稳定增长的市场空间。

近年来，伴随科技进步，医疗器械技术不断升级，高值医用耗材作为医疗器械行业的重要组成部分，也在不断更新换代、迭代创新，向着高科技、高品质、高价值的方向发展。产品的高精度、微创伤、高安全性等诸多优势不断满足临床个性化诊疗需求，得到了广大患者的认可。

目前，国内医用高值耗材市场主要由国际知名医疗器械企业和大型国产医疗器械企业主导。外资知名企业凭借强大的品牌影响力和技术优势，拥有丰富的产品线体系和稳定客户关系；国内大型企业也在不断发展壮大，迈瑞、威高、微创等厂商在技术创新、产品质量、价格等方面逐渐崭露头角（见表 4-2）。相对而言，中小型医疗器械企业则处在市场竞争中的劣势地位。

表4-2　高值医用耗材品牌情况

外资品牌	国产品牌
强生	微创医疗
美敦力	乐普医疗
史赛克	健帆生物
捷迈邦美	威高骨科
波士顿科学	大博医疗
雅培	春立医疗
碧迪	先健科技
贝朗	爱康医疗
爱尔康	昊海生科
泰尔茂	蓝帆医疗
施乐辉	爱博诺德
费森尤斯	正海生物
百特	先瑞达医疗
博士伦	康拓医疗

信息来源：公开信息，中物联医疗器械供应链分会。

未来，伴随医疗技术的进步、医疗服务的提升，医用高值耗材将继续保持增长态势，并呈现出创新、高科技、高附加值的特点。同时，行业竞争也将进一步加剧，企业需要加强创新能力和市场开拓能力，提高产品质量和服务水平，以适应不断变化的市场环境。

（二）重点细分领域分析

1. 血管介入耗材

（1）细分领域定义。血管介入耗材是指在医学影像设备的导引下，利用穿刺针、导丝、导管等经血管途径进行心血管、脑血管和外周血管修复与替换治疗的医疗器械。按照治疗部位不同，可以将血管介入器械分为心血管介入器械、脑血管介入器械、外周血管介入器械（见表4-3）。

表4-3 血管介入耗材产品分类

分类	产品
心血管介入器械	冠脉支架、PTCA球囊扩张导管、导引导管、造影导管、导引导丝等
脑血管介入器械	颈动脉支架、椎动脉支架、颅内心血管支架、微导管、微导丝、远端保护器械、弹簧圈、液态栓塞材料等
外周血管介入器械	外周药物涂层球囊、外周血管支架、可回收腔静脉滤器、髂静脉支架、外周栓塞弹簧圈、覆膜支架、髂股动脉支架、锁骨下动脉支架、肾动脉支架等

信息来源：公开信息，中物联医疗器械供应链分会整理。

（2）市场规模。2023年中国血管介入耗材市场规模约为550.42亿元，与上年相比基本持平。2019—2023年，五年复合增长率为2.78%（见图4-20）。

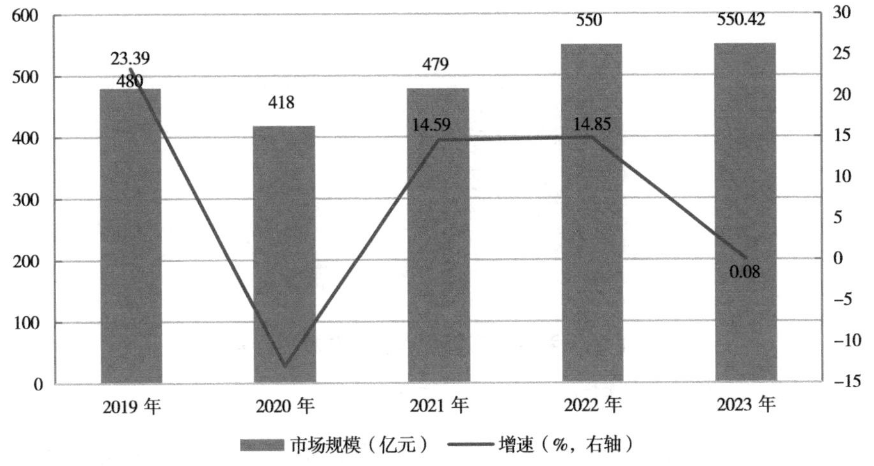

图4-20 2019—2023年中国血管介入耗材市场规模与增速

数据来源：中物联医疗器械供应链分会。

（3）行业发展现状。我国心血管介入器械行业起步较晚，但发展速度较快。近年来，伴随《创新医疗器械特别审查程序》《高端医疗器械和药品关键技术产业化实施方案》等相关政策发布，通过指导创新器械产品注册审批，我国自主创新的心血管介入器械产品得到快速发展，推动了心血管介入器械市场化、产业化，规范了心血管介入诊疗技术的临床应用，引导心血管介入器械行业的有序发展。

同时，伴随老龄人口规模持续扩大，心血管疾病作为老年人群体的易发疾病，加速了心血管介入器械行业的发展。伴随居民收入提升、健康意识提高，居民诊疗数量逐年提高，心血管疾病诊疗逐步增加，也为心血管介入行业的发展营造了良好的社会发展环境。但血管介入耗材各细分领域较多，根据发病类型与术式的不同，其市场规模、竞争格局方面存在一定差异。

目前，我国心血管介入器械行业领域的从业企业可以分为三个梯队，第一梯队的企业主要是以美敦力、雅培、波士顿科学等为代表的国际型医疗器械企业，其成立时间较早、品牌影响力大、产品种类丰富；第二梯队则是以乐普医疗、蓝帆医疗、微创医疗、心脉医疗等为代表的中国民营企业，这些企业主要通过内部自主研发、外部并购等方式提高产品种类，受益于国家集采的政策倾斜，在市场中获得一席之地，具备一定竞争能力；而处于第三梯队的主要是赛诺医疗等主打细分产品的企业，其产品线相对单一（见图 4-21）。

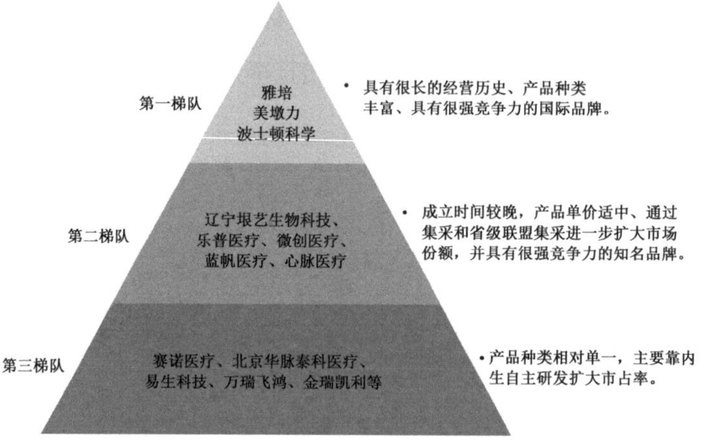

图 4-21　我国心血管介入器械领域企业情况

信息来源：亿渡数据，中物联医疗器械供应链分会整理。

血管介入领域因其技术壁垒较高，目前仍由外资国际品牌占据市场主导地位，但随着国内企业研发能力的提升，逐步突破各细分产品领域技术壁垒，心血管介入器械领域仍将有较大进口替代空间。

2. 骨科植入耗材

（1）细分领域定义。骨科植入耗材是高值医用耗材的重要细分领域，广泛应用于临床，是治疗骨折、关节炎、脊柱疾病、骨质疏松等骨科疾病的主要手段之一。根据植入部位和用途的不同，骨科植入医疗器械主要分为创伤类、脊柱类、关节类和其他（见表 4-4）。随着顾客基数的不断发展壮大，骨科植入耗材的细分品类和应用范围也在不断扩大。

表 4-4　骨科植入耗材分类

类型	主要产品	主要用途
创伤类	接骨板、接骨螺丝、髓内钉、带植入物外固定支架等	用于人体四肢、肋骨等部位发生闭合性骨折或开放性骨折等疾病的治疗
脊柱类	颈椎及胸腰椎内固定系统、椎脊柱类前路固定系统、椎弓根系统、椎间融合器等	用于颈椎、胸椎和腰椎等部位发生椎体骨折、畸形、椎管狭窄、椎间盘突出、骨肿瘤等疾病的治疗
关节类	髋、膝、肩、肘、指、腕等人工关节假体	用于骨关节炎、类风湿性关节炎、股骨头坏死、关节周围的重度骨折等疾病治疗
其他	颅颌面骨植入物、运动医学、用于颅颌面骨损伤、运动损伤骨修复材料等	用于颅颌面骨损伤、运动损伤及其他骨损伤的治疗

信息来源：Uresearch，中物联医疗器械供应链分会整理。

（2）市场规模。2023 年中国骨科植入耗材市场规模约为 462.10 亿元，同比下降 6.65%。2019—2023 年，五年复合增长率为 8.74%（见图 4-22）。

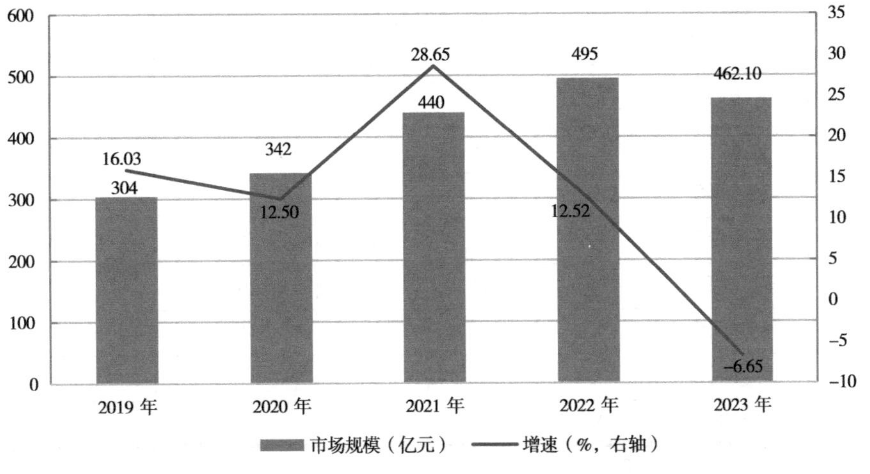

图 4-22　2019—2023 年中国骨科植入耗材市场规模与增速

数据来源：中物联医疗器械供应链分会。

（3）行业发展现状。骨科疾病发病率与人口老龄化加剧息息相关。根据行业相关数据，截至 2021 年，我国公立医院骨折出院人次达 322.98 万人次，椎间盘疾病、骨质疏松等脊柱类疾病出院人次达 96.23 万人次，炎性多关节炎、类风湿关节炎等关节疾病出院人次达 49.32 万人次，这为创伤类、脊柱类、关节类等骨科植入耗材的使用提供了充足的市场空间。

自 2019 年 7 月《治理高值医用耗材改革方案》发布以来，国家层面相继发布集中带量采购公告。第二批国家组织高值耗材集中带量采购聚焦人工关节类骨科高值耗材，第三批集中带量采购覆盖颈椎固定融合术、胸腰椎固定融合术、椎体成形术、内窥镜下髓核摘除术、人工椎间盘置换术等5种术式中使用的骨科脊柱类耗材。2023年9月，国家组织医用耗材联合采购平台发布了《国家组织人工晶体类及运动医学类医用耗材集中带量采购公告（第1号）》，首次将运动医学类耗材产品纳入集采，同时也意味着骨科高值耗材领域基本实现了集采全覆盖。

尽管我国骨科植入医疗器械行业起步较晚，但经多年发展，国内企业与跨国企业在技术水平、产品布局等方面的差距正在逐步缩小。尤其在带量集采全面渗透骨科耗材领域后，加速了行业竞争格局重塑及国产替代进程。集采实施后，国产头部企业市场份额大幅提升，创伤类、脊柱类产品领域逐步由国产品牌占据主导地位（见表4–5）。

表4–5　骨科植入器械主要企业产品线布局情况

企业类型	公司名称	产品线				
		创伤类	脊柱类	关节类	运动医学类	颅颌面骨类
国外企业	强生	√	√	√	√	√
	史赛克	√	√	√		√
	捷迈邦美	√	√	√	√	√
	美敦力		√			√
	施乐辉	√		√	√	
国内企业	威高骨科	√	√	√	√	√
	春立医疗	√	√	√	√	
	大博医疗	√	√	√	√	√
	爱康医疗	√	√	√		
	三友医疗	√	√		√	

信息来源：Uresearch，中物联医疗器械供应链分会整理。

但集采也带来了相应的局限性，鉴于国内传统骨科市场已基本被集采覆盖，短期和长期盈利空间受到一定压制，进军海外市场成为多数龙头企业寻求第二增长曲线的选择。一方面，以欧美为代表的海外骨科市场数倍于国内骨科市场规模，产品价格体系完善，受政策影响较小，盈利空间可观；另一方面，国产企业经过20多年的骨科手术术式发展，已相对成熟，尤其是龙头企业在研发、生产、供应链完整性、运营效率等方面形成了较强竞争力，与外资巨头企业差距日益缩小。从骨科上市公司的战略布局来看，国际化出海策略有望刺激骨科耗材企业营收进一步提升，也将成为该领域的重要发展趋势。部分骨科企业出海策略见表4–6。

表 4-6　部分骨科企业出海策略

企业	出海策略
春立医疗	持续推进海外业务，以自有品牌和 OEM（原始设备制造商）品牌同步开展，出口产品主要为髋关节、膝关节等产品，2023 年春立医疗髋、膝、脊柱三个系列产品均顺利通过了 CE 年度体系审核和监督审核。CE 证书不仅作为该等产品性能达标及产品安全合格的证明，亦表明春立医疗的技术优势已达到国际领先水平。 持续加大海外市场准入，进入更多国家，推动海外收入放量
爱康医疗	海外业务打造第二增长引擎，全面输出常规产品、高端产品、3D 产品和定制化智能设备和数字化解决方案，以收购品牌 JRI 服务欧美、大洋洲等成熟市场，以自有品牌服务墨西哥、越南等新兴市场等
大博医疗	坚持国际化发展战略，加大海外市场布局，加速国际业务进程。凭借对标国际一线的产品质量体系、完善的销售服务网络、广泛的临床教育程度以及卓越的专业管理团队，与海外客户构建了良好的信任与合作关系，持续深化国际化发展战略，连续多年出口额在国内骨科行业排名前列
三友医疗	依托法国 Implanet 公司持续推进国际化业务的发展，以专利创新产品为基础，真正直接面对市场和客户，推进公司疗法创新技术输出。通过与当地医生的研发医工合作，加强在全球高端市场，特别是欧洲、美国和澳大利亚等骨科主流市场的学术推广和市场开拓，提高公司级创新产品在国际主流市场的知名度，促进国际业务的快速稳定可持续发展
威高骨科	重视海外布局，根据海外不同国家背景和特点，制定针对性方案，培养属地化团队，拓展海外渠道和资源，持续提升影响力

信息来源：公开信息，中物联医疗器械供应链分会整理。

3. 电生理与起搏器

（1）细分领域定义。电生理技术指测量、记录和分析生物体发生的电现象和生物体的电特性的技术，是电生理学研究的主要技术。心脏电生理介入技术可以帮助医生了解心脏传导系统的电生理特性，明确心律失常的发生机制，从而选择合适的临床治疗方案。受益于定位导航技术的进步及微创介入技术的成熟，心脏疾病的检出率显著增加，心脏电生理介入技术在诊断和治疗心律市场方面快速发展，已成为心脏电生理学领域热点之一。

（2）市场规模。2023 年中国电生理与起搏器市场规模约为 142.74 亿元，同比增长 17.97%。2019—2023 年，五年复合增长率为 12.85%（见图 4-23）。

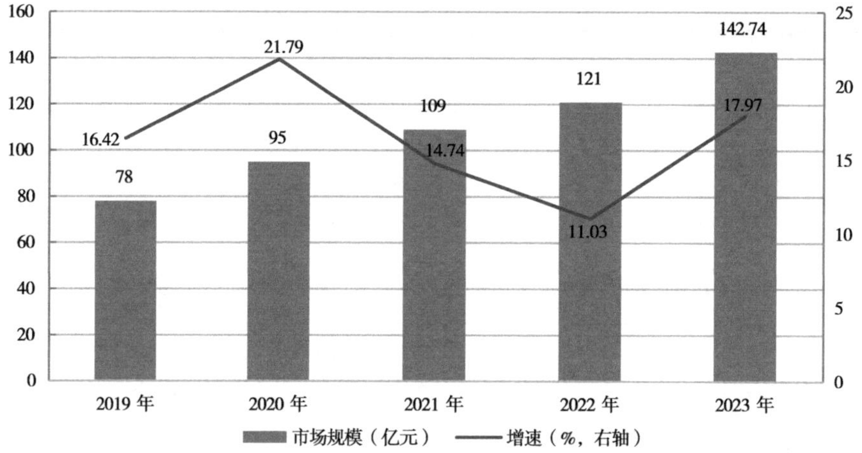

图 4-23　2019—2023 年中国电生理与起搏器市场规模与增速

数据来源：中物联医疗器械供应链分会。

（3）行业发展现状。心律失常患者基数庞大，电生理技术升级带动配套器械快速发展。据弗若斯特沙利文分析，2020 年，中国房颤患者人数达到 1159.6 万人，受人口老龄化影响，房颤患者人数预计未来将进一步增加。室上性心动过速（简称室上速）亦是临床中常见的快速性心律失常病症之一，在一般人群中，室上速的患病率约为 0.23%。2020 年，中国室上速患者人数达到 327.3 万人。由此可见，中国心律失常患者基数庞大。

房颤和室上速是比较常见的快速性心律失常，如不加以干预易会造成严重后果。快速性心律失常的治疗方式包含药物治疗和非药物治疗。早期药物治疗具有经济性和便捷性，在急性心律失常处理中效果较好，但只能在一定程度内控制心律且需要长期用药，并伴有副作用。自 1987 年医学界应用导管消融手术治疗快速性心律失常以来，因其创伤小、安全有效，迅速在世界范围内得到了推广应用。

据弗若斯特沙利文分析，2021 年中国心脏电生理手术量达到 21.40 万例，2017—2021 年的复合增长率为 11.6%。伴随人口老龄化程度加剧，就医条件逐渐便利、房颤及室上速等疾病患者数量不断增加，中国心电生理手术量将进一步增长。与发达国家相比，我国心脏电生理手术的渗透率尚存差距，提升空间较大。

市场格局方面，目前行业主要由外资占据，进口企业中强生、雅培占比较高。近年来，微电生理、惠泰医疗等国产企业市场占有率正在逐步提升。从产品线看，外资产品进入中国市场早，产品线覆盖较为全面，微电生理在国产企业中产品线覆盖较为全面。2022 年 8 月 26 日，福建医保局发布《心脏介入电生理类医用耗材省际联盟集中带量采购方案（征求意见稿）》。2022年10月14日，电生理类医用耗材27省联盟细则公布，27省市（除北京、上海、天津、四川、湖北）电生理类集采涉及4类产品，分2个竞价单元，采购周期为2年。在集采的带动下，未来电生理类医用耗材的行业渗透率有望进一步提升。电生理耗材品牌情况，见表4-7。

表4-7　电生理耗材品牌情况

外资品牌	国产品牌
强生	微电生理
雅培	惠泰医疗
波士顿科学	锦江电子
美敦力	心诺普医疗
—	德诺电医疗
	州瓴医疗
	艾科脉医疗
	捍宇医疗

信息来源：公开信息，中物联医疗器械供应链分会。

二、低值医用耗材市场分析

（一）整体市场发展概况

1. 市场规模

低值医用耗材简称低值耗材，通常指医疗机构在开展诊断、治疗、保健、康复等工作中经常使用的一次性卫生材料，如纱布、棉签、手套、注射器等。据分会不完全统计，2023年中国低值耗材市场规模为1710.37亿元，同比增长8.50%。2019—2023年，复合增长率为16.10%（见图4-24）。

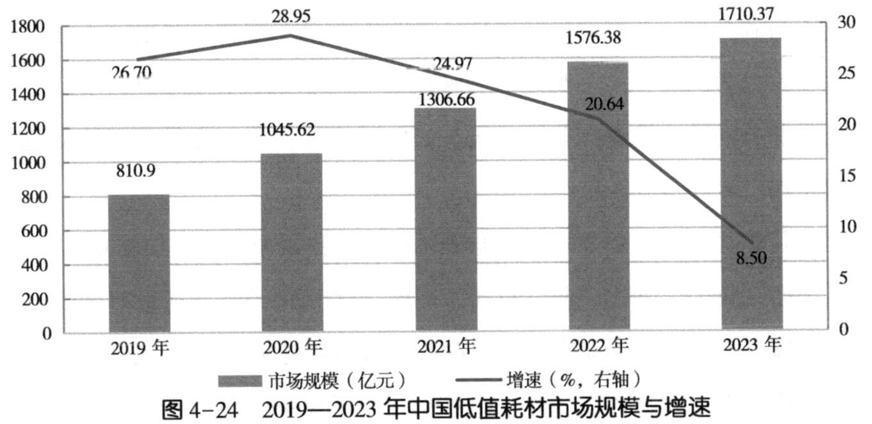

图4-24　2019—2023年中国低值耗材市场规模与增速

数据来源：中物联医疗器械供应链分会。

2. 行业发展现状

人口老龄化加剧、慢性病发病率上升、医疗需求增加、国民卫生意识增强等社会因素为低值医用耗材的广泛使用奠定了良好的市场环境。

低值医用耗材种类繁多，涵盖医疗器械、卫生材料、手术用品、护理用品等多个领域，同时作为临床多学科普遍应用的价值较低的一次性医用材料，相较医疗器械其他领域，技术含量及行业门槛较低。因此，多年来参与企业众多，竞争格局分散、竞争态势激烈。但大多数中小型企业缺乏技术创新和研发能力，单纯依靠仿制和外购器械零件组装来运营，产品同质化严重，只有极少数大中型企业具有完整的产业链生产研发能力。因此，中国尚未出现像3M、施乐辉这样在低值耗材领域的龙头企业。低值医用耗材品牌情况见表4-8。

表4-8　低值医用耗材品牌情况

产品	外资品牌	国产品牌
医用卫生材料及敷料类	3M、泰尔茂	威高、振德、奥美、稳健
注射穿刺类	泰尔茂、碧迪、贝朗、百特、尼普诺	普华和顺、江西3L、康莱德、三鑫
医用高分子材料类	泰尔茂、百特	威高、蓝帆、百多安、江西3L
医用消毒类	3M	欧洁、利尔康
麻醉耗材类	泰尔茂、碧迪、百特	驼人、维力、海宁绿健、浙江苏嘉
手术室耗材类	强生、贝朗	新华、威高
医技耗材类	伊士曼柯达、富士、柯尼卡、索尼	爱克发、富明威

数据来源：Eshare医械汇，中物联医疗器械供应链分会整理。

放眼全球低值医用耗材行业，企业大多重视产线布局、销售渠道建立以及成本控制。低值耗材领域涉及的细分产品众多，单一产品市场规模有限，企业需多产线布局提高收入体量。低值耗材终端客户分散，需要企业建立广阔的销售渠道。低值耗材市场参与者众多，产品偏重同质化，成本控制至关重要。目前，全球低值耗材上市公司主要分为三类：第一类是综合性的材料型公司，如3M等；第二类是有布局低值耗材业务的综合性医疗器械公司，如施乐辉等；第三类是纯正的低值耗材公司，如康乐保、麦朗等。

参照国际模式，国内企业若想在低值耗材领域脱颖而出，需加强新材料、产品、生产工艺的研发投入，强化产业链布局。同时，多元化经营方式也有利于避免单一产线的经营风险。未来，伴随带量集采在低值医用耗材领域的推行，在质量、渠道、成本、品牌影响力方面具备优势的企业将受到市场青睐，中小型企业生存空间会受到挤压，行业集中度有望提升，逐渐向头部集中。

（二）重点细分领域分析

1. 注射穿刺耗材

（1）细分领域定义。注射穿刺类医用耗材在临床医疗中广泛应用，是指用于穿刺技术或将药物注射刺入人体，以达到输血输液、抽血化验、麻醉、血管造影诊疗等目的的治疗器械。注射穿刺器械行业分为输注和穿刺两大类，其中，输注类包括输液器、注射器以及其他输注器械；穿刺类产品主要指穿刺针类产品，包括护理类和专科类等（见图4-25）。目前医用注射穿刺器械主要应用于输注治疗、疫苗接种、诊断检查以及专科诊疗等领域。

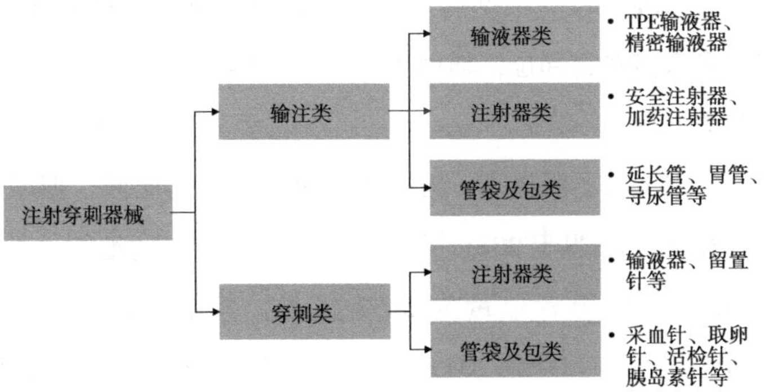

图4-25 常见注射穿刺类器械

数据来源：公开信息，中物联医疗器械供应链分会整理。

（2）市场规模。据分会不完全统计，2023年中国注射穿刺耗材的市场规模约为478.90亿元，同比增长8.50%（见图4-26）。2019—2023年，五年复合增长率为14.50%。

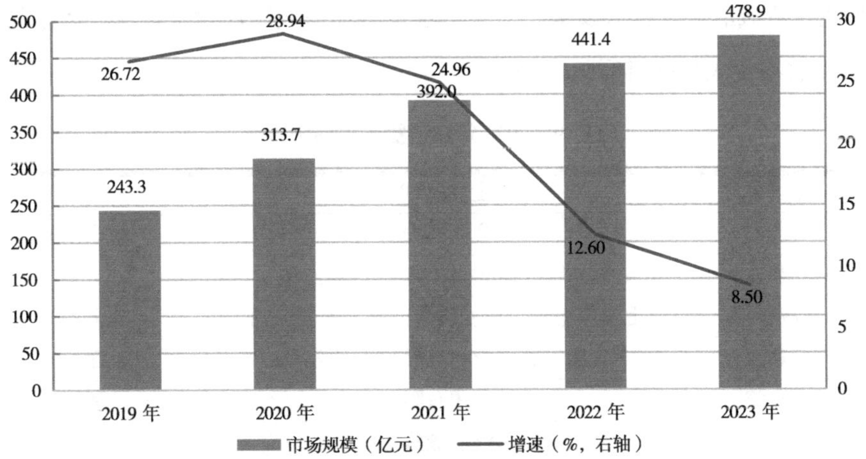

图4-26 2019—2023年中国注射穿刺耗材市场规模与增速

数据来源：中物联医疗器械供应链分会。

（3）行业发展现状。伴随人口老龄化加重，医疗诊疗人次增加，临床对于注射穿刺类耗材的需求越来越大。根据国家医保局统计，2023 年全国医疗卫生机构的总诊疗人次较 2022 年增长了 13.5%，平均每人到医疗卫生机构就诊 6.8 次。根据国家卫生健康委统计，超过 50%的门诊患者需要进行输注治疗，住院患者 100%需要进行输注治疗，这将持续带动输注穿刺类器械的市场需求。

伴随临床诊断的升级，更多微创手术替代传统手术，穿刺器械承担起建立通道的重要作用。临床对穿刺器械的需求不再仅限于输注、诊断。介入穿刺器械包括穿刺针、穿刺导引导管等，价格也显著高于注射针。比如病理诊断穿刺手术中，组织活检是确认疾病的重要手段，根据病灶位置，穿刺针可以使用的部位有肺、乳腺、肝脏、肾、子宫等众多器官部位；辅助生殖手术中的一次性辅助生殖用针、羊水穿刺针均属于穿刺类器械。

伴随居民生活水平的不断提高，糖分摄入过量引发的肥胖、糖尿病等健康问题愈发普遍。国际糖尿病联盟于 2021 年发布的《全球糖尿病地图（第 10 版）》显示，2021 年全球糖尿病患者数量为 5.37 亿人，其中中国有 1.41 亿人，占比 26.26%，位居全球第一，预计到 2045 年，中国成年（20~79 岁）糖尿病患者数量将达到 1.74 亿人，仍然位列全球第一。庞大的患者基数对于胰岛素注射器械的需求量非常可观。不仅如此，每年定期的疫苗注射需求、癌症治疗、居民体检等健康需求的增加，也将保持我国注射穿刺耗材体量的稳定。

伴随居民安全注射意识增强，肝炎、艾滋病等经血液传播疾病持续传播，市场对安全类医用穿刺注射器械的关注度不断提高，生产企业也在不断加大对安全类医用穿刺注射器械的研发投入及推广力度，这也将加速我国注射穿刺耗材体量的提升。2023 年注射器十大品牌排行见表 4-9。

表 4-9　2023 年注射器十大品牌排行

序号	品牌名称	企业名称	省市
1	威高	威高集团有限公司	山东省
2	碧迪	碧迪医疗器械（上海）有限公司	上海市
3	康德莱	上海康德莱企业发展集团股份有限公司	上海市
4	三鑫医疗	江西三鑫医疗科技股份有限公司	江西省
5	双鸽	双鸽集团有限公司	浙江省
6	洪达	江西洪达医疗器械集团有限公司	江西省
7	贝朗医疗	贝朗医疗（上海）国际贸易有限公司	上海市

续 表

序号	品牌名称	企业名称	省市
8	圣光	圣光医用制品股份有限公司	河南省
9	事丰医械	成都市新津事丰医疗器械有限公司	四川省
10	宇寿医疗	无锡市宇寿医疗器械有限公司	江苏省

信息来源：宇博智业。

2. 医用卫生材料及敷料

(1) 细分领域定义。医用卫生材料及敷料是覆盖伤口表面的临时医用材料，在伤口愈合恢复过程中可替代受损皮肤起到暂时性屏障作用，避免或控制伤口感染，提供有力的修复环境和促进创面愈合。

医用卫生材料及敷料包括天然纱布、合成纤维类敷料、多聚膜类敷料、发泡多聚类敷料、水胶体敷料、藻酸盐敷料等。按生产技术与产品附加值的差异，可分为传统医用卫生材料及敷料与新型医用卫生材料及敷料两类。传统医用卫生材料及敷料以手术感控产品、生物防护用品、护理用品、低价值的医用敷料产品等为主要代表，新型医用卫生材料及敷料以透明薄膜敷料、凝胶/水胶体创面敷料等产品为主要代表。

(2) 市场规模。据分会不完全统计，2023 年中国医用敷料市场规模约为 444.7 亿元，同比增长 12.84%（见图 4-27）。2019—2023 年，五年复合增长率为 25.47%。

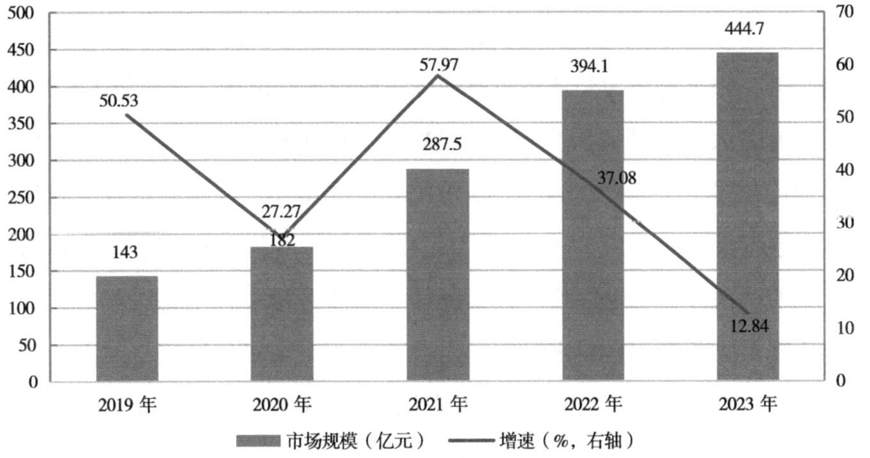

图 4-27 2019—2023 年中国医用敷料市场规模与增速

数据来源：中物联医疗器械供应链分会。

(3) 行业发展现状。近年，我国医疗保障力度逐渐加大，基础医疗设施建设加快，居民生活水平及健康意识不断提高，医用敷料市场随之迎来快速发展。随着国民经济水平提升，医疗体制改革深入，我国政府加大对医疗卫生事业的资金投入，并出台了一系列政策鼓励医疗卫生事业的健康发展。国家对医疗卫生事业的投入力度加大利好包括医用敷料行业在内的医疗相关产业发展。

医用卫生材料及敷料的使用与创面修复息息相关。临床上，根据愈合时间将创面分为急性和慢性两种。初步的流行病资料显示，近年来，我国烧创伤总体发生率呈下降趋势，与之相比，创面发生率却呈上升趋势。除各类急性创面外，因机体内在因素，如局部血液供应障碍、代谢异常、肿瘤等导致的糖尿病足溃疡、压力性损伤、术后难愈伤口、癌性溃疡等创面逐渐增多，形成了中国创面流行病学新的特征。相关资料显示，目前，我国每年需要创面治疗的患者约 1 亿人次，严重患者约 3000 万人次。随着人口老龄化趋势加快，与之相关的慢性难愈性创面还会进一步增加。据报道，中国住院患者慢性创面发病率为 1.7%，高发年龄为 40~60 岁和 60~80 岁，其中，糖尿病足溃疡发病率位居首位。我国创面相关发病率及患者基数为敷料的使用提供了广阔的市场空间。

敷料对于创面保护及治疗具有重要作用，其中传统敷料如纱布、绷带等，使用简单，价格低廉，但功能单一，且换药可能损伤创面，对组织条件复杂的慢性创面效果欠佳。而新型创面敷料，如组织工程皮肤、凝胶敷料、泡沫敷料等，不仅可以保护创面，防止细菌感染，而且具有良好的保湿、促伤口愈合等多种作用。传统敷料与新型敷料根据各自特性不同，均有其市场发挥空间。

欧美、日本等发达经济体因其经济发展水平较高，国民健康意识较强，人口老龄化趋势显著，很早就成为全球最主要的医用敷料消费市场。凭借技术和人才优势，孕育出全球知名大型医药跨国企业，如 3M、瑞典莫尼克、英国施乐辉、丹麦康乐保、美国康维德等。中国自 20 世纪 90 年代凭借成本和产业优势承接了发达国家产业转移的外包浪潮，并形成了一批国际大型医用敷料品牌商 OEM、以出口为主的生产企业，如奥美医疗、稳健医疗、振德医疗、施洁医疗、普尔德医疗等，如今，中国已成为全球最大的医用敷料出口国。出口方面，市场格局稳定，国内大型医用敷料 OEM 企业经多年发展，已在全球范围内积累了稳定的品牌商客户，基本覆盖了全球医用敷料的主要品牌。而鉴于国内医疗环境的改善，亚非拉等发展中国家和地区的发展，对于医用卫生材料及敷料的需求也在逐步提升，国内头部企业纷纷布局开拓国内市场，通过学术推广提升医疗机构覆盖率，培养医护人员的使用习惯，逐步构建市场优势。中国医用卫生材料及敷料市场格局见表 4-10。

表 4-10　中国医用卫生材料及敷料市场格局

市场参与者类型	主要特点	代表企业
外资企业	以销售新型高端医用敷料为主，市场份额不足 10%，伴随伤口护理理念的普及、居民医疗保健支出的提高，对新型高端医用敷料的需求日益增多，未来有望占据更大的市场空间	强生、明尼苏达、康乐保等
中资大型企业	以贴牌出口起家，经多年发展建设，已具备成熟的技术和完善的产品体系，逐渐将战略重点转移至中国市场，并获得较好发展	奥美、稳健、振德、健尔康等
中资中小型企业	早期不以医用敷料的生产经营为主要业务，而是活跃在其他医用材料领域，具备一定的生产实力和销售渠道，并凭借已有资源逐渐将业务范围拓展至医用敷料领域	浙江医鼎、合肥美迪普等

信息来源：智研产业研究院。

产品质量方面，我国传统的伤口护理类产品质量已达到世界领先水平，但在产品创新、研发投入、人才和技术水平、装备水平、全球营销网络的建设等方面仍与发达国家存在一定的差距。

因传统生产医用敷料行业准入门槛较低，国内生产企业众多，但大部分为规模较小的小型企业。造成我国医用敷料行业准入门槛低的重要原因是相关行业标准的滞后与限制，随着行业标准的不断完善以及行业门槛监管体系的建立，行业准入门槛将得到提升。同时，伴随国内劳动、运输成本的不断攀升，行业制造成本上升压力加大，拥有规模化生产运营能力的企业将有效控制成本，扩大市场份额，竞争优势会逐步凸显，部分企业将面临优胜劣汰、行业筛选，行业集中度将得到进一步提升。

三、医疗设备市场分析

（一）整体市场发展概况

1. 市场规模

医疗设备是单独或者组合使用于人体的仪器、设备、器具、材料或者其他物品，也包括所需的软件。据分会不完全统计，2023 年中国医疗设备市场规模约为 6870.92 亿元，同比增长 19.76%（见图 4-28）。2019—2023 年，五年复合增长率为 14.90%。

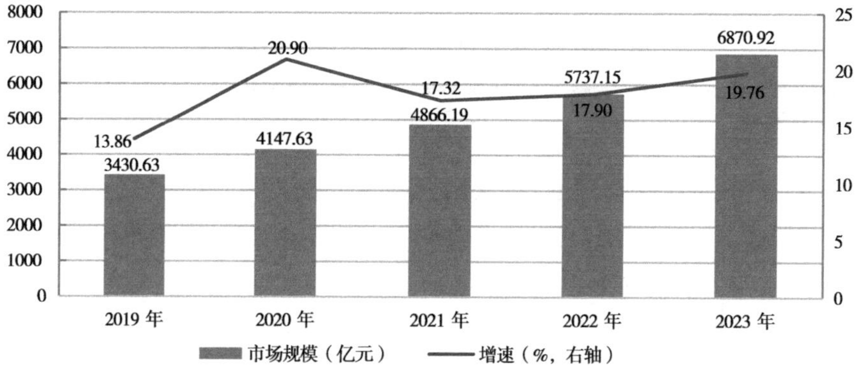

图 4-28　中国医疗设备市场规模与增速

数据来源：中物联医疗器械供应链分会。

2. 细分产品分析

医疗设备主要应用于医疗机构，我国医疗机构万元以上医学装备数量从 2010 年的 282 万台件增加到 2020 年 920 万台件，年均增长率达 12.6%，万元以上装备总价值达到 15634 亿元，与 2010 年相比年均增长 15.1%。100 万元及以上装备台数由 2010 年的 5.1 万台增长至 2020 年的 25.8 万台，年均增长率达 17.6%。CT（计算机断层扫描）、MRI（磁共振成像）、内窥软镜、PET-CT（正电子发射断层扫描-计算机断层扫描）和大型放疗设备等以进口产品为主，X 射线机、监护仪和心电图机等医疗设备逐步实现国产替代。数字诊疗装备、急救与生命支持类设备、腔镜类设备、手术室设备和实验室设备五大类设备在中国医疗机构的保有率如表 4-11 至表 4-15 所示。

表 4-11　2023 年中国数字诊疗装备保有率情况

产品	外资品牌	保有率（%）	国产品牌	保有率（%）
CT 类	GE	30.49	东软医疗	13.32
	西门子	22.99	联影	9.30
	飞利浦	16.21	安科	3.34
	佳能	3.38	—	—
MRI 类	西门子	32.78	东软医疗	8.86
	GE	26.36	联影	7.16
	飞利浦	17.34	安科	1.77
	佳能	1.23	奥泰	1.77
X 射线类	西门子	22.13	东软医疗	8.24
	飞利浦	15.91	万东	5.45
	GE	14.54	联影	5.15
	岛津	7.32	迈瑞	2.75
	锐珂	6.17	安科	1.76
	佳能	1.38	安健科技	1.21

续 表

产品	外资品牌	保有率（%）	国产品牌	保有率（%）
超声影像类	飞利浦	33.58	迈瑞	15.76
	GE	30.48	开立医疗	3.46
	西门子	3.92	万东	2.26
	日立	3.28	东软医疗	1.28
	佳能	2.20	海信	1.07
核医学类	GE	50.64	联影	7.73
	西门子	20.60	东软医疗	5.58
	飞利浦	14.59	—	—
直线加速器类	瓦里安	47.19	东软医疗	8.14
	医科达	34.37	新华医疗	5.99
	西门子	3.11	—	—
伽玛刀类	医科达	5.81	奥沃	69.77
	—	—	玛西普	20.93
			上海伽玛星	2.33
			一体医疗	1.16

数据来源：《中国医疗设备》杂志，中物联医疗器械供应链分会整理。

表4-12　2023年中国急救与生命支持类设备保有率情况

产品	外资品牌	保有率（%）	国产品牌	保有率（%）
监护类	飞利浦	9.07	迈瑞	73.69
	光电	1.54	科曼	4.87
	GE	1.39	理邦仪器	3.86
	—	—	宝莱特	3.73
			麦邦	1.26
呼吸类	德尔格	30.75	迈瑞	21.42
	迈柯唯	15.91	谊安医疗	3.71
	飞利浦	8.46	斯百瑞	1.57
	美敦力	7.61	—	—
	哈美顿	5.26		
	瑞思迈	1.59		

数据来源：《中国医疗设备》杂志，中物联医疗器械供应链分会整理。

表4-13　2023年中国腔镜类设备保有率情况

产品	外资品牌	保有率（%）	国产品牌	保有率（%）
硬式内窥镜类	卡尔史托斯	54.20	新光维	3.31
	奥林巴斯	23.54	华诺康	1.99
	史赛克	7.95	—	—
	狼牌	2.45		
	施乐辉	1.13		

续　表

产品	外资品牌	保有率（%）	国产品牌	保有率（%）
软式内窥镜类	奥林巴斯	70.96	开立	3.23
	富士胶片	20.43	—	—
	宾得	4.99		

数据来源：《中国医疗设备》杂志，中物联医疗器械供应链分会整理。

表 4-14　2023 年中国手术室设备保有率情况

产品	外资品牌	保有率（%）	国产品牌	保有率（%）
麻醉类	德尔格	49.57	迈瑞	20.83
	GE	23.32	谊安医疗	3.72
医用激光类	科医人	55.50	瑞柯恩	8.56
	赛诺秀	7.09	奇致激光	5.62
	飞顿	3.67	爱科凯能	2.93
	—	—	科英激光	2.69
			大华激光	1.71
			安恒光电	1.71
			雷意	1.71
			大族激光	1.47
手术室灯床类	德尔格	24.70	迈瑞	18.99
	明基三丰	10.30	熠隆	3.24
	美迪兰	9.35	力康	2.97
	迈柯唯	8.74	上海医疗器械厂有限公司	2.84
	八乐梦	3.36	谊安医疗	2.75
	史赛克	1.90	新华医疗	1.53
	美国医用照明	1.35	上海应成	1.53
	—	—	太阳龙医疗	1.19
电刀、超声刀等医用刀类	美敦力	36.97	上海沪通	10.92
	爱尔博	23.78	延陵电子	1.99
	强生	14.04	贝林	1.58
	康美	6.73	—	—
	奥林巴斯	1.62		

数据来源：《中国医疗设备》杂志，中物联医疗器械供应链分会整理。

表 4-15 2023 年中国实验室设备保有率情况

产品	外资品牌	保有率（%）	国产品牌	保有率（%）
检验设备类	希森美康	21.59	迈瑞	13.39
	贝克曼库尔特	7.01	新产业生物	4.70
	罗氏	5.82	北京白洋医疗	4.46
	赛默飞世尔	3.82	优利特	3.59
	日立	2.79	赛科希德	2.47
	奥森多	1.91	基蛋生物	2.39
	雅培	1.35	麦科田	1.91
	沃芬	1.04	宏石医疗	1.51
	—	—	海尔	1.20
			力康	1.20
病理类	徕卡	34.88	中科美菱	1.74
	奥林巴斯	21.51	察微病理	1.45
	卡尔蔡司	19.19	中威医疗	1.45
	罗氏	6.40	—	—
	戴维	5.81		
	日本樱花	2.62		
	PHCHD	2.03		
急诊检验类	奥森多	30.84	理邦仪器	2.56
	希森美康	16.10	北京白洋医疗	2.19
	迈瑞	13.06	迪瑞	1.44
	罗氏	8.80	—	—
	贝克曼库尔特	8.25		
	雅培	3.89		
	西门子	2.77		
	雷度米特	1.81		
	日立	1.44		

数据来源：《中国医疗设备》杂志，中物联医疗器械供应链分会整理。

（二）重点细分领域分析

1. 大型医学影像设备

（1）细分领域定义。医学影像是反映生物体内部结构的图像，包括医学成像系统和医学图像处理，是现代医疗诊断的主要依据之一。其发展一般是以物理学发现为基础，以数学为基本理论，以工程学为支撑，运用计算机技术加以实现。

医学影像设备主要是通过对生物体施加包括可见光、X 射线、超声波、强磁场等各种物理信号，获取生物体的形态、生理、功能和代谢等信息，记录生物体反馈的信号强度分布，形成影像，供诊断医师判读生物体结构、病变信息的设备。根据功能及使用目的不同，医学影像设备可分为诊断影像设备及治疗影像设备，其中，诊断影像设备多应用于放射等诊断科室，根据信号的不同可分为 X 射线成像设备（XR）、计算机断层扫描成像（CT）、磁共振成像（MRI）、超声（US）、分子影像（MI）等；治疗影像设备多应用于各类临床科室，包括数字减影血管造影设备（DSA）及定向放射设备（C 臂等）（见图 4-29）。

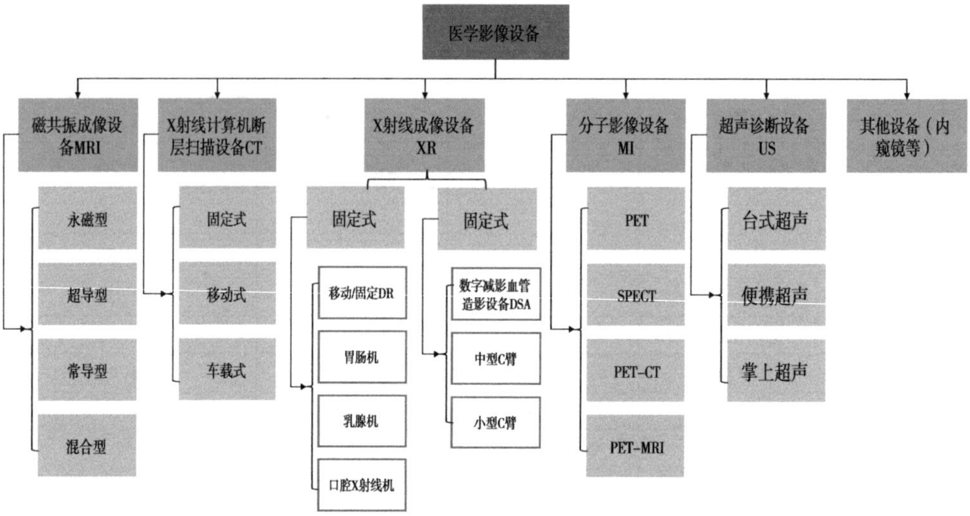

图 4-29　医学影像设备主要类别及产品

信息来源：深企投产业研究院，中物联医疗器械供应链分会整理。

（2）行业发展现状。我国医学影像设备市场正处于快速增长阶段，伴随临床影像检查的需求、设备更新换代需求的增加，根据弗若斯特沙利文预测，2023 年全球医学影像设备市场规模将达到 750 亿美元（见图 4-30），中国医学影像设备市场规模可达到 1143 亿元（见图 4-31）。

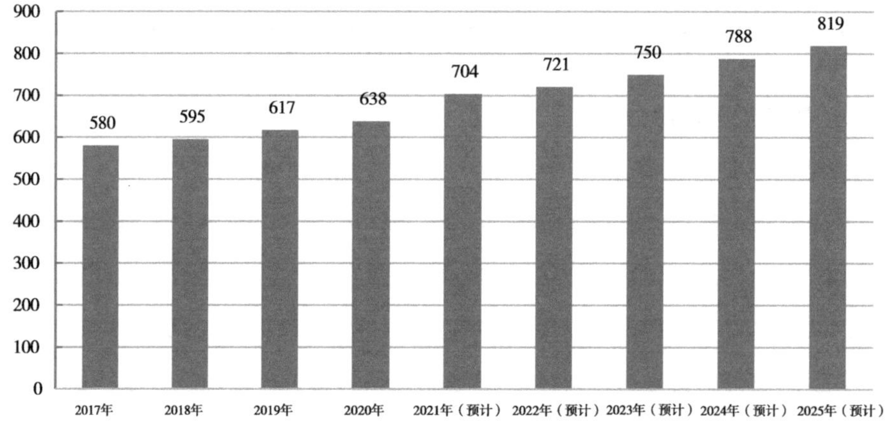

图 4-30　全球医学影像市场规模及预测（亿美元）

数据来源：赛诺威盛招股书、弗若斯特沙利文，中物联医疗器械供应链分会整理。

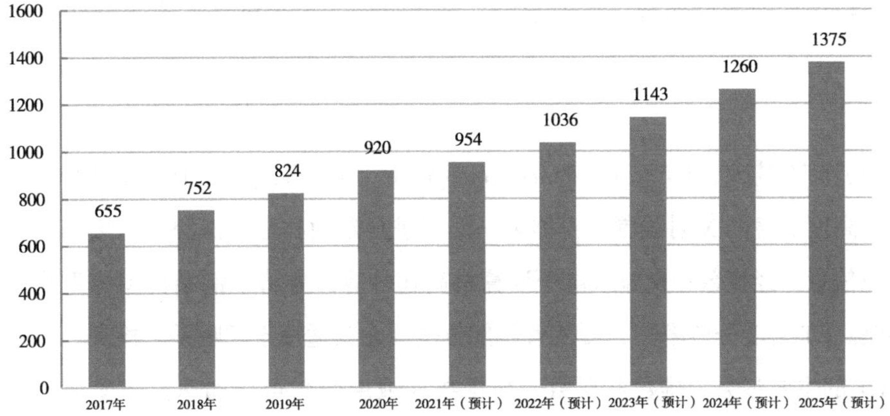

图 4-31 中国医学影像市场规模及预测（亿元）

数据来源：赛诺威盛招股书、弗若斯特沙利文，中物联医疗器械供应链分会整理

目前，医学影像设备市场仍由西门子、GE 医疗、飞利浦医疗三家巨头占据主导地位。医学影像设备行业是医疗器械行业中技术壁垒最高的细分市场。医学影像设备的技术壁垒主要体现在以下方面：一是核心零部件自研难度高；二是供应链复杂，整机组装对生产工艺要求高；三是产品不断创新，对企业研发能力要求高。与国际知名企业相比，我国大部分医学影像设备赛道企业尚处在发展初期阶段，自身创新研发能力有待进一步提高，综合竞争能力较弱。近年来，以联影医疗、东软医疗等为代表，具有自主研发能力的医学影像设备整机厂商，但依然存在行业集中度低、企业规模偏小、中高端市场占有率低的现象，国产品牌面对外资企业的竞争压力依然很大。

但在国家针对高端医学影像设备持续出台鼓励政策的背景下，国产品牌的发展将得到进一步提速。2015 年 5 月，国务院发布《中国制造 2025》，提出提高医疗器械的创新能力和产业化水平，重点发展影像设备、医用机器人等高性能诊疗设备；2021 年 3 月，国家发布《中华人民共和国国民经济和社会发展第十四个五年规划和 2035 年远景目标纲要》，提出要推动医疗设备等产业创新发展，发展高端医疗设备，集中优势资源攻关医疗设备等领域关键核心技术。各项产业支持型政策的发布都有利于高端医学影像设备行业的高质量发展。

同时，分级诊疗体系的进一步完善、大型设备更新等政策的发布也为医学影像设备的销售提供了更广阔的市场空间。2023 年 12 月，国家卫生健康委等十部门联合发布《关于全面推进紧密型县域医疗卫生共同体建设的指导方案》，旨在建立健全以县带乡、以乡带村帮扶机制，推动优质医疗资源下沉。2024 年 3 月，国务院发布关于《推动大规模设备更新和消费品以旧换新行动方案》的通知，鼓励具备条件的医疗机构加快医学影像、放射治疗、远程诊疗、手术机器人等医疗装备的更新改造。

2. CT

（1）产品定义。CT 是 Computed Tomography 的缩写，指电子计算机断层扫描系统，用高度准直的 X 射线围绕身体某一部位进行断面扫描，探测器记录扫描过程中的衰减信息，经模数转化输入电子计算机高速计算，并将解剖结构图像重建后显示及存储。CT 密度分辨率高，覆盖人体部位全，尤其适用于呼吸系统检查。

CT 的主要参数为排数和层数。高排数（或层数）可以加速扫描速度，提高图像质量，缩短患者受辐射的时间。根据 CT 排数和层数的不同，CT 产品可以分为：16 层以下 CT、16 层 CT、32 层 CT、64 层 CT、128 层和 128 层以上 CT，2 排 CT、4 排 CT、16 排 CT、32 排 CT 等。

（2）市场现状。根据联影医疗招股书数据，2020 年全球 CT 市场规模约 135.3 亿美元，预计 2030 年将达到约 215.4 亿美元，年复合增长率为 4.8%。随着技术的进步，全球 CT 市场预期在心脏扫描、肺部筛查和儿科疾病检查等功能运用方面将持续突破。参照国际 CT 市场发展模式，以欧美发达国家为代表的 CT 市场已经进入了相对成熟期，市场渗透率较高，行业增长动力主要来自存量设备的更新迭代。因此，来自亚太地区的新兴市场正在逐步成为全球 CT 市场的主要增长动力。

从 CT 设备的人均保有量方面来看，2021 年，发达国家普及度较高，日本的 CT 设备保有量高达 111 台/百万人，美国高达 44 台/百万人。相较之下，我国 CT 设备的人均保有量尽管保持增长态势，2021 年也仅有 27 台/百万人（见图 4-32），预计到 2025 年将达到 46 台/百万人（见图 4-33），以国家人口规模来看，与发达国家相比存在较大差距，未来仍具有较大成长空间。随着中国 CT 设备逐渐实现国产化、高端化，未来中国 CT 设备保有量将保持稳定增长。具备较强技术研发能力及产业化能力的国产 CT 设备生产企业将迎来稳定的增长期。

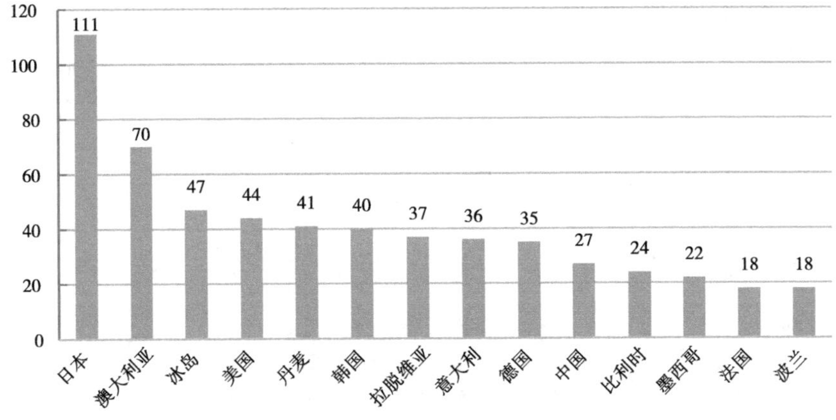

图 4-32　2021 年全球主要国家 CT 设备人均保有量（台/百万人）

数据来源：赛诺威盛招股书、经济合作与发展组织、弗若斯特沙利文、太平洋证券，中物联医疗器械供应链分会整理。

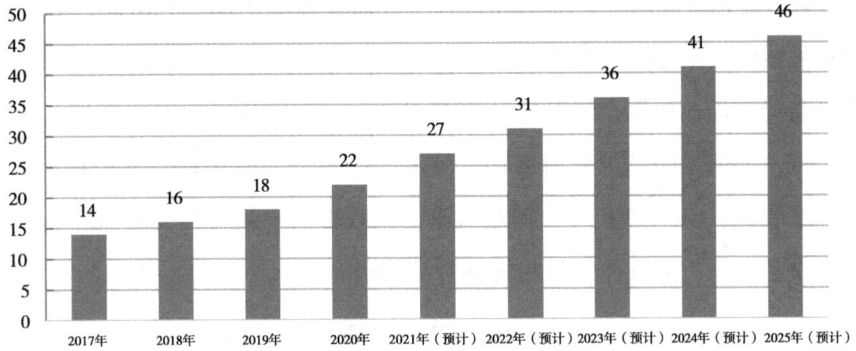

图 4-33　中国 CT 设备人均保有量及预测（台/百万人）

数据来源：赛诺威盛招股书、中国医学装备协会、弗若斯特沙利文、太平洋证券，中物联医疗器械供应链分会整理。

根据赛诺威盛招股书数据，2017—2019 年，中国市场 CT 销售量分别为 3020 台、3511 台和 3825 台。2020 年，受益于疫情，CT 销售量增长 73%至 6610 台。预计到 2025 年，中国 CT 销量将达到 10445 台（见图 4-34），2021—2025 年间的复合增长率将达到 11.0%。2023 年 3 月，国家卫生健康委发布《关于大型医用设备配置许可管理目录（2023 年）的通知》，明确 64 排及以上 X 线计算机断层扫描仪（CT）调出管理品目。这也意味着今后医院购置 CT 设备不再需要办理配置证。烦琐手续的免除，可大大释放中高端 CT 市场的潜能。

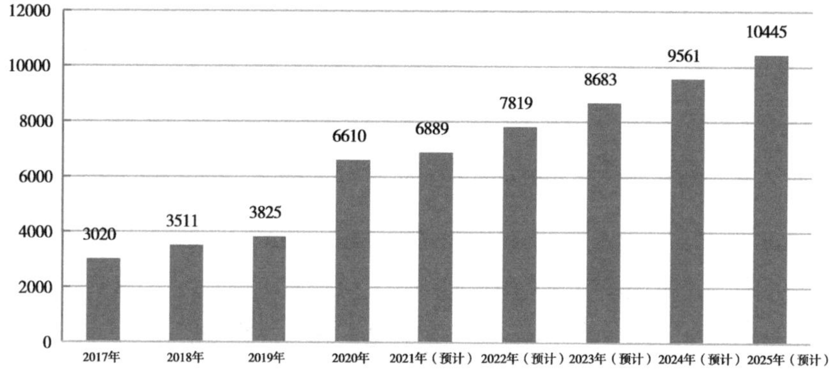

图 4-34　中国 CT 设备销量及预测（台）

数据来源：赛诺威盛招股书、弗若斯特沙利文、太平洋证券，中物联医疗器械供应链分会整理。

对于国产品牌而言，一方面要不断提高自主创新能力，攻占国内中高端 CT 设备市场，打破外资企业占据主导的局面，另一方面也要制定国际化战略，以“一带一路”周边发展中国家为目标开启出海进程。CT 设备在相关国家拥有巨大的市场潜力。

市场格局方面，根据众成医械对 2022 年我国 CT 市场中标情况统计，从中标金额来看，市占率前三的品牌分别是 GE、西门子、联影；从中标数量来看，市占率排名前三的是联影、GE、西门子。不难看出，以联影、东软为代表的国产品牌已占据一定市场份额，但产品整体定位相较外资品牌仍有差距（见表 4-16）。

表 4-16　2022 年我国 CT 市场中标统计情况

排名	品牌	中标总额（亿元）	中标额占比（%）	中标数量	中标数量占比（%）	平均单价（万元/台）
1	GE	56. 23	30. 00	650	22. 30	865
2	西门子	46. 25	24. 70	558	19. 10	829
3	联影	35. 53	19. 00	676	23. 20	526
4	飞利浦	22. 57	12. 00	312	10. 70	723
5	东软	12. 42	6. 60	307	10. 50	405
6	佳能	3. 22	1. 70	34	1. 20	947
7	安科	2. 53	1. 40	66	2. 30	383

数据来源：MDCLOUD、太平洋证券，中物联医疗器械供应链分会整理。

3. MRI

（1）产品定义。MRI 是 Magnetic Resonance Imaging 的缩写，指核磁共振成像，利用原子核自旋运动的特点，在外加磁场内，经射频脉冲激后产生信号，用探测器检测经计算机处理转换在屏幕上显示图像。MRI成像对软组织分辨能力高，无辐射损伤，无须造影剂，尤其适合应用在中枢神经系统方面，但缺点是扫描时间长，有伪影，空间分辨率低，价格高。

MRI按磁体类型可分为永磁型、常导型、超导型和混合型。其中，常导型、永磁型的磁场稳定性差，超导型磁场稳定而均匀，不受外界温度的影响，场强高、可调节，目前中高场强的MRI均采用超导型磁体，超导型MRI逐渐成为主流产品。

（2）市场现状。根据联影医疗招股书数据，预计2023年，全球MRI市场规模约为108.4亿美元，2030年将增至145.1亿美元，2020—2030十年复合增长率为4.5%（见图4-35）。预计2023年，中国MRI市场规模约为108.4亿元，2030年将增至244.2亿元，2020—2030十年复合增长率为10.6%（见图4-36）。中国MRI市场增速显著高于全球水平。

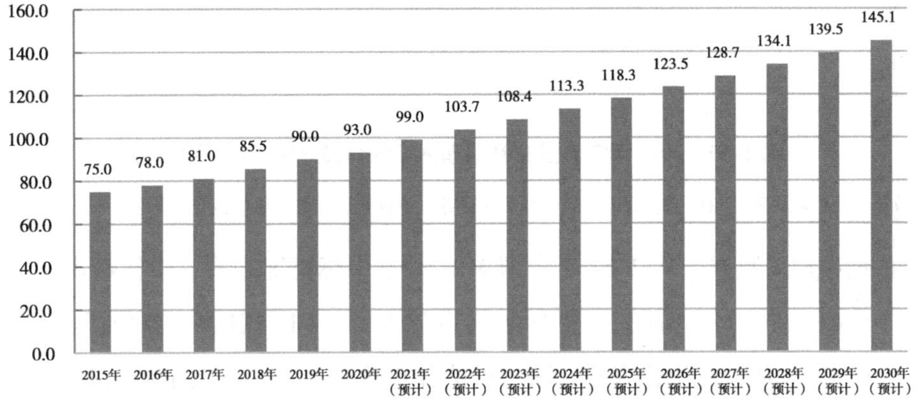

图4-35　2015—2030年（预计）全球MRI设备市场规模及预测（亿美元）

数据来源：联影医疗招股书、灼识咨询、太平洋证券，中物联医疗器械供应链分会整理。

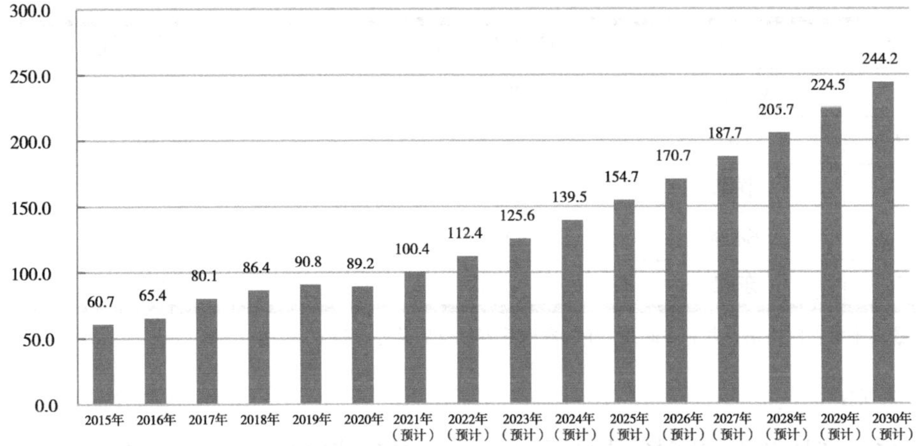

图4-36　2015—2030年（预计）中国MRI设备市场规模及预测（亿元）

数据来源：联影医疗招股书、灼识咨询、太平洋证券，中物联医疗器械供应链分会整理。

从人均保有量方面来看，2018 年，日本、美国每百万人 MRI 人均保有量分别为 55.2 台、40.4 台，同期中国每百万人 MRI 人均保有量约为 9.7 台（见图 4-37）。我国 MRI 人均保有量水平与发达国家相比存在明显差距，但也意味着未来中国 MRI 市场的潜力巨大。2020 年，中国市场 1.5T 及以下的中低端 MRI 占比约为 74.9%，3.0T 高端 MRI 占比约为 25%，伴随 1.5T 及以上 MRI（3000 万元以下）不再受配置证管理，未来 3.0T 将成为中国 MRI 市场的主要增长点。

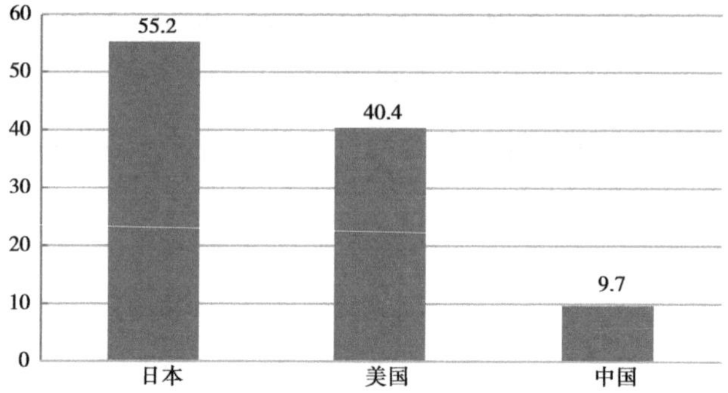

图 4-37　2018 年中美日 MRI 设备人均保有量对比（台/百万人）

数据来源：联影医疗招股书、灼识咨询、太平洋证券，中物联医疗器械供应链分会整理。

根据医招采数据，从 2022 年中国 MRI 设备中标情况来看，中标额占比方面，西门子、GE、联影分列前三；中标数量占比方面，GE、联影、西门子分列前三（见表 4-17）。从综合指标来看，联影可能凭借价格优势及下沉市场策略进入 MRI 市场前列。

表 4-17　2022 年我国 MRI 市场中标统计情况（%）

排名	品牌	中标额占比	中标数量占比
1	西门子	30.54	25.20
2	GE	28.19	29.80
3	联影	24.52	25.80
4	飞利浦	13.77	13.10
5	东软	1.10	2.50

数据来源：医招采、太平洋证券，中物联医疗器械供应链分会整理。

4. XR

（1）产品定义。X 射线成像系统（XR）是现代医疗基础性的诊断设备，通过球管发出的 X 射线穿透人体不同密度和厚度的组织时，被这些组织不同程度地吸收，再被探测器接收，经显像处理后形成不同黑白对比的 X 射线影像，可以广泛应用于胸部、骨关节、乳腺疾病、胆系和泌尿系统结石，以及消化、呼吸、泌尿、心血管系统疾病的临床诊断。XR 的种类包括常用 DR（数字 X 射线机）、移动 DR、数字胃肠机、数字乳腺机、血管造影 X 射线成像系统 DSA、C 型臂、O 型臂等产品线，设备的专用领域持续延伸。XR 具备快速、空间分辨率高、价格实惠等优势，但也会产生少量辐射、影像重叠和隐藏。

（2）市场现状。根据联影医疗招股书数据，预计 2023 年，全球 XR 市场规模约为 144. 8 亿美元，2030 年将达到 202. 7 亿美元（见图 4-38），2019—2030 年复合增长率为 5. 3%；预计 2023 年，中国 XR 市场规模约 136. 8 亿元，2030 年将增长至 206. 0 亿元（见图 4-39），2019—2030 年复合增长率为 5. 3%，中国 XR 市场整体保持稳步增长。

从中国 XR 各细分市场情况来看，C 形臂占比最高，各细分产品领域维持较高增长水平，2020—2030 年期间，大 C 形臂复合增长率为 10. 4%，中 C 形臂复合增长率为 18. 6%，小 C 形臂复合增长率为 12. 5%。

由于临床上对 XR 设备的精准性、便捷性、高效性的诉求越来越高，中国 XR 设备未来有望向着智能化、移动化、动态多功能化方向发展。同时，在国产厂商对技术研发的持续投入下，XR 设备的核心技术在未来有望完全实现国产自主化，国产设备将向着高端产品实现渗透。

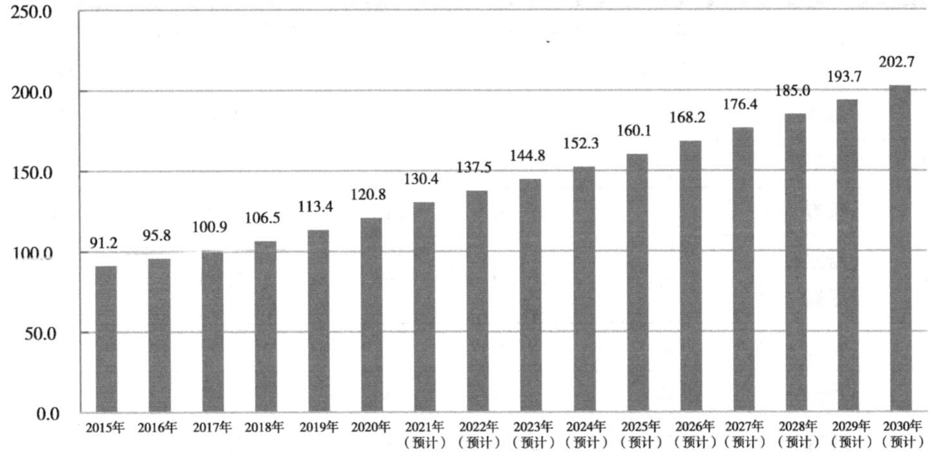

图 4-38　2015—2030 年（预计）全球 XR 市场规模及预测（亿美元）

数据来源：联影医疗招股书、灼识咨询、太平洋证券，中物联医疗器械供应链分会整理。

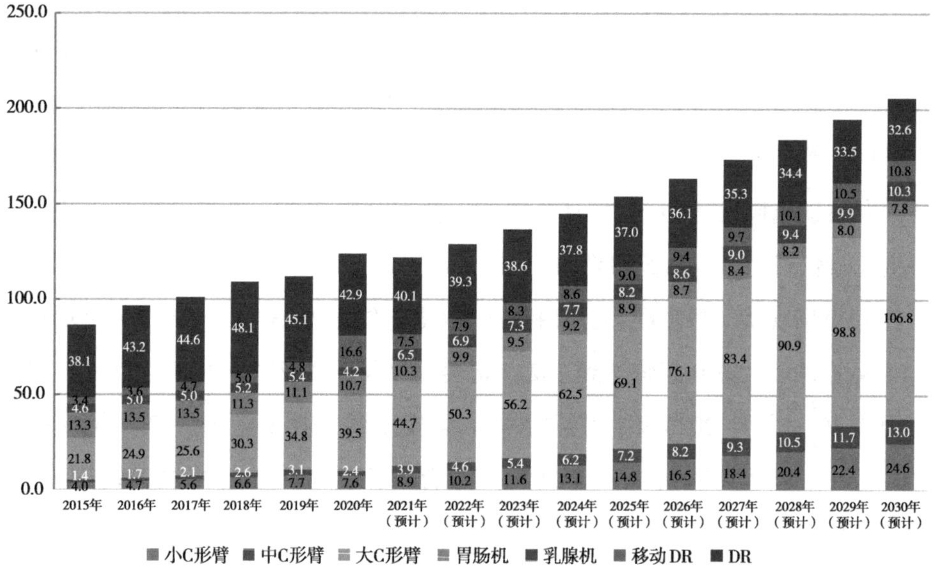

图 4-39　2015—2030 年（预计）中国 XR 市场规模及预测（亿元）

数据来源：联影医疗招股书、灼识咨询、太平洋证券，中物联医疗器械供应链分会整理。

以细分市场 C 形臂为例，从 2022 年中国 C 形臂中标金额情况来看，市占率排名前三的品牌为 GE、西门子、普爱；按照中标数量排名情况来看，市占率前三的品牌为 GE、普爱、西门子；从平均单价情况来看，国产品牌联影的产品定价接近 GE、飞利浦、西门子的水平，普爱、万东整体定价较低（见表 4-18）。

表 4-18　2022 年我国 C 形臂市场中标统计情况

排名	品牌	中标金额（亿元）	中标额占比（%）	中标数量	中标数量占比（%）	平均单价（万元/台）
1	GE	4.11	27.00	261	23.40	157
2	西门子	3.22	21.20	204	18.30	158
3	普爱	1.77	11.70	218	19.60	81
4	奇目成像	1.55	10.20	66	5.90	235
5	联影	1.30	8.50	74	6.60	176
6	万东	0.49	3.30	60	5.40	82
7	西姆	0.44	2.90	18	1.60	244
8	飞利浦	0.41	2.70	29	2.60	141

数据来源：MDCLOUD、太平洋证券，中物联医疗器械供应链分会整理。

四、体外诊断市场分析

（一）整体市场发展概况

1. 市场规模

据分会不完全统计，2023 年中国体外诊断市场规模为 1293.28 亿元，同比下降 17.96%（见图 4-40）。2019—2023 年五年复合增长率为 11.56%。2023 年，社会回归常态化运行，新冠核酸检测市场需求大幅下降，体外诊断市场规模增速下降。与疫情前相比，常规体外诊断检测需求呈稳步上升态势。

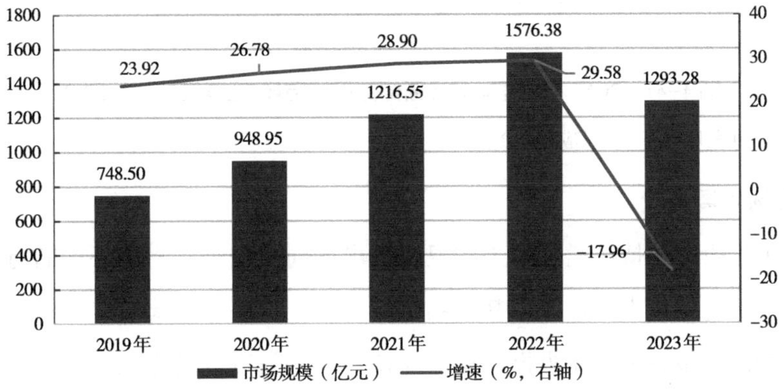

图 4-40　2019—2023 年中国体外诊断市场规模与增速

数据来源：中物联医疗器械供应链分会。

2. 细分类别分析

国家卫生健康委将临床检验项目分为 36 大类 360 多项，包括 11 类临床化学、5 类临床免疫、5 类临床细胞分子遗传学、8 类临床体液血液和 7 类临床微生物学。按检测原理或检测方法的不同，体外诊断分为生化诊断、免疫诊断、分子诊断、微生物诊断、血液诊断、POCT（即时诊断）等细分市场。2023 年，我国体外诊断市场中免疫诊断市场份额最大，占比 34%；分子诊断占比 21%，紧随其后；生化诊断、POCT、血液学及体液诊断的市场份额分别为 12%、12%、12%。微生物学市场份额占比仅为 3%（见图 4-41）。

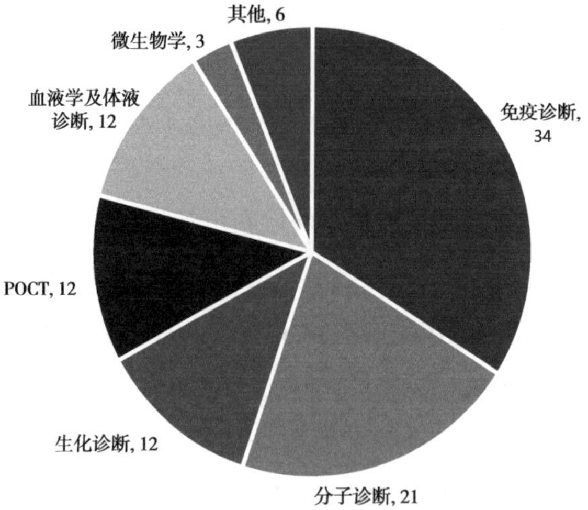

图 4-41 2023 年中国体外诊断细分领域市场占比统计情况（%）

数据来源：中物联医疗器械供应链分会。

3. 市场发展现状

中国卫生投入的持续增加，人均卫生支出的同步增长，为体外诊断行业提供了良好的发展环境；基本医疗保险基金结余稳定增长，医疗保险覆盖面持续扩宽，为体外诊断产品和服务市场需求提供相应支持；伴随新冠疫情影响的减退，常规检验需求的快速回升，公众对健康和疾病预防的关注度不断提高，“治疗为主、预防为辅”的传统医疗消费观念正在向“预防为主、防治结合”的观念转变，推动了体外诊断自检器械进入各家各户；人口老龄化进程加快、慢性疾病发病率上升，医疗保健需求增加，特别是对慢性病的早期发现与治疗，区域医疗中心的建设、独立医学实验室的兴起、医疗市场下沉，都为体外诊断的推广使用提供了广阔的市场空间。

根据艾瑞咨询观点，我国体外诊断行业经历 20 世纪七八十年代的产业萌芽、国产起步期，九十年代的行业诊断与外资垄断期，2000—2010 年的国产进入自主研发期，2010—2020 年的国产崛起与资本青睐期。近年来，新冠疫情暴发使得体外诊断市场飞速发展，国内涌现出多家中小型厂商，为规范市场秩序，保证产品质量，缓解医保压力，国家开始逐步开展集采，也必将引发行业的新一轮变革。

目前，全球体外诊断市场发展成熟，行业集中度高，基本形成罗氏、雅培、丹纳赫（贝克曼）、西门子四足鼎立的垄断格局。国内市场则集中度较低，头部企业持续开疆拓土，竞争激烈（见表 4-19）。

表 4-19　体外诊断行业品牌情况

细分类别	外资品牌	国产品牌
生化诊断	罗氏、贝克曼、西门子、强生	迈瑞、科华生物、迪瑞、迈克生物、美康生物、利德曼、九强生物
免疫诊断	罗氏、雅培、西门子、贝克曼	迈瑞、新产业、安图生物、迈克生物、亚辉龙
分子诊断	雅培、罗氏	达安基因、华大基因、科华生物、之江生物、艾德生物、圣湘生物
POCT	罗氏、强生、雅培、雷度米特	万孚生物、基蛋生物、三诺生物、明德生物、东方生物、奥泰生物
血液诊断	希森美康、思塔高、贝克曼	迈瑞、帝迈生物、赛科希德、普利生、普朗
微生物诊断	生物梅里埃、西门子、布鲁克	科华生物、安图生物、基蛋生物

信息来源：中国医药。

近年来，多省份尝试探索实施体外诊断领域的集中采购，试图调控体外诊断产品价格，惠及广大患者。其中，以安徽省为代表的省份率先提出“将部分临床用量较大、采购金额较高、临床使用较成熟、竞争较为充分的临床检验试剂纳入采购范围；对化学发光试剂4大类（肿瘤相关抗原、感染性疾病、心肌疾病、激素、降钙素原检测）23小类产品开展靶向集采”。这为安徽省顺利推行集采奠定了政策基础，也为各省份在体外诊断领域的带量采购提供了经验借鉴。集采制度深入体外诊断领域实施，其“技耗分离”的模式也为各家企业带来不小的挑战，如何创新模式，探索新场景、新市场，将是很长一段时间内无法回避、亟须攻克的课题。

（二）重点细分领域分析

1. 分子诊断

分子诊断是通过检测受检个体或其携带的病毒、病原体的遗传物质结构或含量的变化来为疾病的预防、诊断、治疗提供信息和依据的技术，具有灵敏度高、特异性强、诊断窗口期短，以及可进行定性、定量检测等优点，在预警、筛查、早诊、指导治疗、疗效检测、预后判断等方面广泛应用。按应用场景划分，分子诊断主要包括无创产前诊断、肿瘤检测、传染病检测等。

疫情三年，分子诊断技术在防疫工作中发挥了重要作用，并实现了全国范围内的快速普及。我国分子诊断行业尚处在发展的初期阶段，规模小且集中度低，由于分子诊断涉及的临床需求多而杂，各家企业标准不同，企业分别开发了擅长领域的相关产品，但均难以做到全面覆盖，也因此暂未形成垄断局面。目前，我国分子诊断行业主要由罗氏、丹纳赫（贝克曼）、雅培、西门子等科研实力雄厚、品牌影响力强大的外资企业占据主导；迪安诊断、达安基因、华大智造、华大基因等国产企业受益于政策支持等因素，迅速崛起，凭借产品性价比优势，占据中低端市场；科华生物、凯普生物、贝瑞基因等中小型企业的市占率不高，市场格局相对分散。

2. **免疫诊断**

免疫诊断主要通过抗原抗体结合反应测定人体内物质，在肿瘤诊断、传染性疾病诊断、心脑血管疾病诊断、内分泌功能诊断、自身免疫疾病检测、药物检测及过敏原检测等领域应用广泛，其中使用量最大的是甲功五项、术前八项、肿瘤标志物检测、自免抗体检测和心血管标志物检测。按技术手段与诊断原理，免疫诊断技术可分为放射免疫、胶体金标记免疫、酶联免疫、时间分辨荧光免疫、化学发光免疫五类，按应用场景，检测平台可分为中高通量和低通量。

化学发光属于较为先进的体外诊断技术，在免疫诊断技术类别中，已成为绝对的主流。化学发光对于试剂和仪器的性能要求高，技术门槛高，研发难度大。罗氏、雅培、西门子、贝克曼等进口厂商在化学发光领域深耕多年，拥有丰富的行业经验和成熟的技术积累，其产品性能及仪器稳定性已得到市场验证、临床认可，部分化学发光试剂已成为业界公认的“金标准”，并占据了70%以上的市场份额。国产品牌方面，新产业、安图生物、迈瑞医疗等占据了10%以上的市场份额，未来伴随研发水平和工艺水平的提升，在中高端领域完成进口替代后，国产产品市场份额会逐步得到提升。

3. **生化诊断**

生化诊断是指利用朗伯比尔定律，通过各种生物化学反应在体外测定各种无机元素、蛋白和非蛋白氮以及酶、糖、脂等生化指标的体外诊断方法，作为医院常规诊断检测项目，主要针对血常规、尿常规、肝功能、肾功能、胰腺、糖尿病等进行诊断。

相较于体外诊断等其他细分市场领域，生化诊断行业的技术壁垒较低，竞争格局相对复杂。目前，我国生化诊断市场已基本实现国产化，国产化率超60%，大部分产品已完成进口替代。由于国内产品在质量、性能上已初步接近外资产品，九强生物、美康生物、利德曼、中生北控、科华生物等第一梯队的生化诊断国产品牌已拥有比较全面的试剂品种，并已成功在国内二甲、三甲医院得到广泛使用，但总体定位在中低端市场领域。在高端市场领域，外资品牌影响力犹在，贝克曼、罗氏、强生、西门子等外资厂商依然占据相当数量的市场份额。

4. POCT

即时检验，即 POCT（point-of-care testing），是在采样现场进行的、利用便携式分析仪器及配套试剂快速得到检测结果的一种检测方式。主要技术包括干化学分析技术、免疫层析技术、化学发光技术、生物传感器技术、生物芯片技术、微流控技术等 POCT 应用项目，也从血糖检测、妊娠试验，扩展到凝血/溶栓检测、血气和电解质分析、心脏标志物快速诊断、药物滥用筛检、肿瘤标志物检测、毒品/酒精类检测、传染病检测等多个项目，应用范畴涵盖医疗、重大疫情监测、食品卫生安全、军事医学与灾难救援等多个领域。

POCT 行业技术壁垒高，目前，我国 POCT 市场主要由罗氏、雅培、美艾利尔等外资企业占据。其中，强生、罗氏在血糖领域占据绝对优势，美爱利尔在血气、传染病和心脏标志物方面实力较强，雅培凭借多功能 i-SATA 掌式 POCT 检测平台占据一席之地。2020 年以来，新冠疫情带动一波国产 POCT 品牌的发展，中源协和、基蛋生物、万泰生物、安图生物、热景生物、安旭生物、诺唯赞、万孚生物等企业逐步崛起，伴随技术迭代、产品种类丰富，POCT 市场竞争将越发激烈。

5. 微生物诊断

微生物检测是通过微生物的培养、鉴定、分析以及药物敏感测试等方式检测微生物的品种和行为模式的方法。其区别于其他体外诊断检验的是标本处理和培养，在获取阳性标本后，才能进行下一步的鉴定和药敏检测。目前主要的微生物检测平台有生化、血清免疫、质谱检测和 NGS（下一代测序技术）检测。免疫法只能对已知菌种进行抗体检测，但目前可检测的病菌种类并不全面。质谱检测的核心壁垒是菌种库的溯源问题，需要建立微生物蛋白指纹图谱云数据库。NGS 检测的核心在于细菌基因数据库的建立以及检测方法的选择，选择宏基因组测序费用高。

微生物诊断领域，外资品牌入场时间较早，积累经验丰富，品牌影响力大，在国际市场占据主导地位，在我国市场也占据较大市场份额，代表企业主要有生物梅里埃、贝克曼、碧迪、赛默飞世尔、西门子等。我国微生物诊断行业起步较晚，发展缓慢，在仪器和试剂研发生产方面竞争力较弱，主要依赖外资品牌供给，代表企业主要有安图生物、华大基因、迪安诊断、广州赛哲等。

6. 血液诊断

血液及体液诊断是指对血细胞、止凝血、尿液、胸液、脑积液等进行检验，诊断各种血液、神经、消化、生殖等系统的疾病。血液及体液诊断以血液诊断为主，主要包括血凝、血液和血细胞。

血液诊断领域属于较为成熟的体外诊断板块，以希森美康为代表的外资企业已形成了一体化封闭式的产品矩阵，其产品具有稳定性高、自动化程度高的特点，备受三级医院青睐，持续保持着产品的高销量。国内品牌方面则主要以迈瑞医疗、赛科希德、帝迈生物为主，凭借产品的高性价比逐步打开了二级医院及以下医疗机构市场，并且正在不断向三级医院渗透。

第三节　我国医疗器械工业市场面临的挑战及发展建议

一、面临挑战

伴随社会恢复常态化运行和医改政策实施的不断深入，行业合规建设步伐加快，2023年我国医疗器械生产企业的营收业绩背负压力。尽管国产品牌努力布局产品研发管线、加速国产替代、布局海外市场，但在实施过程中，仍然备受挑战，困难重重。

（一）集采重塑市场格局，创新比拼更加激烈

国家层面的集采工作不断优化调整，区域联盟、地方集采不断探索全新领域，长期来看，集采政策利好医疗器械行业发展，促进行业良性发展，但短期来看，集采压缩企业盈利空间，企业利润出现下滑。中标企业通过医保谈判议价，以价换量、扩大市场份额、提高市占率，降低推广成本，快速提升品牌影响力；未中标企业则更加注意创新研发，不断优化产品，寻求破局之路。中标企业与非中标企业的市场境遇可能引发行业洗牌重塑。伴随集采工作的深入，集采逐渐呈现覆盖范围更宽广、集采规则更明确、价格体系更透明的趋势，缩短了创新医疗器械产品的盈利周期。对于企业而言，如何快速并持续地创新迭代产品、识别潜力赛道、保证产品的研发质量、快速投产、实现商业化，丰富的产业经验和独到的产业洞察缺一不可，创新效率的比拼是企业在激烈市场竞争环境中生存的关键。

（二）行业合规建设引发短期阵痛

医疗行业合规建设是推动健康中国战略实施、净化医疗行业生态、维护群众切身利益的必然要求。伴随医疗反腐工作持续以高压态势推进，短期内医疗反腐工作为行业带来阵痛。院端关键岗位被查，客情关系维护、科室营业拜访等关键业务停摆，产品无法顺利销售，对企业营收产生一定影响。而由于市场需求阶段性下降，为争取有限订单，各家企业采取更为激进的竞争策略，降价销售，提供更多附加价值服务，僧多粥少的局面无形中加剧了行业竞争。同时，在国产企业出海进程中，存在腐败问题的企业可能会受到一些国家或地区的限制，国内医疗反腐也可能对国产品牌的国际化战略产生负面影响。

（三）社会恢复常态化运行，企业进入调整期

疫情期间，医疗器械行业发展迅猛，受益于新冠检测及诊疗需求的增加，体外诊断、低值耗材等领域相关企业经历了业绩和市值的激增。然而，伴随新冠疫情常态化管理的结束和新冠检测需求的减少，疫情带来的业务需求开始快速消退。特别是疫情全面开放后的2023年，曾受益于新冠疫情实现业绩大幅增长的公司，整体业绩出现明显下滑。因此，后疫情时代，尤其是曾经的受益企业如何摆脱疫情防控全面放开后对公司业绩带来的不利影响，如何有效利用疫情期间积累的资金储备，快速寻求全新业务增长点，将是大部分公司不得不面临的挑战。

（四）器械出海为国产企业带来挑战

全球医疗器械市场持续扩大，老龄化社会背景下，发达国家对高品质、高技术含量的医疗器械产品需求与日俱增。新兴国家因人口增长、医疗卫生意识提高，基础医疗设施亟须改善，对医疗器械需求呈现快速上升趋势。近年来，国产医疗器械在国家政策的驱动下，加强技术创新力度，产品质量得到显著提升，不断得到国际市场认可。为响应国家“走出去”“一带一路”等，面对国内激烈的市场竞争环境，国内医疗器械厂牌纷纷选择出海，开拓海外市场。但如何突破海外市场的高准入门槛，尤其是发达国家对医疗器械产品的高认证标准和复杂的注册流程，是众多国产企业出海需要面临的第一道难题。此外，海外市场的政策环境、商业环境、文化差异、消费习惯等诸多因素各异，制定国际化战略、部署国际市场产品线、提高海外市场本土化运营效率，均非易事。

（五）成本控制、创新研发能力有待进一步提升

在医疗器械的各细分赛道领域，与海外品牌相比，我国医疗器械创新能力仍有待进一步提高。在以影像诊断类设备为代表的医疗设备领域，以联影为代表的国产品牌虽占据一定影像设备市场份额，但因研发创新门槛较高，市场仍然被GE、飞利

浦、西门子三家外资头部公司垄断。在低值耗材领域，我国低值耗材企业数量众多，主要以中小型企业为主，产品同质化竞争严重，未来伴随技术升级、医疗需求提高、监管要求加强，企业规模化生产能力及成本控制能力是关键制胜要素之一。在高值耗材领域，骨科耗材作为集采的重点领域之一，人工关节、脊柱类、运动医学类等各项品类基本实现全覆盖。集采削减了骨科耗材价格，头部企业以价换量，也因此对其他企业成本控制、研发水平提出了更高的要求。就整体市场而言，提升产品创新能力，提高企业运营效率，控制企业运营成本是企业生存的关键。

二、发展建议

（一）深化医工融合优势，持续提升创新产品的核心竞争力

医疗器械行业是技术密集型领域，在当前行业面临市场寒冬和激烈竞争的背景下，提高创新研发能力，开发创新产品是构建核心竞争力的关键。医疗器械生产企业应深化医工融合优势，加强对新产品与新技术的研发投入，优化产品布局，提升品牌建设的战略地位。

1. 企业应加强与临床医生、科研院所紧密合作，以临床需求为导向推动产品创新

临床专家与生物医学工程专家的紧密合作是医疗器械创新的关键。临床专家根据多年积累的临床实践经验，可以发现临床治疗中的难点问题，针对医疗器械产品可能的使用场景提出参数要求；生物医学工程专家则可以利用生物医学工程技术将临床专家的想法落地，设计出测试样机。二者通过优势互补更有利于推进产品概念落地，生产出贴近临床需求的创新产品。

2. 持续加强研发投入，紧跟国际前沿趋势

企业应持续投入科研资金、人力资源，用于新产品和新技术的研发。在研发过程中，企业还应密切关注行业发展趋势和前沿技术动态，紧跟科研潮流，将最新的科研成果应用于产品研发中。尤其在细分领域赛道，不断根据市场特点和发展趋势，加强技术壁垒，构建企业护城河，通过不断推出创新领先的器械产品，在激烈的市场竞争环境中脱颖而出。

（二）多维度强化市场拓展，优化市场渠道布局

提升科研创新能力、形成过硬的产品质量仅是医疗器械生产企业在市场上立足的第一步，而如何使创新器械产品在市场上产生影响力，最终顺利走进医院，十分

考验企业对市场渠道的构建与运作能力，市场拓展的深度与广度在一定程度上决定了企业的生存状况与发展前景。

1. 加强与医疗机构的战略合作

企业应主动通过客情关系维护、定期营业拜访等方式强化与医疗机构之间的合作关系。深入了解医疗机构的临床及日常管理需求，优化产品解决方案，为医疗机构提供定制化、高质量的医疗器械产品和服务。在国家大力推行带量采购政策的形势下，企业应借助集采契机，以价换量，与医疗机构签订长期供货协议，实现对医疗机构市场的快速覆盖、深度渗透。

2. 加强品牌宣传力度，积极布局营销网络

企业应积极参与国内外行业展会、开展学术会议、发布专业文章，提升行业知名度。通过加强与行业协会、专家学者等的合作，共同推动行业标准建设，树立权威企业形象。企业还应建立完善的销售网络及渠道管理体系，线上线下渠道协同，强化与经销商、代理商的沟通协作，共同开拓市场，扩大市场份额。

（三）深入理解国际市场环境，制定国际化出海战略

器械出海已逐渐成为行业重要趋势之一。海外医疗器械市场潜力巨大，价格体系相对稳定，是企业营收增长的重要引擎，也是推动国产品牌国际化进程的重要环节。能否顺利出海考验的是企业对于海外市场的理解及运作能力。

1. 积极参与国际医疗器械展览与学术交流活动

通过参与各类国际行业会议，了解国际市场需求和趋势，密切关注国际贸易形势和政策动向，了解各国市场的准入条件和限制措施，及时调整市场策略，规避潜在风险。同时，积极开展国际贸易谈判与合作，为企业拓展海外市场创造有利条件。

2. 优化海外市场战略布局，提升国际影响力

企业应加强与国际认证机构的沟通与合作，确保产品符合国际标准，顺利通过认证和注册，这是国产品牌出海的第一步。企业还应与海外经销商、代理商等合作伙伴构建紧密合作关系，搭载海外渠道资源开拓市场，提升销售业绩。同时，加强售后服务体系建设，提供及时、专业的技术支持和维修服务，提高海外客户对产品的满意度及复购黏性。

（四）提升企业内部运营效率，多层级降本增效

挖掘企业内部潜力，实现降本增效已是企业盈利和可持续发展的重要策略之一。企业应深入探索并整合自身资源，通过不断优化治理结构、提升自动化和规模化效能、精细化管理成本费用等关键举措，全面释放潜能，提升竞争力。

1. 优化业务流程，践行数字化理念

企业应深入分析现行业务流程，理顺生产流程及运营卡点，通过导入数字化工具，实现数据的采集与分析，监控业务流程，全面提升生产运营效率，减少人力成本支出。同时，通过教育培训一批高素质、高效率的运营团队，为企业的高效运营提供有利的人才保障。

2. 优化库存布局，降低物流成本

企业应重视库存管理，优化库存结构，降低库存周转率，减少库存积压与浪费。同时，要优化物流配送网络，提高物流效率，降低物流成本。通过建立完善的供应链管理体系和风险管控机制，确保供应链体系的稳定性与安全性，为企业发展提供坚实的物流保障。

（五）行业合规发展背景下，加强合规经营体系建设

伴随全国医疗领域腐败问题集中整治工作的推进，医疗器械行业部分院端业务停摆，一方面，各家企业营收业绩增长备受挑战，另一方面，却也为各家企业提供了缓冲调整时间。生产企业逐步意识到建立内部合规经营体系的重要性。

1. 加强合规体系建设，为企业运营提供制度保障

企业应严格遵守当地法律法规，明确公司道德行为准则，建立健全合规制度体系，制定反腐败政策、商业行为规范、利益冲突政策等相关政策，为企业合规管理提供坚实的基础。

2. 加强对员工、供应商、经销商等利益相关方的引导与管理

企业应在员工手册中明确员工的商业行为准则及道德规范，采购业务等关键业务岗位人员应签署廉洁自律承诺书，禁止员工不当行为等，自上而下建立有效的廉洁闭环管理。

第四节　我国医疗器械工业市场发展趋势

一、行业监管体系持续完善

2023 年，国家持续发布多项行业政策，强化行业监管体系，推动行业有序发展。7 月，国家药监局发布《关于进一步加强和完善医疗器械分类管理工作的意见》，旨在进一步提升医疗器械分类管理工作的科学化、法治化、国际化、现代化水平，有力助推产业高质量发展，更好地保护和促进公众健康。9 月，国家组织高值医用耗材联合采购办公室发布《国家组织晶体类及运动医学类医用耗材集中带量采购公告》，采购品种覆盖人工晶体和运动医学类相关耗材，集采持续扩围扩面。12 月，国家药监局发布《关于医疗器械紧急使用管理规定（试行）的公告》，旨在做好特别重大突发公共卫生事件和其他严重威胁公众健康的紧急事件应急处置工作。未来，国家层面医疗器械行业监管体系还将得到进一步完善。

二、医疗器械创新发展逐渐成为行业主旋律

2023 年，我国创新医疗器械批准数量再创新高。究其原因，研发方面，伴随我国医疗器械集中带量采购体系的优化与完善，中标企业可通过“以价换量”的方式扩大市场份额，未中标企业则应加大研发资金投入，加强科技创新，寻求破局方法。审评审批方面，《医疗器械监督管理条例》明确将医疗器械创新纳入发展重点，对创新医疗器械予以优先审评审批，支持创新医疗器械的临床推广与使用，推动医疗器械产业的高质量发展。《创新医疗器械特别审批程序》提出在标准不降低、程序不减少的前提下，对创新医疗器械予以优先办理，加强与申请人的沟通交流；特别审查申请时间距专利授权公告日不超过 5 年。整体上，加速了创新医疗器械事业的发展。未来，面对激烈的市场竞争环境，创新发展将成为行业发展主旋律。

三、人工智能技术赋能传统医疗器械

伴随人工智能（AI）技术的快速迭代升级，人工智能产业生态已基本形成，应用场景持续创新，商业化进程不断加快。人工智能技术在医疗技术领域得到广泛应用，已逐渐成为平衡高效率医疗和高质量医疗的重要工具。根据《人工智能医疗器

械产业发展白皮书（2023）》相关内容，智能化升级转型是我国医疗器械产业发展的必经之路。尽管人工智能医疗器械产业的发展态势整体向好，但目前仍处于发展初期，尚未形成商业闭环。鉴于临床价值的大规模采购尚未开始，多数产品以附加服务甚至赠送方式进入医疗机构。但根据临床应用反馈，人工智能技术的导入显著推动了医疗诊断和治疗过程中的自动化水平、精确性及智能化程度，在各类临床应用场景下基本得到了临床认可。未来，伴随“AI+医疗器械”商业模式的成熟，各家企业深入探索，将会有更多人工智能型医疗器械产品上市，人工智能技术对传统医疗器械产品的赋能可能成为行业重要趋势之一。

四、政策驱动器械市场扩容下沉

2023 年，政府相继发布多项政策，巩固分级诊疗制度建设成效，加快完善分级诊疗体系。2 月，中共中央办公厅、国务院办公厅印发《关于进一步深化改革促进乡村医疗卫生体系健康发展的意见》；3 月，国家卫生健康委等六部门发布《关于开展紧密型城市医疗集团建设试点工作的通知》；12 月，国家卫生健康委等十部门联合发布《关于全面推进紧密型县域医疗卫生共同体建设的指导意见》。从城市医疗集团到紧密型县域医共体、乡村医疗卫生体系建设，分级诊疗体系已逐步打通城市内部上下级医疗卫生机构，并跨出城市域延伸至县域、乡村地域。伴随分级诊疗体系的建立与完善，突破一线城市、省会城市的下沉医疗市场将成为生产企业进一步扩大市场份额的主阵地。2024 年 3 月，国务院发布《推动大规模设备更新和消费品以旧换新方案》，指出鼓励具备条件的医疗机构加快医学影像和放射治疗、远域诊疗、手术机器人等医疗装备的更新改造。落地到医疗机构端的真实需求尚不得知，但预计医疗设备的更新将带动一波市场增量。

五、国产品牌出海，布局海外市场

过去，医疗器械企业凭借高额利润和广阔的市场空间，享受着快速增长的行业红利。伴随国家政策调整和市场环境变化，医疗器械行业面临着巨大压力。集采政策推行使得产品价格大幅下降，企业的利润空间受到挤压。反腐风暴给整个行业带来了巨大影响，不合规企业纷纷落马，行业秩序得到整顿。上市难度增加也让众多企业望而却步，资本对医疗器械行业的态度趋于谨慎。面对行业困境，医疗器械企业积极寻求破局之路，主动出海的企业往往是那些在国内市场已经取得一定成绩的企业。它们希望通过海外市场进一步放大自身优势，提升品牌影响力和国际竞争力。

这些企业通常具有较强的技术实力和品牌影响力，对海外市场有着清晰的认知和规划。而被动出海的企业则更多的是那些在国内市场陷入困境的企业。它们可能面临着资金面紧张、产品竞争力不足等问题，亟须寻找新出路。无论是主动寻求更广阔的市场空间，还是被动应对国内市场的压力，出海求生将成为医疗器械企业的一个重要选择。

六、供应链创新提供坚实基础

在国产企业出海、外资企业本土化的大背景下，供应链管理在确保产品质量、降低成本、提高生产效率、满足客户需求等方面发挥重要作用，高效稳定的供应链帮助企业在激烈的市场竞争中保持领先地位。面对欧美发达国家高度成熟的市场竞争环境，以及新兴崛起的发展中国家的市场需求，国产企业供应链的运作效率、成本控制可以帮助控制产品成本、占据价格优势。而在外资品牌本土化的进程中，面对变幻莫测的国际局势，大型医疗器械外资企业也在重新定位中国市场，开启供应链本土化策略，要求中国工厂不仅供应本土市场，还要供应亚洲邻国，甚至跨洲国家，这对供应链管理提出了巨大的挑战。因此，供应链一体化、数字化创新策略已成为行业共识，通过市场资源整合、区域一体化管理，实现资源有效共享，提高降本增效水平。目前，头部企业供应链一体化建设已初见成效，供应链创新管理将成为行业重要发展趋势。

七、医用器械逐步向家用场景迈进

伴随国民生活质量的提升、健康管理意识的增强，消费市场升级为医疗器械行业带来全新发展契机。严肃医疗场景下，临床诊疗费用受到国家政策管控，器械产品价格逐步下调，而消费医疗并未受此影响，消费者愿意支付更高价格获得个性化、便捷化的医疗服务和健康管理方案。伴随物联网、数字化等信息技术的发展，消费医疗市场的发展得到了强有力的技术支撑，借助物联网技术，医院随访管理平台可以同患者的辅助诊断器械产品实现串联，远程监测管理患者体征数据信息，做好患者随访管理工作。随着家用医疗设备的功能与性能不断提升，远程诊断设备的精确度、便捷性也在增强，其诊断效果及性能也在不断改善，更利于为患者提供个性化、智能化的解决方案。尤其在新冠疫情期间，国民居家办公、深居简出间接完成了家用医疗场景下的市场教育工作。这种趋势将不断提高消费者对家用医疗设备的认知度和接受度，加速医用医疗市场的发展和普及，促进我国消费医疗事业的进一步发展。

八、战略合作实现优势互补

我国医疗器械产业进入合作共赢时代，企业间达成战略合作关系的案例屡见不鲜，仅依靠一家企业的单体实力抢占市场份额的时代已经落幕。应从产品研发生产到商业化运作，全链条各环节通过达成战略合作，充分发挥各自在市场渠道、产品、品牌及业务网络等方面的优势，实现业务优势互补，共同推动行业发展。通过与科研院所、医院临床专家构建关系，共同研发符合临床需求、市场导向的创新器械产品，惠及更多临床患者；通过与细分赛道器械厂商开展合作，基于双方产品线优势，打造全新医疗服务解决方案。伴随互联网平台经济的发展，市场资源得以有效整合，器械供应、渠道流通、全域营销、服务效率等方面得到了全面提升。医疗器械行业已经迈进协同发展阶段，为客户提供更大的服务价值是未来行业发展的重要趋势。

第五章

2023 年我国医疗器械流通市场发展现状与展望

第一节　我国医疗器械流通市场整体现状分析

一、医疗器械流通市场发展分析

（一）经营企业数量稳步增加

截至2023年，国家药监局数据显示，全国二、三类医疗器械经营企业数量共137.6万家，同比增长13.7%。其中，仅经营二类医疗器械产品的企业共90.5万家，仅经营三类医疗器械产品的企业共10.3万家，同时经营二、三类医疗器械产品的企业共36.7万家（见图5-1）。

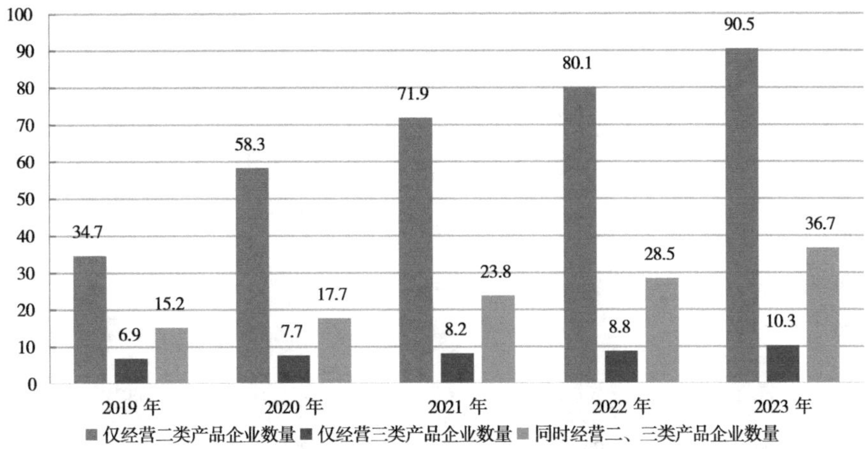

图5-1　2019—2023年中国医疗器械经营企业数量分布（万家）

数据来源：国家药监局，中物联医疗器械供应链分会整理。

（二）医疗器械经营企业区域分析

截至2023年底，从各省份数量分布来看，广东省医疗器械经营企业数量以19.6万家持续领导全国，山东省以11.5万家位居第二，2023年度，河南省以9.4万家赶超四川省，位居第三（见图5-2）。

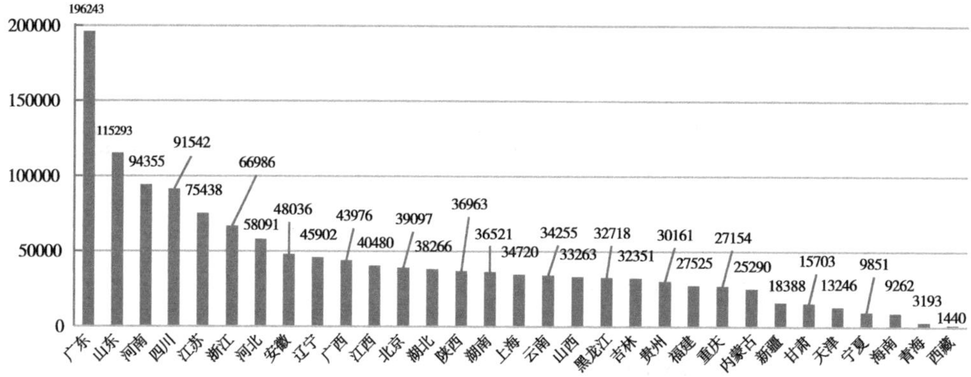

图 5-2　截至 2023 年底我国各省份经营二、三类医疗器械企业情况（家）

数据来源：国家药监局，中物联医疗器械供应链分会整理。

（三）医疗器械网络交易服务第三方服务平台数量及分布

截至 2023 年底，全国医疗器械网络交易服务第三方服务平台数量达 719 家，其中，2022 年新增 116 家，同比增长 19. 24%（见图 5-3）。

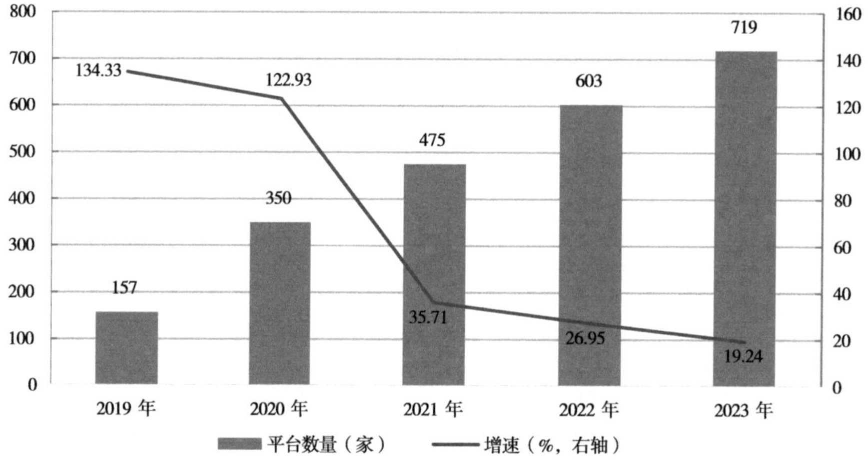

图 5-3　2019—2023 年中国医疗器械网络交易服务第三方服务平台数量及增速

数据来源：国家药监局，中物联医疗器械供应链分会整理。

国家药监局数据显示，截至 2023 年底，广东省共有 204 家医疗器械网络交易服务第三方服务平台，位居全国第一，浙江省、北京市分别以 128 家和 107 家排名第二、第三，部分省市的医疗器械网络交易服务第三方服务平台数量如图 5-4 所示。

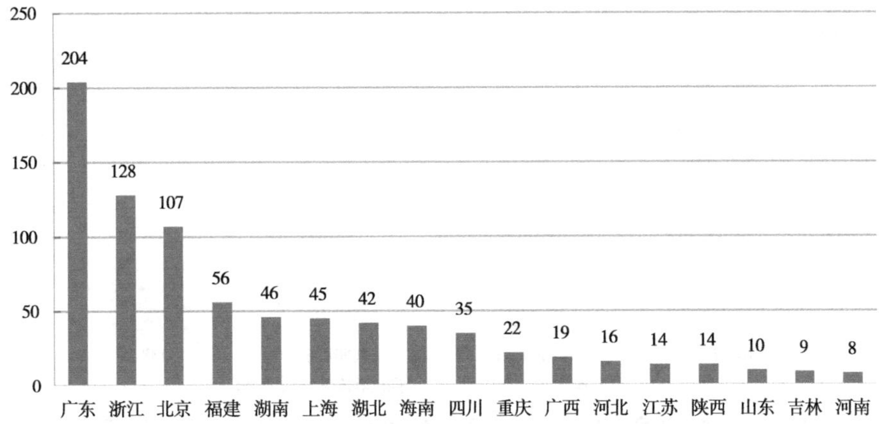

图 5-4　2023 年中国医疗器械网络交易服务第三方服务平台部分省份分布（家）

数据来源：国家药监局，中物联医疗器械供应链分会整理。

第二节　我国医疗器械流通市场重点企业分析

一、四大医疗器械流通企业 2023 年经营情况分析

回顾 2023 年，全国 GDP 总值达 126.05 亿元，同比增长 5.2%，我国经济恢复稳定，经济增速位居世界前列，高质量发展扎实推进。近期，在医疗器械流通领域，国药控股、上海医药、华润医药、九州通四大家陆续发布 2023 年度业绩报告，向行业交出了傲人答卷。

（一）四家企业齐头并进，营收稳步增长

2023 年，国药控股、上海医药、华润医药、九州通的营业收入实现稳步增长。国药控股营收达 5965.69 亿元，同比增长 8.05%；上海医药营收达 2602.95 亿元，同比增长 12.21%；华润医药营收达 2447.04 亿元，同比增长 12.20%；九州通营收 1501.40 亿元，同比增长 6.92%。从营收来看，国药控股稳居第一宝座，营收总量可观；增速方面，上海医药、华润医药表现亮眼（见图 5-5）。

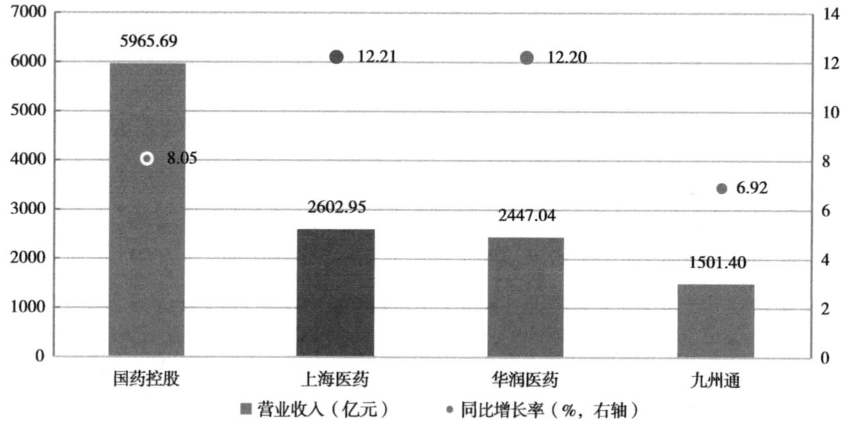

图 5-5　2023 年度国药控股、上海医药、华润医药、九州通营收情况对比

数据来源：2023 年度各企业财报，中物联医疗器械供应链分会整理。

企业盈利及股东投资回报方面，国药控股归母净利润为 90.54 亿元，同比增长 6.19%；上海医药方面，受一次性特殊损益影响，实现归属于上市公司股东的净利润为 37.68 亿元，同比下降 32.92%。扣除一次性特殊损益后，归属于上市公司股东的净利润为 49.19 亿元，同比增长 2.99%。华润医药归母净利润 38.54 亿元，同比增长 10.10%，剔除附属公司处置与投资相关减值等一次性项目影响，报告期内华润医药归母净利润同比增长 21.7%。九州通归母净利润为 21.74 亿元，同比增长 4.27%。归母净利润总量方面，国药控股占据绝对优势，但在同比增速方面，华润医药表现抢眼（见图 5-6）。

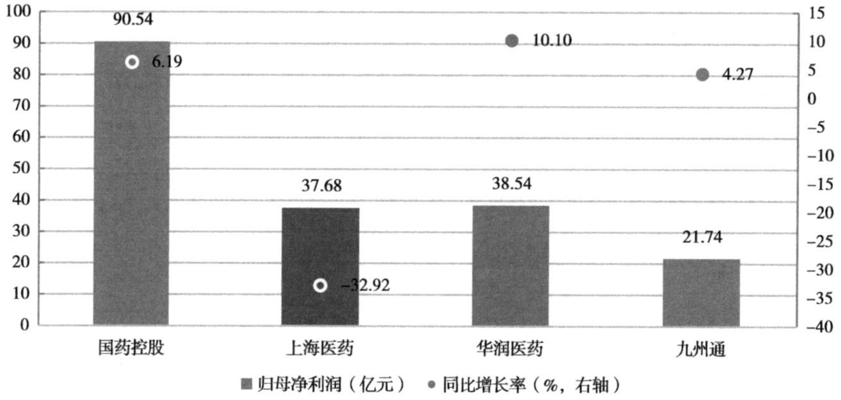

图 5-6　2023 年度国药控股、上海医药、华润医药、九州通归母净利润情况对比

数据来源：2023 年度各企业财报，中物联医疗器械供应链分会整理。

（二）四家企业营收及归母净利润总体表现稳定

1. 国药控股

近三年，国药控股的营业收入表现稳定，整体呈现稳步上升态势。2023 年营收达 5965.7 亿元，营收增长率相较上一年度上浮 2.08%，这主要得益于器械分销和医药零售板块的较好增长态势，医药分销业务也在疫情后快速复苏。归母净利润方面，同比增长 6.19%，这主要得益于国药控股较好的费用管控水平及盘活存量资产，但增速略有下滑（见图 5-7）。

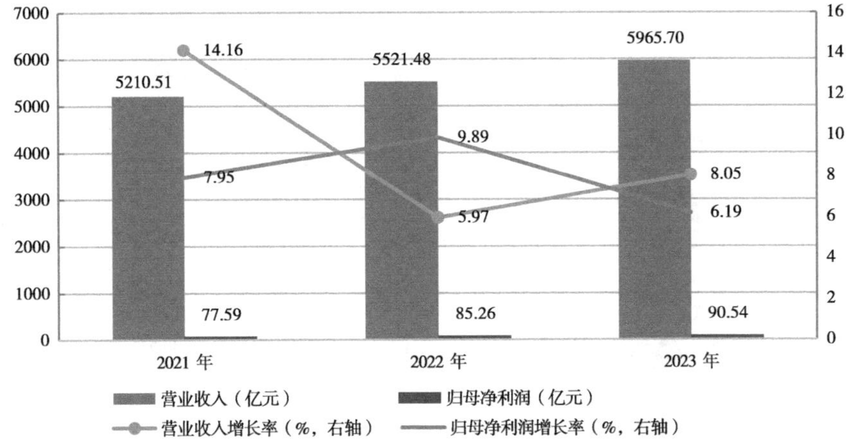

图 5-7　国药控股 2021—2023 年度营收、归母净利润及增速变化情况

数据来源：2021—2023 年度国药控股年度财报，中物联医疗器械供应链分会整理。

2. 上海医药

上海医药营收保持稳定增长，2023 年达 2602.95 亿元，同比增长 12.21%，这主要得益于上海医药大力推进南北平台整合项目，使得医药商业板块营收实现大幅增长，进而保障总体营收业绩稳定。其中，商业板块利润贡献率尤为突出，达 33.50 亿元，同比增长 7.67%（见图 5-8）。

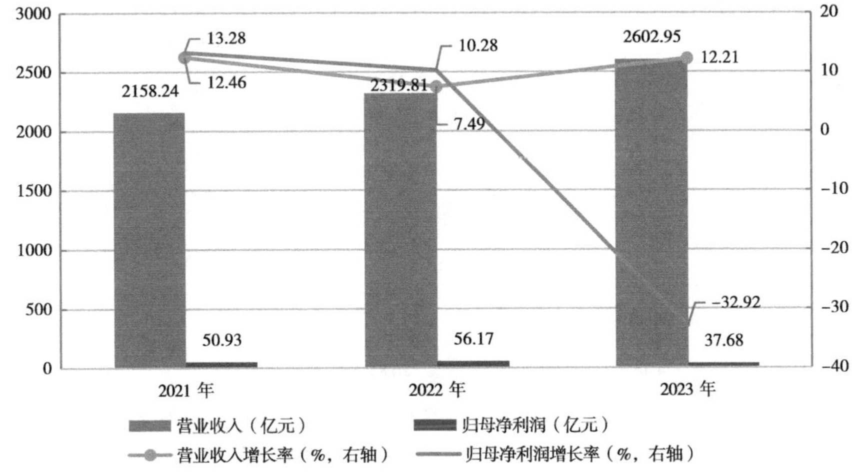

图 5-8　上海医药 2021—2023 年度营收、归母净利净利润及增速变化情况

数据来源：2021—2023 年度上海医药年度财报，中物联医疗器械供应链分会整理。

3. 华润医药

相较 2022 年，华润医药营业收入稳定增长，2023 年达 2447.04 亿元，增速达 12.20%，相较 2022 年上浮 1.4%，这主要得益于医药分销业务板块 80%的业绩贡献率。归母净利润方面，较 2022 年的 35 亿元归母净利润增长 10.1%（见图 5-9）。

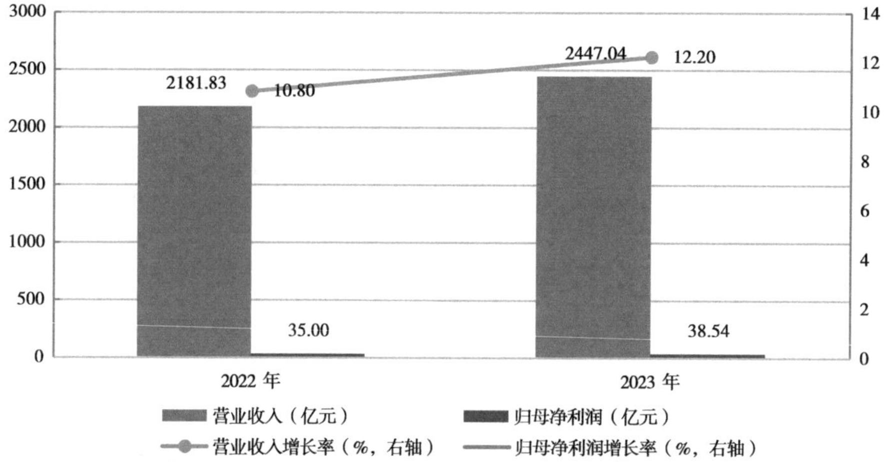

图 5-9　华润医药 2021—2023 年度营收、归母净利净利润及增速变化情况

数据来源：2023 年度华润医药年度财报，中物联医疗器械供应链分会整理。

4. 九州通

九州通营收增长稳定，2023 年总营收达 1501.40 亿元，同比增长 6.92%。主要得益于在实现医药分销业务稳健增长的基础上，加快推进总代理品牌推广、医药新零售等高毛利业务拓展，成果显著。归母净利润方面，一改过去两年负增长局面，增速明显回升（见图 5-10）。

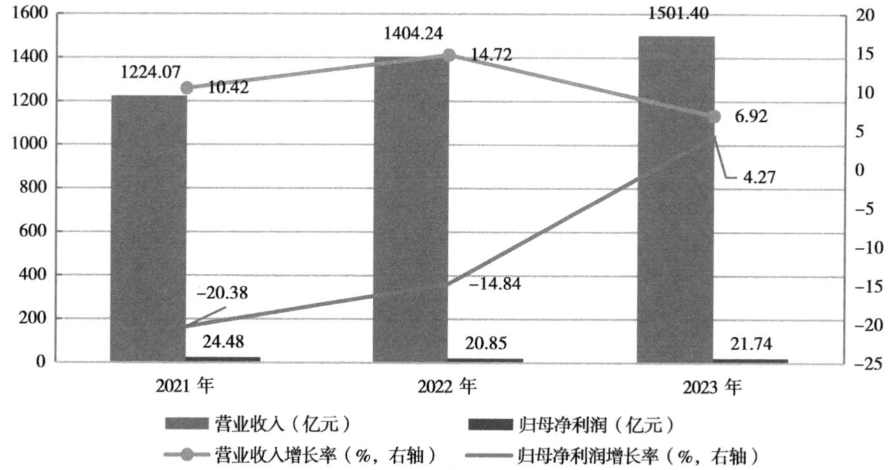

图 5-10　九州通 2021—2023 年度营收、归母净利净利润及增速变化情况

数据来源：2023 年度九州通年度财报，中物联医疗器械供应链分会整理。

（三）四家企业医疗器械板块营稳步增长

2023年，国药控股、上海医药、华润医药、九州通的医疗器械板块营业收入继续稳步增长。器械业务板块，国药控股依旧占据领先地位；增速方面，华润医药表现抢眼。其中，国药控股突破1300亿元，同比增长7.75%；上海医药营收达363亿元，同比增长6.45%；九州通营收328亿元，同比增长11.66%；华润医药达323亿元，同比增长22%（见图5-11）。不难发现，伴随医疗器械产业的发展与壮大，四大家纷纷在医疗器械板块发力。

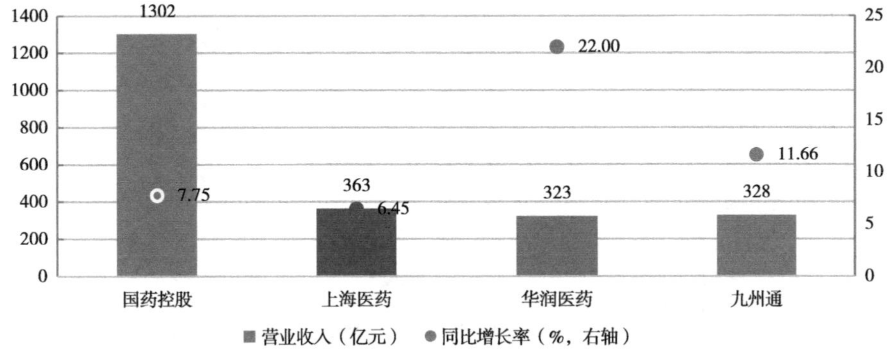

图5-11　2023年国药控股、上海医药、华润医药、九州通医疗器械板块营收对比

数据来源：2023年度各企业年度财报，中物联医疗器械供应链分会整理。

1. 国药控股

近三年，国药控股医疗器械业务板块营收始终稳定在千亿元规模以上，2023年实现1302亿元营收，占总营收比重21.82%，同比增长7.75%。报告期内，通过应用专项债、专项在贷款贴息等政策工具，加快补齐了医疗资源的短板弱项，疫情后，医疗服务的刚性需求使医院端门诊量和手术量呈现反弹趋势，医院的医用耗材、医疗设备的收入占比同比有所上升（见图5-12）。

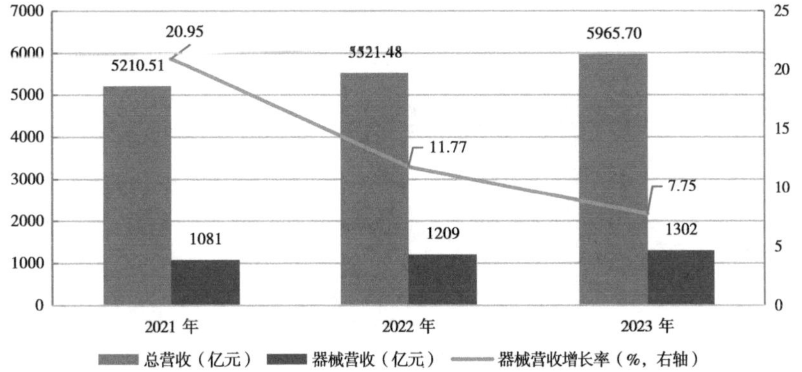

图5-12　国药控股2021—2023年度总营收、医疗器械营收及增速变化情况

数据来源：2023年度国药控股年度财报，中物联医疗器械供应链分会整理。

2. **上海医药**

近三年，上海医药医疗器械业务板块稳步增长，2023 年营收达 363 亿元，占总营收比重 13.95%，相较前两年的高位增速态势，2023 年出现大幅下滑，仅增长 6.45%。近年来，上海医药正在积极探索器械、医美、健康食品等非药新业务的拓展，加快全国器械业务的基础布局，提升全价值链服务能级，打造细分领域的专业化平台，进一步推动公司多元化、多品种、多渠道发展（见图 5-13）。

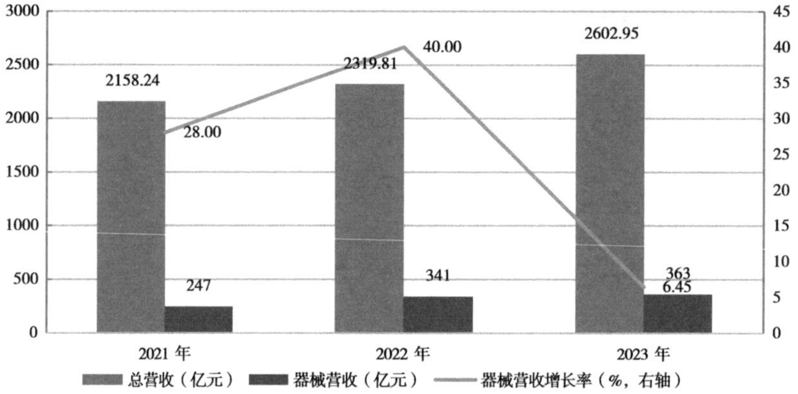

图 5-13　上海医药 2021—2023 年度总营收、医疗器械营收及增速变化情况

数据来源：2023 年度上海医药年度财报，中物联医疗器械供应链分会整理。

3. **华润医药**

近三年，华润医药医疗器械业务板块营收维持稳步增长，2023 年营收达 323 亿元，总营收比重 13.20%，同比增长 7%，剔除防疫物资影响，同比增长 22%，仍然保持两位数高速增长态势（见图 5-14）。华润医药持续推动医疗器械的专业化发展和全价值链的业务布局，加强平台化建设、一体化运营管理，目前已建立 40 家独立医疗器械公司，下游覆盖约 2 万家医院。

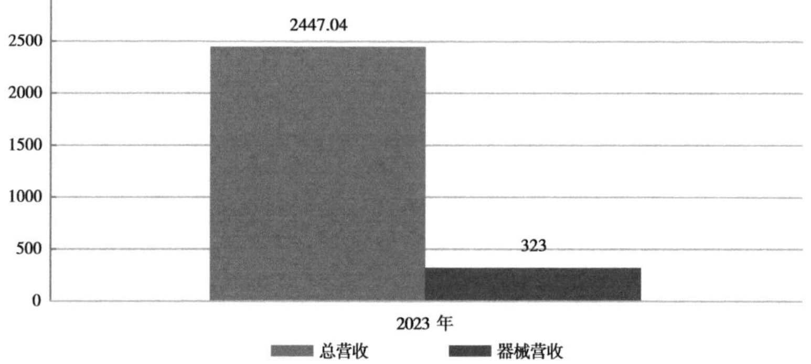

图 5-14　华润医药 2021—2023 年度总营收、医疗器械营收（亿元）

数据来源：2023 年度华润医药年度财报，中物联医疗器械供应链分会整理。

4. **九州通**

近三年，九州通医疗器械业务板块营收增长稳定，2023年营收达328.15亿元，占总营收比重21.86%，同比增长11.66%，连续保持两位数高速增长态势（见图5-15）。九州通旗下医疗器械集团拥有丰富的上游及全品类全渠道覆盖，与欧姆龙、鱼跃、稳健医疗等全国知名供应商达成合作，充分发挥九州通医疗器械全品类全渠道优势，通过500余个专业营销团队，为上下游提供全链条闭环服务。

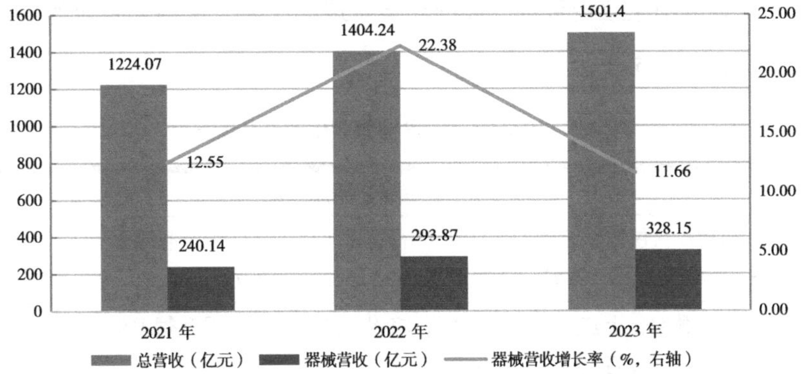

图5-15 九州通2021—2023年度总营收、医疗器械营收及增速变化情况

数据来源：2023年度九州通年度财报，中物联医疗器械供应链分会整理。

（四）四家企业医疗器械业务工作亮点

1. **国药控股：服务优势持续显现，工业制造扎实推进**

在器械分销板块，国药控股积极适应带量采购提速扩面的变化，消化防疫物资在业绩比较期内形成的基数影响，通过优化产品结构、深化器械业务网络覆盖，持续推进业务高质量发展。着力延伸供应链服务，积极承接设备资产管理和维修服务、SPD服务、医学检验等项目。

2. **上海医药：强化传统流通业务变革，有序推进器械大健康业务板块**

为应对行业大集中大竞争变革，提升医药商业板块的整体实力，实现一体化经营、高质量发展，上海医药于2023年8月启动商业板块南北平台整合项目。上海医药抓住行业商机，积极拓展医美事业领域，报告期内，上海、四川、浙江、北京等区域公司的医美业务快速增长。

3. **华润医药：加强器械分销业务专业化发展及全价值链布局**

华润医药通过持续优化网络布局和业务结构，提升全供应链管理与服务能力，推动专业化医疗器械业务全产业链布局，孵化新兴业务，以数字化手段多维赋能业务拓展、服务创新和管理提升，并不断加强一体化、智能化物流建设。

4. **九州通：线上线下融合发展，单业务模式向全业务模式转变**

九州通根据业务经营情况及未来战略发展方向，调整制定新产品、新零售、新医疗、数字化和不动产证券化（即“三新两化”）战略规划，并在器械板块取得亮眼成果。

（五）四家企业数字化业务转型策略

2023 年 2 月，中共中央、国务院印发《数字中国建设整体布局规划》，提出要促进数字经济和实体经济深度融合，以数字化驱动生产生活和治理方式变革。上述四家企业积极响应国家政策号召，践行数字化理念。关于这四家企业的数字化业务转型布局情况，见表 5-1。

表 5-1　2023 年四家企业数字化业务转型策略

企　业	数字化转型布局
国药控股	·构建药械供应链全业态、端到端的综合性物流网络和服务体系 ·深入推进药品、器械、零售、物流多业态数字化建设项目建设，有效优化运营效率
上海医药	·以“数字化上药建设”为赋能，将以大数据为手段提升管理精细化水平，提升体系能力，打造高效组织
华润医药	·创新医疗端服务 ·提升运营质效
九州通	·持续深化数字化转型，高效赋能业务变革 ·数字化转型及人工智能技术的其他合作

（六）2023 年度四家企业践行绿色低碳理念

2022 年 9 月，中国政府在第 75 届联合国大会上提出，中国二氧化碳排放力争在 2030 年前达到峰值，努力争取在 2060 年前实现碳中和。四家企业积极配合国家“双碳”目标，开展绿色低碳业务转型，其绿色低碳转型布局情况，见表 5-2。

表 5-2　2023 年四家企业绿色低碳转型策略

企　业	绿色低碳转型布局
国药控股	·利用全国多仓资源匹配物流转型，赋能全国业务开展，深挖三方物流市场份额，加速物流设施智能化，建设资产项目数字化管控平台，探索节能减排技术应用，推动物流项目绿色低碳转型发展
上海医药	·大力推进绿色制造体系建设，不断打造一批用地集约化、原料无害化、生产洁净化、废物资源化、能源低碳化的绿色工厂 ·努力探索和实现零碳排放工厂的运行模式，助力“无废城市”建设等
华润医药	·不断提升绿色低碳能源占比，报告期内共有 10 个屋顶分布式光伏发电项目实现并网发电，每年减少碳排放量约 6700 吨；并通过打造绿色产业基地和绿色低碳物流等模式，减少污染物和温室气体的排放等

续　表

企　业	绿色低碳转型布局
九州通	·在办公室、实验室倡导绿色办公理念，通过倡导减少用纸、随手关灯、随手关门、规范空调温度等将节能减排融入每个员工的行动。2023年，二氧化碳排放量减少了7360.4吨 ·积极开展各项节能减排举措，通过发展光伏项目、提高新能源使用率，提高循环利用效率，实现节能减排

第三节　精益供应链典型案例分析

一、数字化物流协同平台案例背景

国药器械在全国共设有230个物流中心，包含32个省级枢纽，覆盖31个省份，拥有仓储面积55万平方米、冷库容积6.5万立方米；拥有超过500辆自有运输车辆和1500辆可支配社会车辆。但是，如此完备的仓网和运输资源却是一个个“信息孤岛”，未能形成一体化的协同网络，点强而网不通，尤其在当前医疗器械流通行业竞争已升级为供应链效能竞争的情况下，该问题的严重性日渐凸显。同时，在数字化转型升级的过程中，供应链数据的采集、分析和可视化需求十分迫切，如何通过数据反哺业务，支持智能决策，优化产业结构和供应链效能，是国药器械面临的重大问题之一。另外，面对兼具规模和潜力的医疗器械三方物流市场和生产厂家物流外包的行业趋势，国药器械的三方物流仍处于单点服务的状态，大大限制了国药器械供应链服务的市场竞争力。为进一步提升国药器械仓网的互联互通，实现多仓协同和一体化运作，提高大型一体化物流业务的服务能力，拓展三方物流市场，国药器械基于自身特点，从零到一量身定制了流通环节的供应链控制塔——数字化物流协同平台。

二、物流协同平台功能介绍

第一，国药器械数字化物流协同平台（以下简称平台）实现了仓储和运输资源及状态的全网可视化。平台通过应用程序编程接口（API接口）实现与全国所有单点部署仓储物流管理系统（WMS系统）的对接，同时连通了全国物流中心的海康威视视频监控系统以及温湿度控制系统，可实时获取各物流中心的库存及订单操作状态信息、存货预警信息、仓储运作状态信息、温湿度控制及预警处理信息等，有效地提升了物流管理效率和效果。同时，平台也实现了对各物流中心运输信息的获取，可对所有自有车辆运输轨迹及车内温控信息进行实时监控，通过结合物联网、机器学习和大数据分析技术，实现了优化运输路径、提升运输资源利用率等目的。关于库房布局管理的实例，见图 5-16 所示。

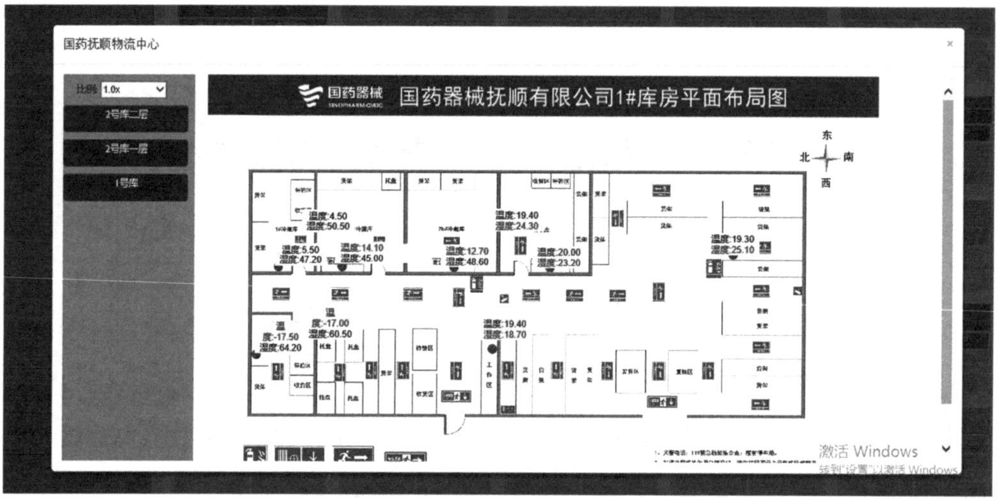

图 5-16　库房平面布局图

第二，国药器械数字化物流协同平台提供订单全生命周期可视化和温湿度全链条可视化功能，为订单状态查询和产品温湿度全程追溯提供了重要依据。

第三，国药器械数字化物流协同平台实现了供应链绩效的实时可视化。通过跨职能跨系统的数据采集、运算和流转，完成了物流成本的核算和分摊、物流效率的计算和呈现、物流设施使用效率的实时可视，最终实现了物流业务指标、物流过程指标、物流结果指标、多维度多视角的可视化，彻底改变了之前各物流中心物流能力的“黑匣子”状态，为国药器械物流的进一步专业化和业务化发展提供了强有力的支撑。

该平台目前已支持全面的供应链绩效指标的统计分析和可视化呈现，其中包含 36 项基本信息、38 项主要物流运营指标、近百项基础数据，为业务引入和管理决策提供了重要依据。在全国驾驶舱视角下，我们可以了解全国物流中心的基本信息、物流费率、三方物流业务情况、人均效率、库存周转天数等，同时也可通过动态地图进入单体物流中心查看明细。

单体物流中心视角下，平台结合 WMS 系统的物流数据和企业资源计划系统的财务数据，通过模型设定逻辑，精准计算物流中心成本，可以知晓物流中心的总体成本情况，仓储、运输、人工、管理四大类成本的占比情况，单位成本，按项目、部门、产品线的成本分摊情况，基于以上成本分析，可以清晰地知晓物流活动中存在的问题，为物流运营决策提供依据。同时，通过平台计算各业务部门的物流成本，可以帮助业务部门对其所负责产品线的支出和利润情况一目了然，为各部门的业绩评价提供参考的同时，也为降低供应链成本提供了支撑。此外，也是最为重要的一点，单位成本的核算可为三方物流服务的报价提供重要依据，以保证三方物流业务的良性发展和可持续发展。

同时，平台还可从多角度反映物流中心的操作效率，其中包括当日出入库订单在库内操作各流程环节的进度情况、月度人均发货订单量、订单发货时效、各环节人均操作量、各环节每人作业效率、KPI 指标表现情况、库存周转情况以及存货库龄分布情况、货位容积利用率和货位占用率情况等。

第四，国药器械数字化物流协同平台为厂家客户提供了以一体化项目维度呈现的可视化看板，方便其了解在全国承接该项目的物流中心的运作绩效、收发效率、单品销量、库存数量、服务费用及库存周转天数等，大大提升了大型上游客户的用户体验和满意度。同时，通过数据积累，为向客户提供更高层次的定制化服务提供决策依据，例如优化其全国库存布局和分配，提供采购和销售建议，协助其选择和管理承运商等。

第五，国药器械数字化物流协同平台为第三方物流客户提供了完善的订单管理系统功能，从档案首营及变更到采购入库、采购退货、销售出库、销售退货、库间调拨等供应链操作，再到货品库存、出入库记录、养护记录、效期管理、计费查询、运输记录等报表类的支持，为客户提供一站式服务，满足其供应链全链条的系统服务，提高信息对接效率，也进一步增强了客户黏性，为实现数据赋能客户奠定了基础。

第六，国药器械数字化物流协同平台为各物流中心提供了统一的客户管理、供应商管理、设备管理平台。其中客户管理包括客户沟通记录管理、客户分类管理、客户方案管理以及客户一体化项目管理等，通过深入挖掘客户需求，为客户提供定制化、精益化服务，与客户建立良好的互动和沟通回顾机制，为客户提供更优质的服务体验。同时，通过全国统一的客户管理平台，可打通各公司的信息壁垒，实现信息的共享互通，将散布在各单点公司的服务模式升级为全国一体化的服务模式，为客户优化供应网络，实现降本增效。供应商管理模块中，可建立全国共享供应商池，通过全维度的供应商绩效评价体系进行供应商分级管理，优胜劣汰；通过集采提升规模效应，最大限度地优化外包服务成本。设备管理平台结合小程序端，实现设备管理的线上化，通过建立定期的巡检、保养和检定计划，确保设备设施的良好运转。小程序端为员工现场保养提供了便利性，通过扫描设备二维码可实现现场随时记录，减少了纸质记录的诸多弊端，实现了设备状态的实时可视。

三、项目价值

国药器械数字化物流协同平台是由国药器械物流管理部发起，信息部和北京国药新创科技发展有限公司团队共同自主研发搭建完成的。国药器械数字化物流协同平台为国药器械控制塔的搭建奠定了良好的基础，连通了上游厂家和国药器械各物流中心，实现了供应链前端和中端的协同互通，通过可视化、绩效管理、成本管理、订单管理、供应商管理、客户管理、库存管理、资源管理和主数据管理等为未来运输优化、库存优化、成本优化、产销协同、履约优化、问题定位、监控预警和智慧决策提供了强有力的支撑，同时也为国药器械三方物流业务的发展奠定了数字化平台基础，为提升国药器械物流能力和业务拓展奠定了基石。目前全国已经有 100 多家物流中心完成了该平台的上线，实现了国药器械物流资源和运营数据可视化，分仓互联互通，实时联动。数字化物流协同平台为上百家上下游客户提供了协同平台账号，以方便客户进行业务订单操作管理。同时，国药器械数字化物流协同平台可以对监管部门开放端口，监管部门可以实时查看物流中心的基本情况，使监管更加有效便捷，进而保证行业高质量发展。

第四节　我国医疗器械流通市场面临挑战

一、医改政策持续推进，市场不确定性增加

集采政策降低了医疗器械产品采购价格，“两票制”简化了医疗器械流通环节。国家集采、区域联盟、地方集采联合推进，集采逐步扩围扩面。国家级集采仅针对高值耗材领域，区域联盟、地方集采在高值耗材的基础上覆盖低值耗材、医疗设备、

体外诊断，应尝试推进更多细分领域。因各地集采政策要求不同，流通企业需持续关注集采的推进情况，及时采取应对措施。“两票制”方面，鉴于市场现状，执行情况不及预期，但在国家卫生健康委等六部门联合发布的《深化医药卫生体制改革 2023 年下半年重点工作任务》中，重提了研究完善“两票制”的相关政策措施。流通企业也应实施跟进，提前做好准备。

二、市场资源整合，行业竞争加剧

医疗器械市场前景广阔，吸引了众多市场参与者进入。随着社会经济的发展、医疗改革政策的推进，医疗器械产业链将面临价值重构，渠道商行业集中度将逐步提高，已具备一定规模优势的国内流通企业应加大力度整合渠道资源，不断拓展业务规模。一方面，应加强对终端医疗机构的覆盖能力；另一方面，应提高对上游生产厂商的分销服务能力。尽管多数企业在上下游供应商及终端医疗机构的覆盖、营销及配送网络建设、库存及信息管理等方面具备优势，但若不能持续提高渠道商的核心竞争能力，未来在市场竞争和行业整合中可能处于不利地位，增加获取上下游核心业务资源难度，影响经营业绩和财务状况。

三、专业人才缺失、人员变动频繁

医疗器械流通行业具有一定专业壁垒，要求从业人员具有一定医疗器械行业及流通业的背景，并对行业政策法规有一定的了解。但实际情况是医疗器械流通企业具备专业知识的人员相对较少，一人身兼数职，业务水平参差不齐，不熟悉医疗器械经营管理的规章制度。同时，鉴于行业专业度较高，对人员的培养需要一定的周期年限，但器械流通行业人员流动性较大，部分企业一旦有员工离职或者暂离岗位，就会导致质量管理工作无法有效推进。因此，能否提供具有竞争力的薪酬体系、制定完善的人才培育机制、减少核心人员流失是企业确保人员稳定的关键。

四、新领域拓展风险

具备一定规模的流通企业碍于行业利润受到医改政策挤压，正在积极尝试拓展产业上下游业务，或进军医疗器械制造领域，设厂研发生产，或开拓下游市场，建立院企合作科研院所，寻求第二营收增长曲线。但拓展新事业需要对全新业务领域的商业环境、市场格局、业务模式进行深入研究、招募高素质人才，在降本增效的企业经营背景下，财力物力的投入能否换回对等利润具有较大的不确定性，流通企业还需在新事业开发前期的调研企业、中期执行落地、后期事业运营阶段做好充足准备。

第五节　我国医疗器械流通市场发展趋势

2023 年，随着全球经济逐步复苏，国内市场不断深化，医疗器械流通行业持续保持稳健发展态势。在医疗器械产业链中，商业流通环节起着承上启下的作用，是连接器械生产厂商和医疗机构的重要桥梁。医改政策实施推进、政府持续投入资金、城市化率不断提高、老龄化社会步伐加快、居民卫生健康意识持续提高等诸多因素驱动医疗市场需求增长，也为我国医疗器械流通行业提供了广阔的发展空间，对于专业配送网络服务的需求也在不断增长。

一、行业集中度进一步提升

受集采带量与“两票制”等政策的影响，传统多级经销的流通层级逐渐趋于扁平化，器械流通行业整体趋向集中化发展。2016 年 10 月，中共中央、国务院发布《“健康中国 2030”规划纲要》，提出要推进药品、医疗器械流通企业向供应链上下游延伸开展服务，形成现代流通新体系；推进医药流通行业转型升级，减少流通环节，提高流通市场集中度，形成一批跨国大型药品流通企业。在此背景下，拥有广泛市场覆盖、高效管理能力和高质量服务的规模性器械流通企业将受益于行业集中化、扁平化的发展趋势，进一步巩固其在产业链中的枢纽地位，利用规模优势和管理优势降低产业链的整体运营成本，提升运营效能。

二、服务质量进一步提升

随着大型流通企业的不断发展壮大，市场布局不断扩大，流通企业的服务范围越发广阔。但伴随行业业态的变化，客户需求出现升级，近年来，线下领域的流通企业普遍开展了对市场资源的大幅整合，以区域化运作模式实现多地业务联动，扩大产业协同，试图提高市场运营效率，更好地满足客户需求。通过部署地方市场，加速终端服务网络下沉，并针对重点地区形成差异化服务策略，构建区域服务优势。通过多仓协同等创新模式，提升管理和运营效率，搭建物流一体化运营体系，扩大物流一体化服务覆盖面。通过线上线下联动，使产品在流通过程中的服务质量得到进一步提升。

三、信息化应用不断普及

信息技术进步推动行业发展，信息化管理理念在器械流通领域的应用不断增加，可帮助企业实现医疗器械管理的精细化和可追溯化。借助信息化管理，上游生产厂商及时了解下游流通环节中的产品库存、终端医院的使用情况等，可帮助生产厂商及时调整市场战略以适应市场的需求，也可帮助经销商降低库存压力和采购成本。在物流配送过程中，信息系统的使用可提高分拣、配送的效率和准确性，实现配送全程物流信息的可视、可控，减少了配送产品丢失的情况。伴随信息化工具的普及、信息化能力的提升，将持续为客户提升优质可靠的服务。

四、业务模式多元化发展

伴随国家医改政策不断深入，流通器械的利润空间受到挤压，为寻求第二业务增长曲线，头部流通企业在深耕流通业务的基础上，纷纷向产业上下游拓展业务链条。在上游领域，流通企业通过与知名生产企业合作或自主研发，跨足医疗器械生产领域，逐步建立了产业上游优势。在下游领域，通过与医疗机构合作，建立联合实验室、创新研发中心，反哺上游产业建设；通过向下沉市场延伸，拓展市场项目体量，扩大业务规模；通过提供增值创新服务，逐步构建了产业下游优势。利用自身集团化、规模化的商业属性跨足上下游产业，发展多元化业务，已成为流通行业的重要发展趋势。

五、医疗器械冷链运输将进一步规范

我国冷链物流行业正处于规范发展期，伴随冷链物流产业布局完善，国家标准及利好政策逐步落实，冷链物流与人工智能、大数据深度融合等利好因素不断，我国冷链物流产业将进一步发展。体外诊断作为医疗器械领域的重要细分赛道，近年来市场规模持续扩张。尽管社会恢复常态化运行后，体外诊断市场表现不及预期，但整体仍保持增长态势。体外诊断试剂因其试剂种类繁多、专业性较强，以及严格

的贮存运输环境，决定了其特殊的管理方式。因此，冷链运输具有较强的专业性，对运输条件有着严格的要求。2023 年 6 月至今，分会承担着国家药监局《医疗器械经营质量管理规范附录：医疗器械冷链管理》的课题研究工作，国家对医疗器械冷链运输业的管理越发重视，器械冷链运输业有望进一步规范。

第六章

2023 年我国医疗器械终端市场发展现状与展望

第一节　我国医疗器械终端市场发展现状分析

一、我国医疗卫生机构发展概况

各类医疗机构是采购与使用医用医疗器械的主体，医疗机构的数量与需求量是影响医用医疗器械市场规模的关键因素。国家统计局数据显示，2023 年底我国共有医疗卫生机构 107.1 万家。其中，医院共 3.9 万家，基层医疗卫生机构 101.6 万家，专业公共卫生机构 1.2 万家（见图 6-1）。近年来，我国医疗卫生机构数量始终保持增长态势，其中基层医疗卫生机构数量始终占据全国医疗卫生机构整体的 95%左右。各类医疗卫生机构数量的增长推动了对医用医疗器械的需求，促进医用医疗器械的发展。

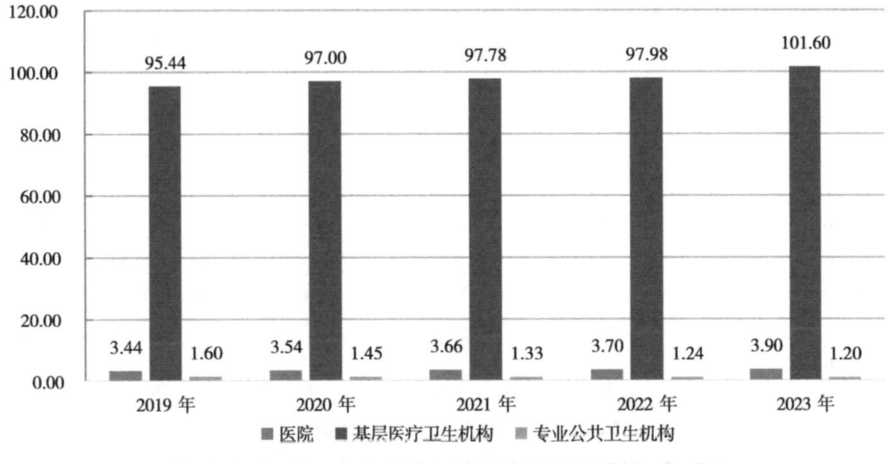

图 6-1　2019—2023 年中国医疗卫生机构数量（万家）

数据来源：国家卫生健康委、国家统计局，中物联医疗器械供应链分会整理。

从诊疗人次看，2023 年我国总诊疗人次为 95.6 亿人次，相较 2022 年的 84.2 亿人次，上升 11.4 亿人次（见图 6-2）。伴随疫情管控结束，看病就诊需求得到释放，诊疗人次大幅上升。

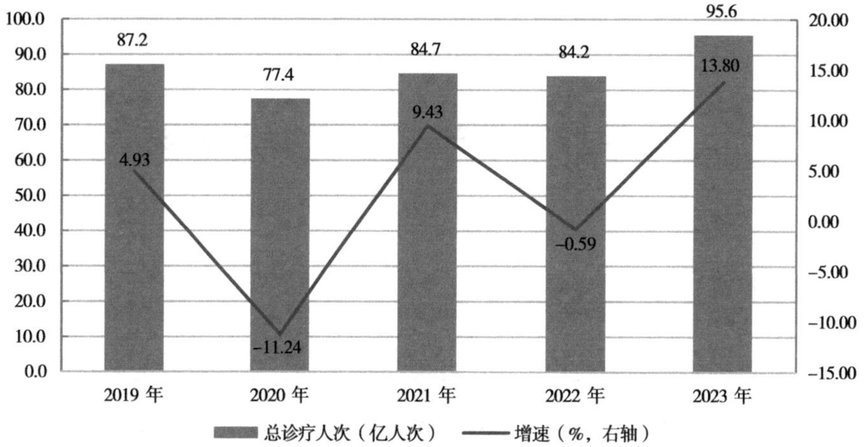

图 6-2　2019—2023 年中国医疗卫生机构总诊疗人次及增速

数据来源：国家卫生健康委、国家统计局，中物联医疗器械供应链分会整理。

从床位数看，2023 年我国医疗卫生机构床位共有 1020 万张，相较 2022 年 975 万张，增加 45 万张，增速达 4.6%（见图 6-3）。我国医疗卫生机构床位数逐年增加，增速整体平缓。

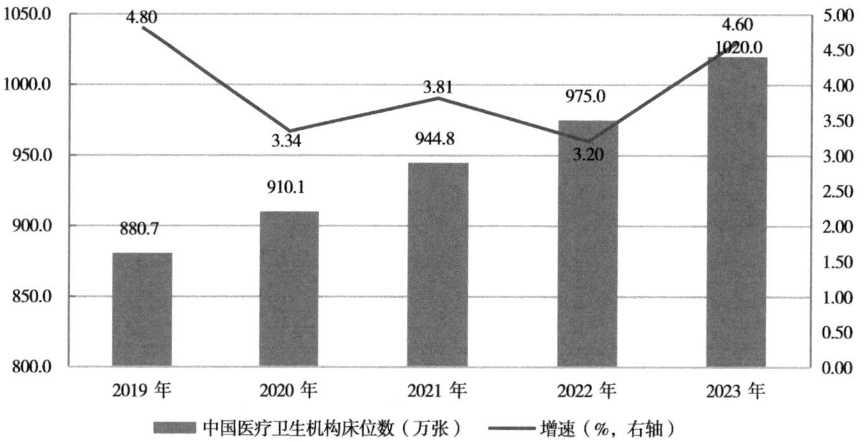

图 6-3　2019—2023 年中国医疗卫生机构床位数及增速

数据来源：国家卫生健康委、国家统计局，中物联医疗器械供应链分会整理。

从卫生技术人员看，2023 年全国卫生技术人员共 1247 万人，较 2022 年增加 81 万人，增速达 6.95%（见图 6-4）。我国卫生技术人员整体呈上升趋势，增速有所回升。卫生技术人员中，执业（助理）医师共 478 万人，较 2022 年增加 35 万人，增速达 7.9%；注册护士共 563 万人，较 2022 年增加 41 万人，增速达 7.8%（见图 6-5）。伴随我国医疗卫生机构数量不断增加，对卫生技术人员的需求也在不断扩大。

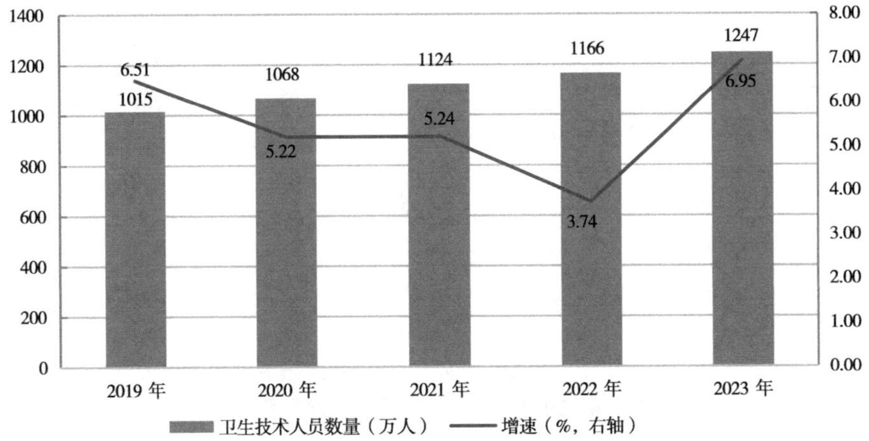

图 6-4　2019—2023 年中国卫生技术人员人数及增速

数据来源：国家卫生健康委、国家统计局，中物联医疗器械供应链分会整理。

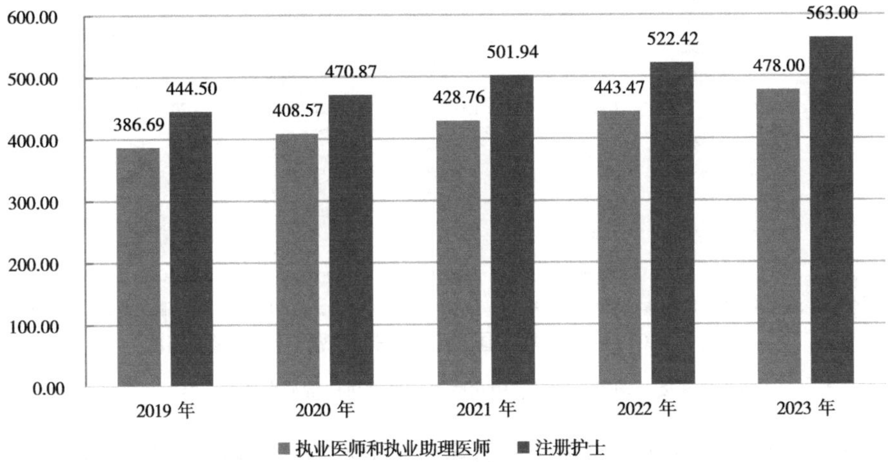

图 6-5　2019—2023 年中国执业（助理）医师和注册护士（万人）

数据来源：国家卫生健康委、国家统计局，中物联医疗器械供应链分会整理。

二、我国医院发展概况

截至 2023 年底，我国共有医院 3. 9 万家，同比增长 5. 41%（见图 6-6）。其中，公立医院 1. 2 万家，民营医院 2. 7 万家（见图 6-7）。近年来，我国医院数量呈稳步增长趋势，增速有所回升。其中，伴随民营医院稳步提升，其数量已超出公立医院数量的两倍之多。

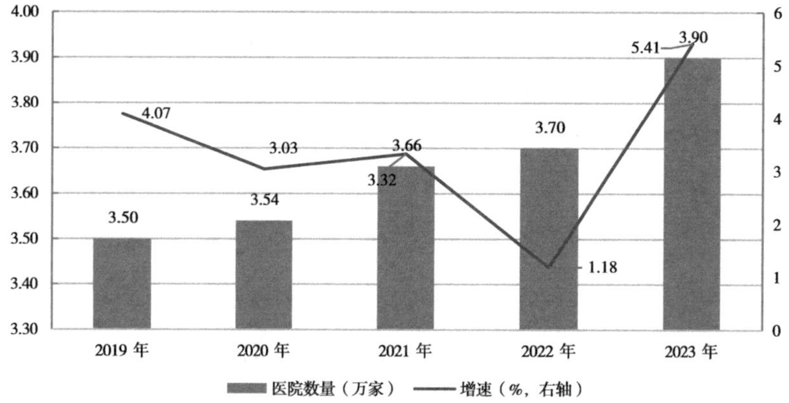

图 6-6　2019—2023 年中国医院数量及增速

数据来源：国家卫生健康委、国家统计局，中物联医疗器械供应链分会整理。

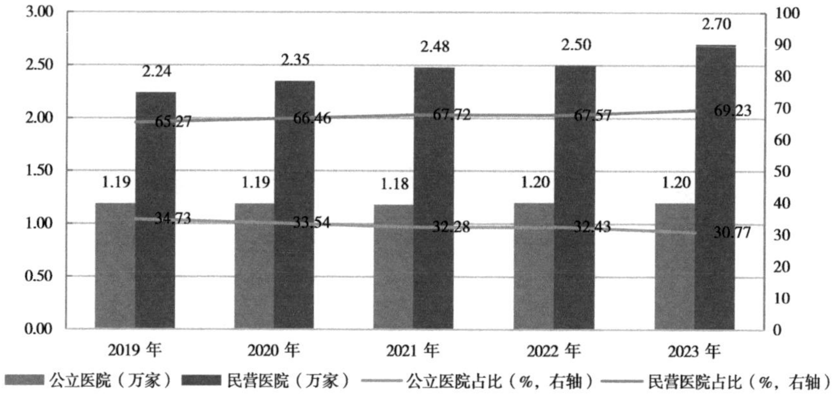

图 6-7　2019—2023 年中国公立医院与民营医院数量及占比

数据来源：国家卫生健康委、国家统计局、中物联医疗器械供应链分会整理。

从床位数看，2023 年我国医院共有床位数 800 万张，较上年增加 34 万张，同比增长 4.44%（见图 6-8）。我国床位数每年保持稳定增长，增速明显提升。

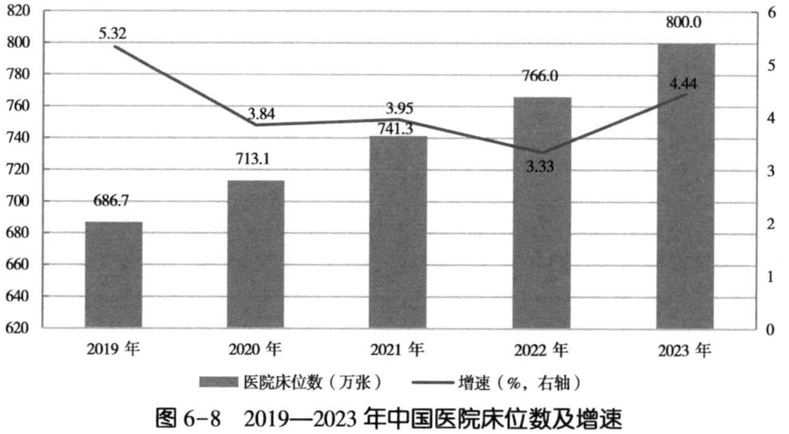

图 6-8　2019—2023 年中国医院床位数及增速

数据来源：国家卫生健康委、国家统计局，中物联医疗器械供应链分会整理。

（一）公立医院发展概况

公立医院是我国医院的重要组成部分，2023年，我国公立医院数量仍然保持在1.2万家左右，与2022年持平（见图6-9）。2021年6月，国务院办公厅印发《关于推动公立医院高质量发展的意见》指出，力争通过5年努力，公立医院发展方式从规模扩张转向提质增效，运行模式从粗放模式管理转向精细化管理，资源配置从注重物质要素转向更加注重人才技术要素。

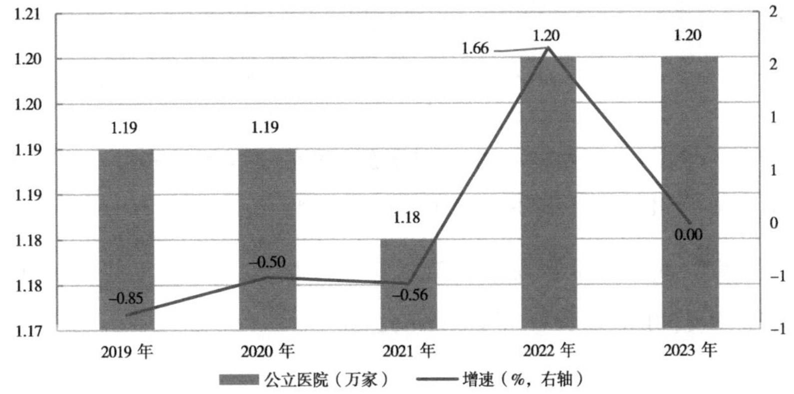

图6-9　2019—2023年中国公立医院数及增速

数据来源：国家卫生健康委、国家统计局，中物联医疗器械供应链分会整理。

从诊疗人次与入院人数看，2020年受新冠疫情影响，我国公立医院诊疗人次与入院人数明显下降，2021年有所回升。2022年，我国公立医院诊疗人次共31.9亿人次，占我国医院总诊疗人次的83.5%（见图6-10）；入院人数约1.6亿人，占我国医院总入院人数的81.1%（见图6-11）。公立医院作为我国人民群众健康治疗的首选，诊疗人次占医院总诊疗人次比重、入院人数占医院总入院人数比重均维持在80%以上。

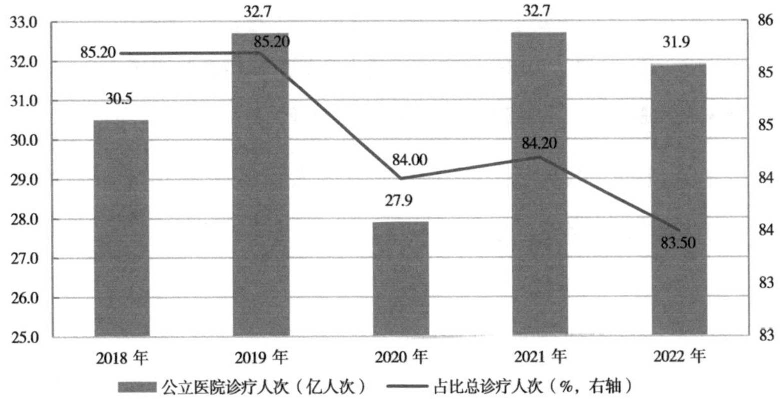

图6-10　2019—2023年中国公立医院诊疗人次与占比

数据来源：国家卫生健康委，中物联医疗器械供应链分会整理。

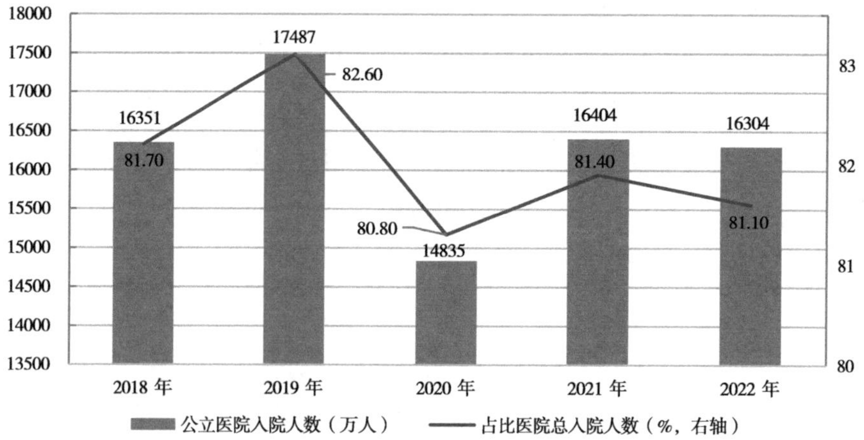

图 6-11　2018—2022 年中国公立医院入院人数与占比

数据来源：国家卫生健康委，中物联医疗器械供应链分会整理。

从床位数看，我国公立医院床位数保持稳步增长，2022 年共 536 万张，相较 2021 年新增床位数约 15.6 万张（见图 6-12）。

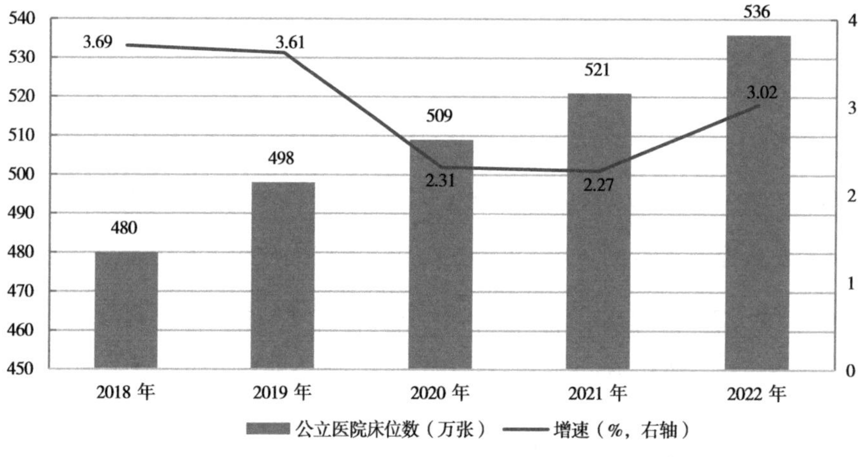

图 6-12　2018—2022 年中国公立医院床位数与增速

数据来源：国家卫生健康委，中物联医疗器械供应链分会整理。

从卫生技术人员看，我国公立医院卫生技术人员数量逐年增加，2022 年末达到 571.7 万人，同比增长 3.44%，增速略有放缓（见图 6-13）。

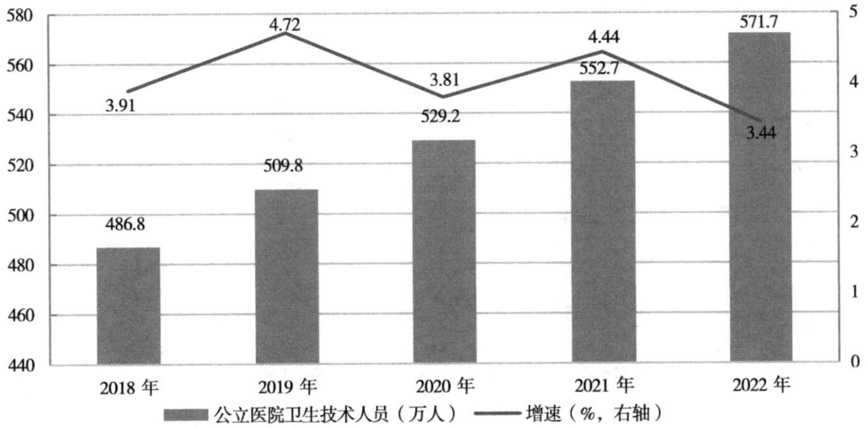

图 6-13　2018—2022 年中国公立医院卫生技术人员及增速

数据来源：国家卫生健康委，中物联医疗器械供应链分会整理。

（二）民营医院发展概况

民营医院是我国医院中不可或缺的部分，近年来，我国民营医院数量不断攀升，2023 年，我国共有民营医院 2. 7 万家，增速达 7. 14%（见图 6-14）。

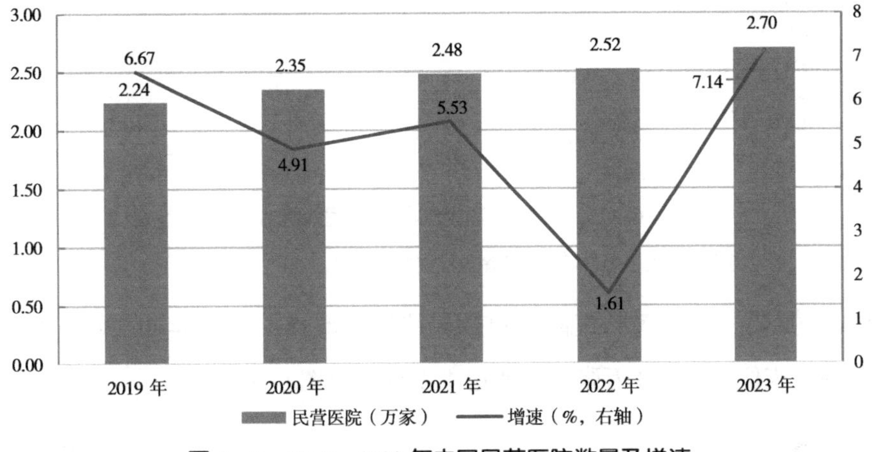

图 6-14　2019—2023 年中国民营医院数量及增速

数据来源：国家卫生健康委、国家统计局，中物联医疗器械供应链分会整理。

从诊疗人次与入院人数看，2020 年受新冠疫情影响，我国民营医院诊疗人次与入院人数出现下滑，2021 年有所回升。2022 年，我国民营医院诊疗人次共 6. 3 亿人次，占我国医院总诊疗人次的 16. 5%（见图 6-15）；入院人数约 3794 万人，占我国医院总入院人数的 18. 88%（见图 6-16）。总体而言，我国民营医院事业发展向好。

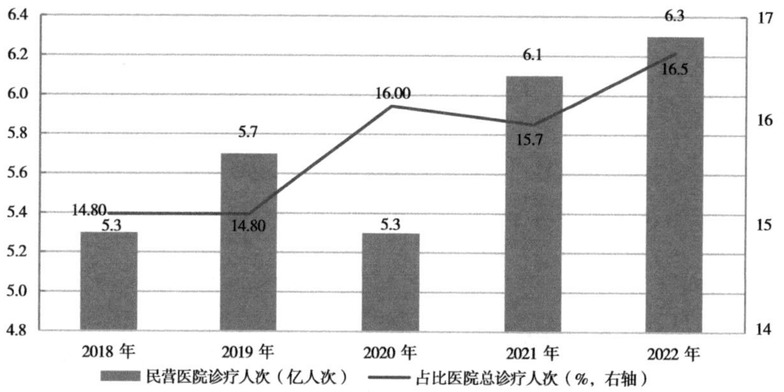

图 6-15　2018—2022 年中国民营医院诊疗人次与占比

数据来源：国家卫生健康委，中物联医疗器械供应链分会整理。

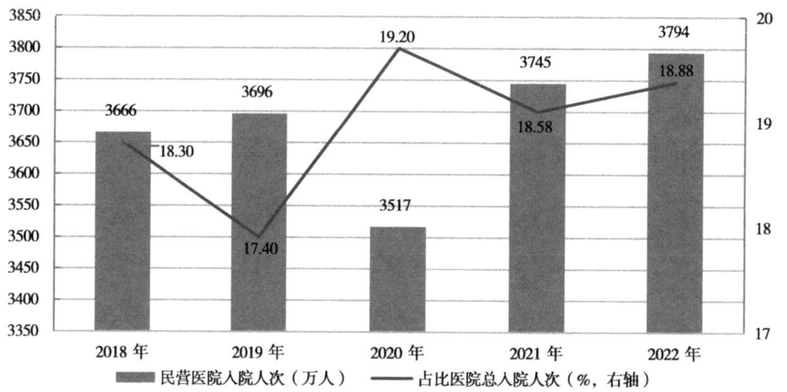

图 6-16　2018—2022 年中国民营医院入院人次与占比

数据来源：国家卫生健康委，中物联医疗器械供应链分会整理。

从床位数看，我国民营医院床位数保持稳步增长，2022 年共 230 万张，相较 2021 年新增床位数约 9.3 万张，增速达 4.22%（见图 6-17）。

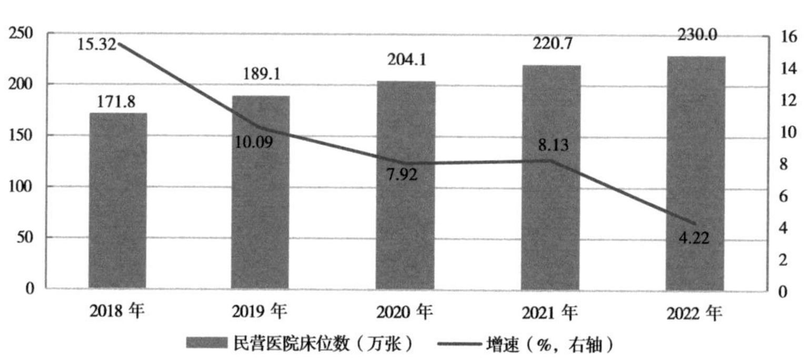

图 6-17　2018—2022 年中国民营医院床位数及增速

数据来源：国家卫生健康委，中物联医疗器械供应链分会整理。

从卫生技术人员看，我国民营医院卫生技术人员数量逐年增加，2022年末达到163.6万人，同比增长2.96%，增速下降明显（见图6-18）。虽然我国民营医院数量多于公立医院，但民营医院卫生技术人员明显少于公立医院。

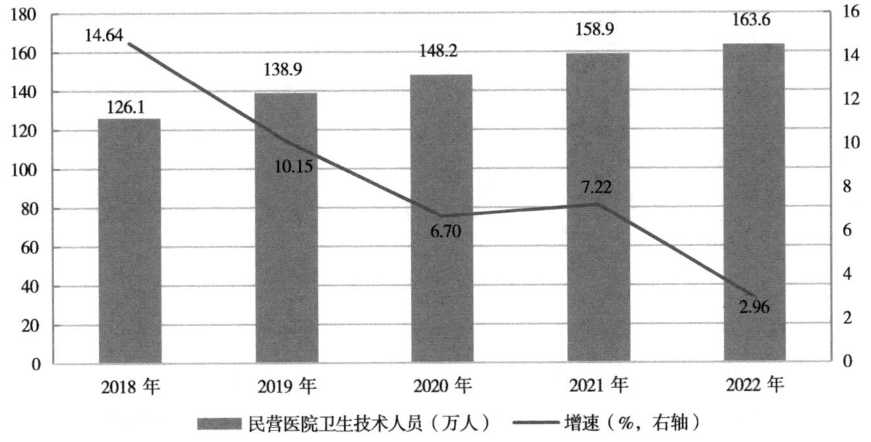

图6-18 2018—2022年中国民营医院卫生技术人员数量及增速

数据来源：国家卫生健康委，中物联医疗器械供应链分会整理。

三、我国基层医疗卫生机构发展概况

基层医疗机构数量最多，服务范围最广，是守护人民群众健康的第一道防线。截至2023年底，基层医疗卫生机构中，乡镇卫生院3.40万个，社区卫生服务中心（站）3.70万个，门诊部（所）36.20万个，村卫生室58.30万个（见图6-19）。

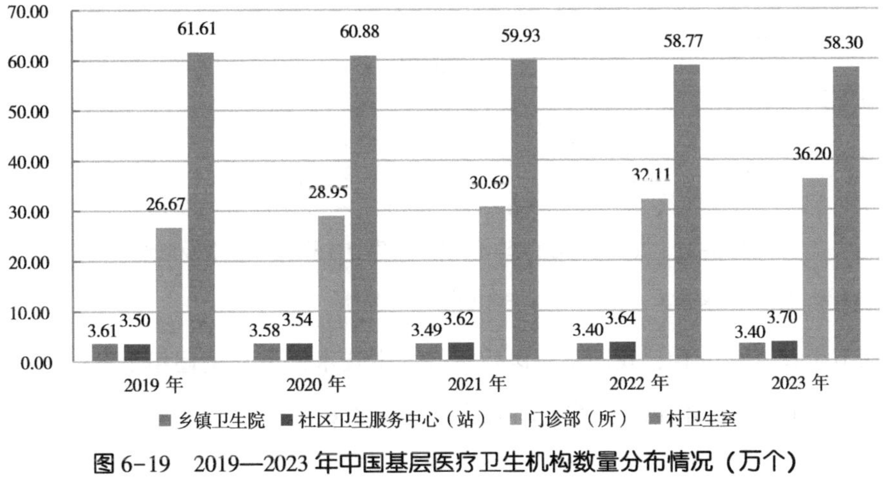

图6-19 2019—2023年中国基层医疗卫生机构数量分布情况（万个）

数据来源：国家统计局，国家卫生健康委，中物联医疗器械供应链分会整理。

从诊疗人次看，我国基层医疗卫生机构总诊疗人次为42.7亿人次，同比增长0.47%，增速放缓（图6-20）。

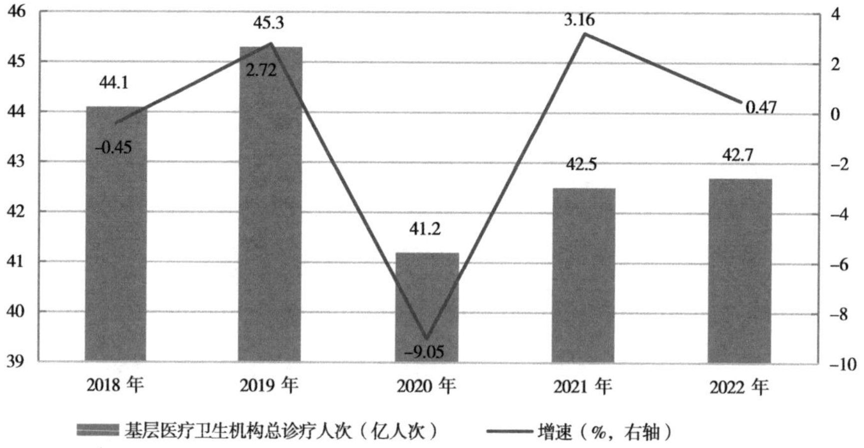

图6-20　2018—2022年中国基层医疗卫生机构总诊疗人次及增速

数据来源：国家卫生健康委，中物联医疗器械供应链分会整理。

从床位数看，我国基层医疗机构床位数逐年上升，2022年共174.5万张，同比增长2.65%，增速下滑（见图6-21）。

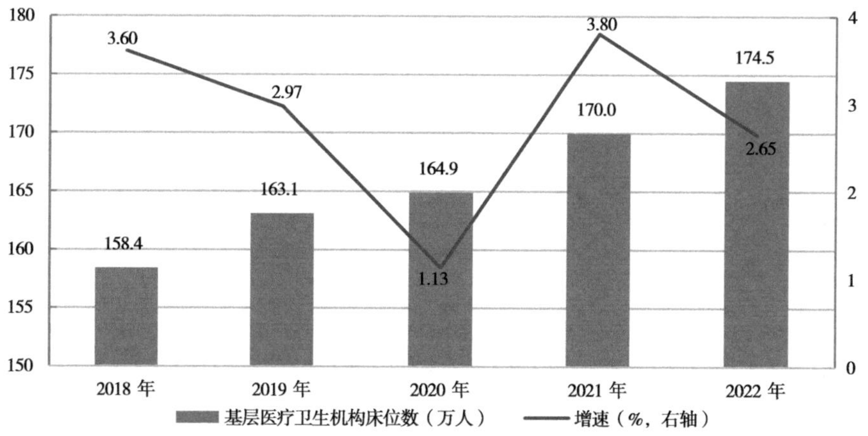

图6-21　2018—2022年中国基层医疗卫生机构床位数及增速

数据来源：国家卫生健康委，中物联医疗器械供应链分会整理。

从卫生技术人员看，我国基层医疗机构卫生技术人员数量逐年上升，2022年共345万人，同比增长4.48%，增速略有下滑（见图6-22）。

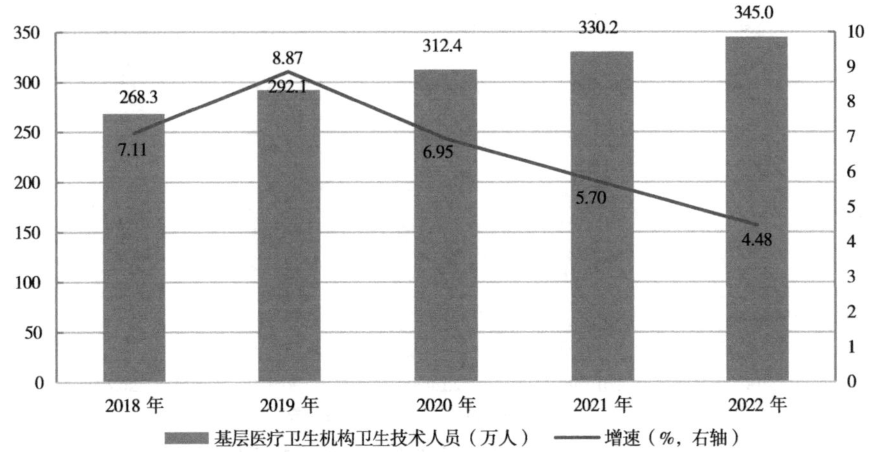

图 6-22　2018—2022 年中国基层医疗卫生机构技术人员数量及增速

数据来源：国家卫生健康委，中物联医疗器械供应链分会整理。

四、我国专业公共卫生机构发展概况

2023 年，我国专业公共卫生机构共 1.2 万家，其中，疾病预控中心 3426 家，卫生监督所（中心）2791 家。相较 2022 年，我国疾病预防控制中心数量有所上升，卫生监督所数量有所下降（见图 6-23）。

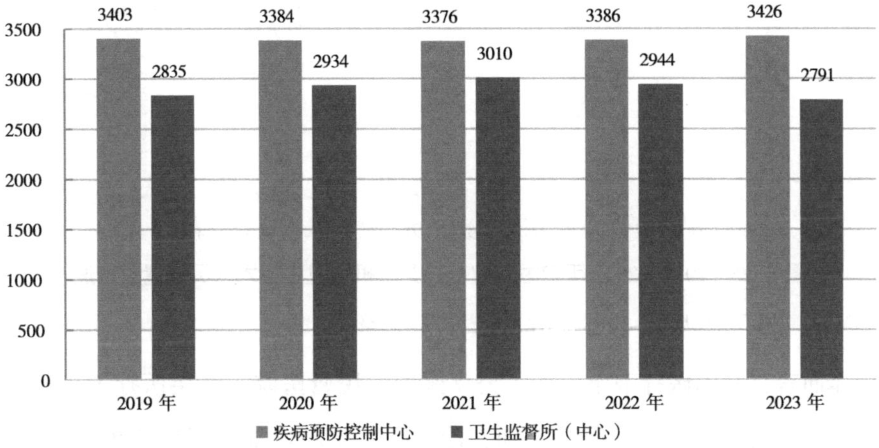

图 6-23　2019—2023 年中国专业公共卫生机构数量分布情况（万家）

数据来源：国家卫生健康委、国家统计局，中物联医疗器械供应链分会整理。

从床位数看，我国专业公共卫生机构床位数逐年上升，2022 年共 31.4 万张，同比增长 3.98%，增速上升（见图 6-24）。

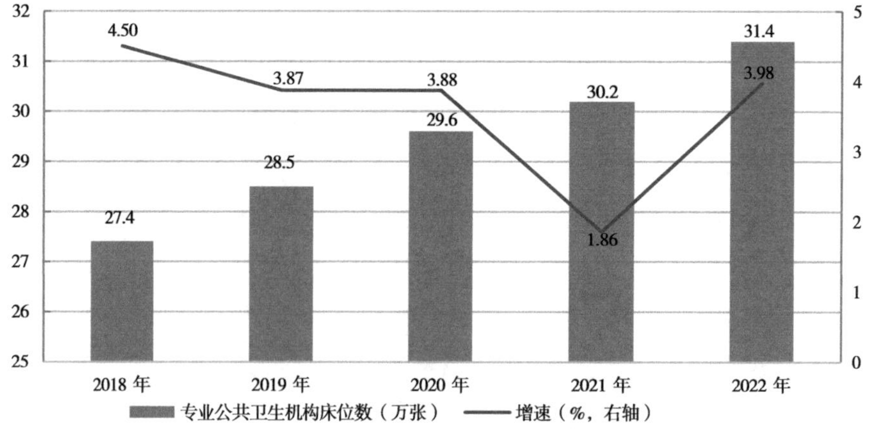

图 6-24　2018—2022 年中国专业公共卫生机构床位数及增速

数据来源：国家卫生健康委，中物联医疗器械供应链分会整理。

从卫生技术人员看，我国专业公共卫生机构卫生技术人员数量逐年上升，2022 年共 78 万人，同比增长 2.09%，增速略有下滑（见图 6-25）。

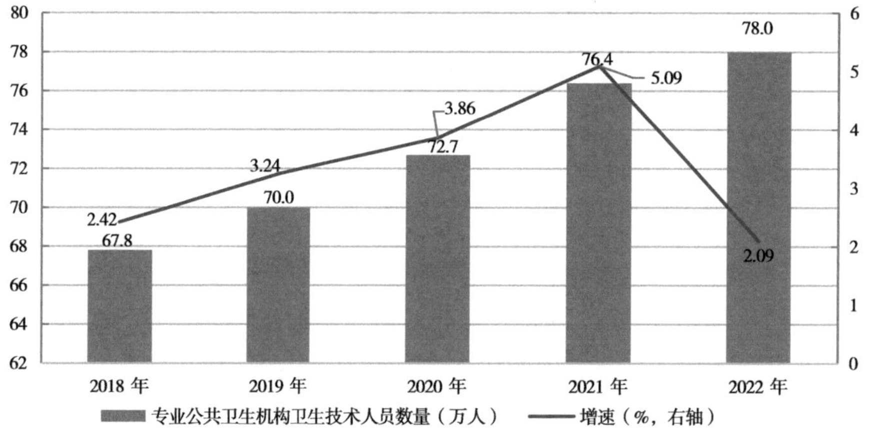

图 6-25　2018—2022 年中国专业公共卫生机构卫生技术人员数量及增速

数据来源：国家卫生健康委，中物联医疗器械供应链分会整理。

总体而言，我国医疗卫生机构、公立医院、民营医院、基层医疗卫生机构、专业公共卫生机构的数量保持稳步增加，诊疗人次不断增加、床位数规模不断扩大、从业人员需求不断上升；终端医疗机构数量稳步扩张为医疗器械工业市场、流通市场的扩容提供了充分的市场需求及广阔的市场容量。

第二节　我国第三方医学检验实验室（ICL）发展现状分析

一、2023 年第三方医学检验实验室（ICL）行业相关政策

2023 年，行业关注较多的医疗监管政策文件大致分为两类：医疗反腐相关政策及规范医疗“样本外送”相关政策。对第三方医学检验服务行业规范医疗“样本外送”的主要相关政策进行梳理发现，尽管方案细节略有不同，但核心内容基本一致，即着力防范样本外送检测可能存在的医疗行贿腐败问题风险，不是限制第三方检测机构发展。关于第三方医学检验实验室相关政策，详见表 6-1。

表 6-1　第三方医学检验实验室相关政策

地区	时间	政策名称
深圳	2022-05-20	《深圳市卫生健康委 深圳市医疗保障局关于加强肿瘤个体化治疗基因检测管理的通知》
山西	2022-07-08	《山西省卫生健康委员会关于印发〈医疗机构与独立设置检查检验机构合作暂行办法〉的通知》
陕西	2023-04-03	《陕西省卫生健康委员会关于印发〈陕西省医疗机构样本外送检测相关规定（试行）的通知〉》
福建	2023-06-30	《福建省卫生健康委员会关于印发整治肿瘤基因检测不规范问题保障医疗质量和医疗安全降低患者负担工作方案的通知》
湖南	2023-08-11	《湖南省卫生健康委 湖南省中医药局关于印发湖南省医疗机构样本外送检测管理规范的通知》
天津	2023-10-18	《天津市卫生健康委关于进一步规范临床基因扩增检验等委托临床检验检查行为的通知》
广西	2023-12-20	《自治区卫生健康委关于印发广西壮族自治区医疗机构外送样本检测管理暂行规定的通知》
江苏	2024-01	《关于进一步加强医疗机构临床基因扩增检验管理等有关工作的通知》
上海	2024	《关于规范市级医院外送样本基因检测的工作提示（意见征集稿）》

二、2023年第三方医学检验实验室（ICL）行业现状

（一）第三方医学检验实验室（ICL）市场规模

近年来，第三方医学检验实验室（ICL）市场规模呈现稳步增长态势。据分会不完全统计，2017—2022年，国内ICL市场规模从147亿元增长到504亿元，2023年社会恢复常态化运行，检测需求大幅下降，市场规模降至403.2亿元（见图6-26）。

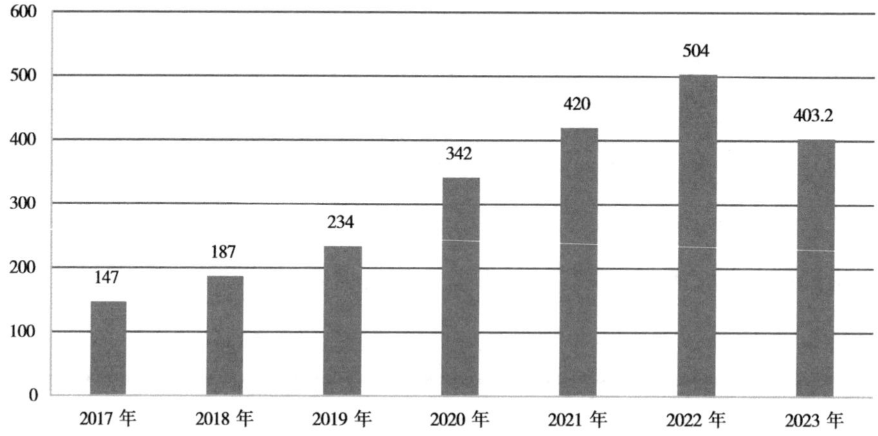

图6-26　2017—2023年中国第三方医学检验实验室市场规模（亿元）

数据来源：中物联医疗器械供应链分会整理。

（二）第三方医学检验实验室（ICL）数量

我国相继出台多项政策鼓励医学检验实验室规模化、标准化、专业化发展。在政策与市场双轮驱动下，国内第三方医学检验行业不断发展壮大。国家卫生健康委数据显示，截至2022年底，全国医学检验实验室数量为1880家（见图6-27）。

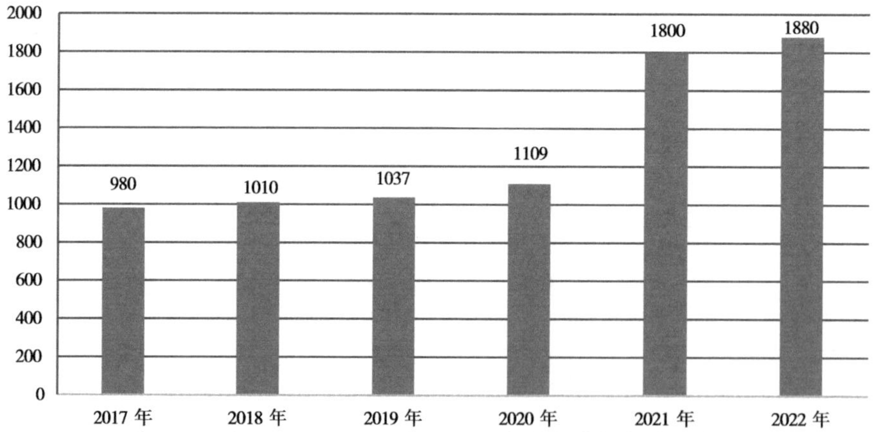

图6-27　2017—2022年中国第三方医学检验实验室数量（个）

数据来源：中物联医疗器械供应链分会整理。

目前，国内独立医学实验室主要集中在东部沿海城市，而西部等欠发达地区的实验室规模则相对较小。这主要基于独立医学实验室行业的区域性特征，其区域性分布主要与人口数量、医疗资源分布、经济发达程度、医疗的市场化程度以及居民健康观念等因素有关。医疗市场化程度高的区域，医疗产业的细分程度更高，有更严格的成本控制体系和质量管理体系，从而推动产生更多的医学检验外包业务。中国第三方医学检验实验室的区域分布情况，详见图 6-28 所示。

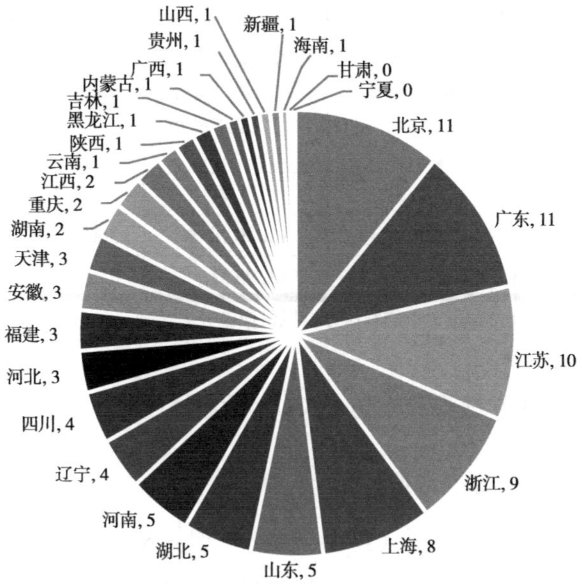

图 6-28　中国第三方医学检验实验室区域分布（%）

数据来源：公开数据，中物联医疗器械供应链分会整理。

（三）第三方医学检验实验室（ICL）行业龙头企业

在第三方医学检验实验室（ICL）行业中，金域医学凭借强大的技术实力和全国广泛的布局，尤其是完善便捷、服务范围广的专业医疗冷链物流服务网络，可以确保标本送达的及时性。迪安诊断以基因诊断技术领先，国际合作广泛，但其业务集中度高，研发投入也相对较高。艾迪康控股的实验室网络覆盖广泛，服务项目全面，但是如何在激烈的市场竞争中突破高端技术创新瓶颈是艾迪康现阶段的主要任务。云康集团则在数字化转型和运营效率上表现出色。康圣环球作为独立特检领域的领军者，技术创新能力突出，但市场份额相对较小。关于第三方医学检验实验室行业龙头企业的详细情况，见表 6-2 所示。

表6-2　第三方医学检验实验室行业龙头企业

项　目	金域医学	迪安诊断	艾迪康控股	云康集团	康圣环球
主营业务	医学诊断服务	医学诊断服务+诊断产品代理	医学诊断服务	医学诊断检测服务	临床特检服务
成立时间	2003年	2001年	2004年	2018年	2007年
上市时间	2017年	2011年	2023年	2022年	2021年
总部地址	广州	杭州	香港	广州	武汉
检测项目数量	3600余项	3000余项	1700余项普检项目和2300余项特检项目	2000余项	3800余项（约2/3检验项目由第三方开发或从第三方授权引入）
独立实验室网点	48家	42家	32家	10家	9家
合作医疗机构	23000余家	20000余家	16000余家	3600余家	3000余家
2023年营收	85.4亿元	134.08亿元	32.98亿元	8.91亿元	9.76亿元

资料来源：2023年上市公司财报，中物联医疗器械供应链分会整理。

三、中国第三方医学检验实验室（ICL）行业特点

（一）市场增速高但渗透率低

我国第三方医学检验实验室（ICL）行业市场规模呈逐年上升趋势。据分会不完全统计，2017—2023年，国内ICL市场规模从147亿元增长至403.2亿元，复合增长率为18.31%。国家卫生健康委数据显示，2020年国内ICL市场渗透率在6%左右，对比日本的60%、德国的44%和美国的35%，国内市场渗透率仍较低（见图6-29）。这主要在于国内医学检验仍以公立医院为主，而国外医疗商业保险发达，私立医院较多，有较强的控制成本意识。

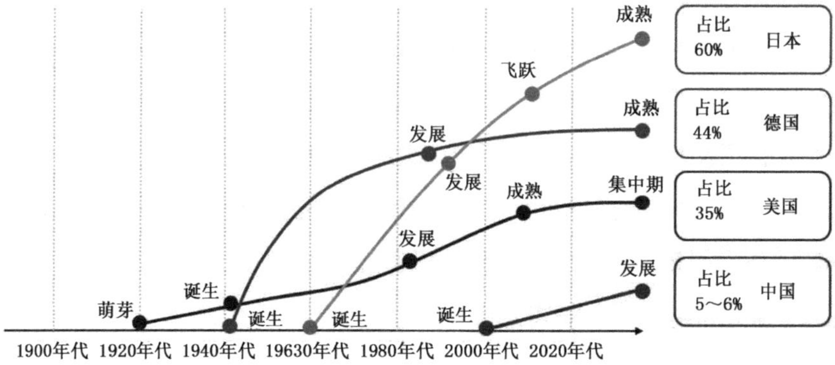

图6-29　1900年代至2020年代第三方医学检验实验室渗透率对比

资料来源：方正证券。

（二）专利数量平稳发展

第三方医学检验实验室（ICL）在近年来展现出对技术创新和知识产权保护的高度重视，专利申请数量呈上升态势，凸显了该行业技术研发的蓬勃活力。截至2020 年末，我国第三方医学诊断相关专利申请数量接近 2500 项，与上年同期的近2000 项相比有较大增幅，同比上升 25.15%；2021 年第三方医学诊断专利申请数量呈现大幅度降低的趋势，为 1704 项，较上年同期下降 31.79%（见图 6-30）。预示着行业正在经历一次重要的转型或调整，以适应不断变化的市场需求和技术发展。

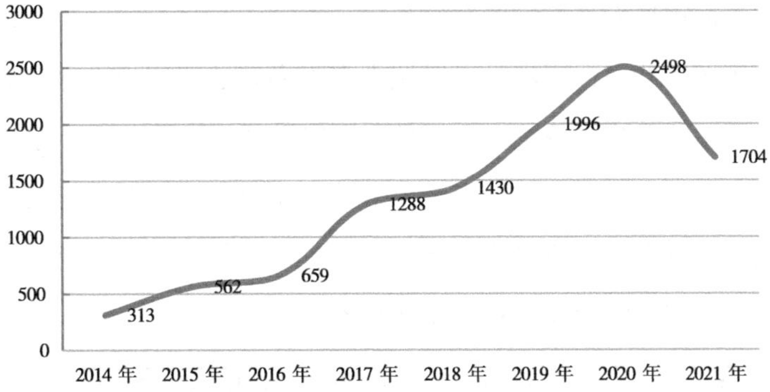

图 6-30　我国第三方医学检验实验室专利数量（项）

数据来源：中国银河证券，中物联医疗器械供应链分会整理。

（三）特检增速高于普检

近年来，随着医学技术的不断进步和临床诊断需求的日益精细化，特检在医学检验领域的增速显著高于普检（见图 6-31）。特检通常涵盖更为复杂和精细的检测项目，如基因检测、病理诊断等，这些服务满足了现代社会对个体化、精准化医疗的需求。随着新技术的不断涌现和临床需求的进一步细分，特检有望在医学检验领域继续保持高速增长，并为患者提供更加精准、个性化的诊断服务。

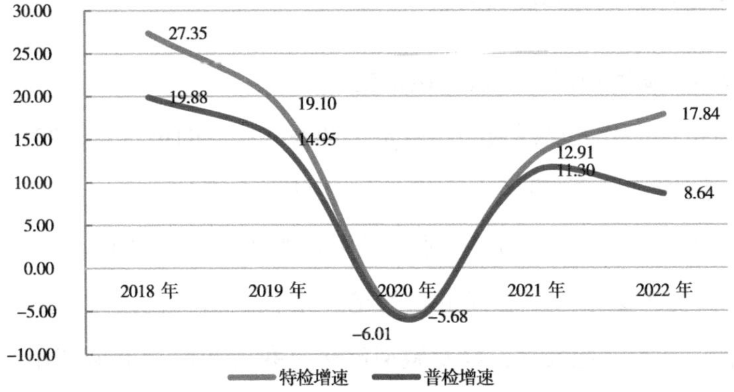

图 6-31　第三方医学检验实验室普检与特检增速对比（%）

数据来源：中国银河证券，中物联医疗器械供应链分会整理。

第三节　我国家用医疗器械终端市场发展现状分析

近年来，随着生活水平的提高，人民群众的健康意识越来越强，与此同时，人口老龄化进程加快，老年人常见病、慢性病的日常护理和治疗以社区和家庭为主，家用医疗器械领域市场发展前景广阔。

相较于医用医疗器械，家用医疗器械大多面向普通家庭或个体，满足其居家的护理需求，主要包括医疗设备与耗材，具有操作简单、体积小巧、携带方便等特点。家用医疗器械产品根据用途主要分为健康监测、康复护理、呼吸支持、中医理疗和医疗护理五大类，具有代表性的产品有血压计、血糖监测仪、电动轮椅、助听器、呼吸机、口罩手套和中医理疗系列产品（见图 6–32）。

图 6–32　家用医疗器械主要品类

一、家用医疗器械有利发展因素

（一）政策推动家用医疗器械领域发展

国家政策重视提升人民群众的健康水平和医疗服务的可及性。2016 年《“健康中国 2030”规划纲要》中明确重大慢性病过早死亡率到 2030 年时比 2015 年降低 50%。在新医改政策下，国家加大对基层医疗服务体系的建设，“填补缺口”和“更新换代”将促进家用医疗器械市场的迅速增长。用于社区、家庭、个人医疗保健的诊疗仪器、康复保健装置，以及微型健康自我检测医疗器械和用品将有广泛的需求和应用。得益于医保个人账户改革，消费者有意愿购买家用医疗器械；医药反腐和带量采购会导致大量的经销商和医药代表开始转型，服务开始往家用市场延伸；

疫情加速了家用医疗市场的成熟化进程。

（二）全民保健意识加强，市场需求大

尽管中国经济持续快速发展，居民生活水平有所提高，但国内人均医疗资源仍较稀缺。随着“预防为主”的理念逐渐深入人心，人们的保健意识正在不断增强。以预防、诊断、保健、治疗为目的医疗器械及保健产品应用形式不断创新，家庭医疗器械及保健产品逐渐开始被老百姓日常使用，家用医疗器械行业快速发展。从家用医疗器械发展情况来看，物理疗法对部分疾病，特别是一些慢性病的治疗有社会公认的疗效，具有广泛的市场需求。

近年来，伴随着中国人口规模增速放缓，中国人口年龄结构也发生了较大变化，人口老龄化特征明显。2035 年，60 岁以上老人突破 4 亿，老龄化加剧，需求上升。强大的需求将会在家用医疗器械市场得到释放。

（三）产品技术升级，应用形式趋于多样化

《“十四五”医疗装备产业发展规划》指出，明确推进居家社区医养康养一体化发展，拓展医疗健康装备服务链，推进居家社区级新型医疗装备的设计、研发、制造和后续服务协同发展。同时，应推进家庭等健康建筑内嵌入基础医疗设施装备，实现个人健康实时监测与评估、病毒预警、慢病筛查、主动干预。随着新材料、电子信息技术等产业的快速发展，家用医疗器械和保健仪器生产技术水平得到不断提高。家用医疗器械企业不断在产品中采用新技术、新工艺、新概念、新材料，家用医疗器械产品逐步向电子化、数字化、小型化、智能化发展，产品的使用更容易为普通消费者掌握，更利于携带。未来，随着产品升级而衍生的新的市场需求将进一步扩大市场规模。

二、家用医疗器械市场发展现状

（一）市场规模

从市场规模来看，我国家用医疗设备市场增长趋势明显，且尚有较大空间。相关数据显示，截至 2023 年，我国家用医疗器械市场规模约为 2508 亿元，同比增长 18. 13%，预计 2025 年家庭医疗器械市场有望达到 3500 亿元（见图 6-33）。从市场结构来看，目前国内家用医疗器械市场上，血压计、按摩器具及健身康复器材市场占比较大（见图 6-34）。

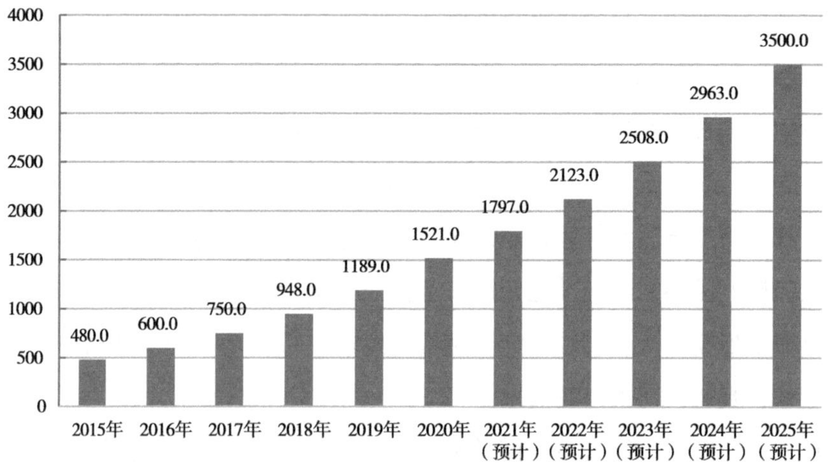

图 6-33　2015—2025 年（预计）我国家用医疗器械市场规模（亿美元）

数据来源：公开信息，中物联医疗器械供应链分会整理。

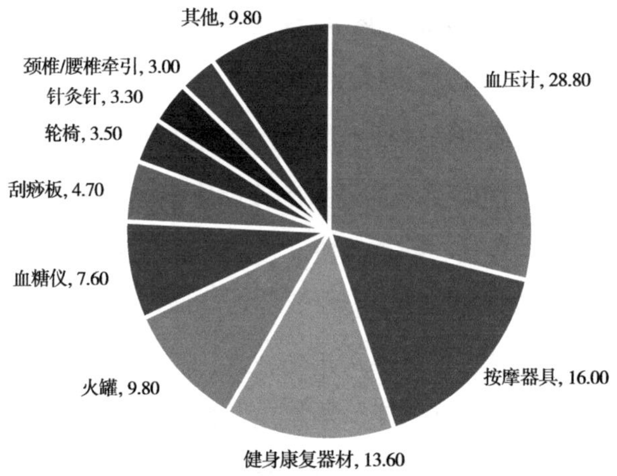

图 6-34　我国家用医疗器械主要品类市场份额占比（%）

数据来源：公开信息，中物联医疗器械供应链分会整理。

（二）销售渠道

家用医疗器械原有销售渠道主要为医院和药房。而随着新消费以及网络经济的崛起，目前家用医疗器械领先企业已形成药店、电商、3C 电器大卖场和精品百货等多种销售渠道，网购的蓬勃发展使得各品牌之间的竞争也愈发激烈。

1. 零售药店数量持续增加

2024 年 5 月，国家药监局发布《药品监督管理统计年度数据（2023 年）》，统计数据显示：截至 2023 年 12 月底，全国共有药品经营许可证持证企业 688477 家。其中，批发企业 14792 家，零售连锁总部 6725 家，零售连锁门店 385594 家，单体药店 281366 家。也就是说，截至 2023 年底，全国药店数量为 66. 70 万家。较 2022

年的 62.33 万家增长了 4.37 万家，全国药店数量继续保持增长态势。

院边店（HAP）和社区周边药店（RP）未来潜力巨大。伴随着经济发展水平的提高，城镇化率不断提升，叠加居民健康意识的不断加强、老龄化带来的多样化医疗需求的增加，市场规模持续扩张。HAP 在承接院外处方市场的机遇下，专业化药事服务能力朝纵深化方向发展，逐渐与直接面向患者提供专业化服务的药房（DTP 药房）业态相融合。RP 构建多元化社区大健康服务生态圈，将在社区范围内解决消费者的慢病管理、小病药疗需求。

HAP 省份数量分布与全国零售药店数量分布基本一致，说明影响其分布的主要原因仍是经济发展水平与人口规模。HAP 数量排名前三的省份为四川、河南、广东（见图 6-35）。RP 数量排名前三的省份为广东、江苏、山东，而广东省药店数量为排名第二的江苏省的 1.5 倍，出现了较为明显的头部集中现象（见图 6-36）。

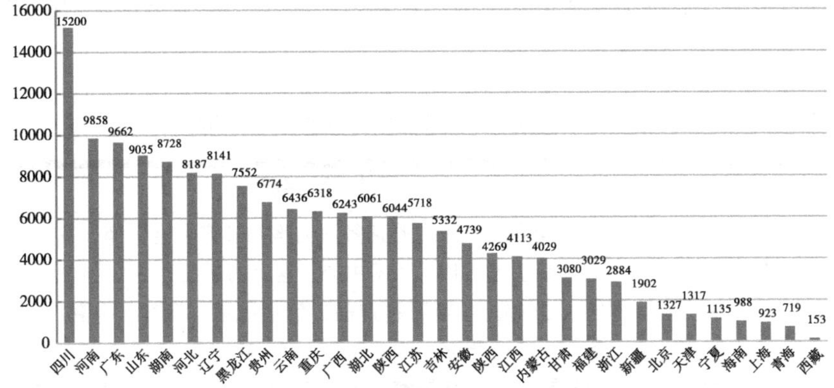

图 6-35　HAP 数量省份分布（家）

数据来源：IQVIA，中物联医疗器械供应链分会整理。

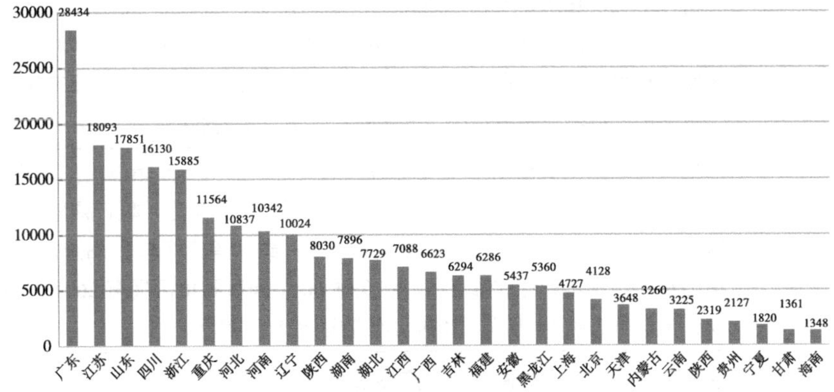

图 6-36　RP 数量省份分布（家）

数据来源：IQVIA，中物联医疗器械供应链分会整理。

2. **实体药店和网络销售的占比**

根据米内网数据，2023 年中国实体药店市场零售规模达 6229 亿元，占零售终端市场的 67.5%。伴随新冠后疫情时代的到来，叠加人们购买习惯的变迁，2023 年网上药店（药品+非药品）的零售规模已达 3004 亿元，较上年增长 15.2%，占零售终端市场的 32.5%，网上药店占比持续增加，电商销售已成为零售终端较为重要的销售渠道之一。

（三）家用医疗器械市场格局

我国医疗器械行业市场化程度较高，国外医疗器械产品可以全面参与国内市场的竞争。国外医疗器械制造商资金雄厚、技术先进、人才集中，在医疗器械的研发上积累了数十年的经验，垄断了主要家用医疗器械产品的核心技术。目前，我国仅有体温计、血压计等部分产品开始进入欧美国家市场，但是在中高端领域依然缺乏足够市场竞争力，通过国际认证的国内厂家和产品较少。关于全球家用医疗器械行业的主要竞争情况，详见表 6-3 所示。

表 6-3　全球家用医疗器械行业主要竞争情况

企业		具体经营情况
海外	Medline	Medline 是一家全球医疗用品和临床解决方案制造商和经销商，在美国和全球 90 多个国家向急症护理机构、手术中心、医师办公室、生命科学机构、临终关怀院和零售店提供超过 35 万种产品，包括服装、麻醉、手套、护理用品、耐用医疗设备、防感染产品、实验室用品等。Medline 主要通过其销售团队和北美及全球的分销中心网络销售产品，总部位于美国伊利诺伊州的蒙德林，目前在全球拥有 17 个制造工厂，整体销售额超过 100 亿美元
	欧姆龙	欧姆龙为全球知名的自动化控制及电子设备制造厂商，掌握着世界领先的传感与控制核心技术。产品主要包括电子血压计、血糖仪、脂肪测量仪、电子体重秤、电子体温计、电子计步器等。在中国，欧姆龙建有研发、生产、技术服务和物流基地，在华北、华东和华南地区拥有销售公司，其下属的 40 多个事务所、办事处遍布全国，为客户提供最直接的服务
	强生	强生公司成立于 1886 年，是全球最具综合性、业务分布范围广的医疗健康企业之一，业务涉及制药、医疗器材及消费品三大领域，旗下拥有强生婴儿、露得清、可伶可俐、娇爽、邦迪、达克宁、泰诺等众多知名品牌。总部位于美国新泽西州新布仑兹维克市，在全球 60 个国家和地区拥有 260 多家运营公司，全球员工约 14 万人，2019 年营收达 821 亿美元
国内	鱼跃医疗	鱼跃医疗是一家以提供家用医疗器械、医用临床器械和互联网医疗服务为主要业务的公司，核心业务是研发、制造和销售医疗器械产品，产品以家用医疗器械为主，主营产品包括制氧机、雾化器、轮椅车、血压计、听诊器等

续 表

企 业		具体经营情况
国内	九安医疗	九安医疗是一家在国内外具有影响力的个人健康管理产品供应商，主要从事家用医疗器械的研发、生产及销售，主营产品包括电子血压计、血糖仪、低频治疗仪、心电监测仪等
	三诺生物	三诺生物是国内最早的生产血糖监测系统产品的厂商之一，也是国家生物医学工程高技术产业化示范项目的承担单位。主营业务是利用生物传感技术研发、生产、销售即时检测（POCT）产品，主要产品为微量血快速血糖测试仪及配套血糖检测试条
	乐心医疗	乐心医疗致力于家庭健康管理事业，专业从事家用医疗健康电子产品的研发、生产和销售，以及乐心智能健康云平台的研发和运营。乐心医疗的主要产品包括电子健康秤（可分为电子体重秤、电子厨房秤）、脂肪血压计、电子血压计、可穿戴运动手环及其他家用医疗健康电子产品
	稳健医疗	稳健医疗是一家以棉为核心原材料，通过“winner 稳健医疗”及“Purcotton 全棉时代”两大品牌实现医疗及消费板块协同发展的医疗健康企业。稳健医疗始终坚持以“一朵棉花、一种纤维”为主营业务方向，持续创新及不断拓展产业边界，已从单一的纱布类医用敷料生产企业发展成为以棉为核心原材料，主要从事棉类制品的研发、生产、销售，覆盖医疗卫生、个人护理、家庭护理、母婴护理、家纺服饰等多领域的大健康领军企业
	英科医疗	英科医疗是中国领先的一次性医疗耗材和医疗耐用设备制造商。主营业务涵盖医疗防护、康复护理、保健理疗、检查耗材等板块，主要产品包括一次性手套、轮椅、冷热敷、电极片等多种类型的护理产品，产品广泛应用于医疗机构、养老护理机构、家庭日用及其他相关行业
	蓝帆医疗	蓝帆医疗是中低值耗材和高值耗材完整布局的医疗器械龙头企业。主要产品为医疗手套、健康防护手套、急救包、医用敷料等为主的医疗防护产品线，其主打产品 PVC 手套的全球市场份额占比高。高值耗材板块的主要产品为心脏支架及介入性心脏手术相关器械产品，其业务通过新加坡柏盛国际集团运营，在全球多个国家拥有业务
	振德医疗	振德医疗是一家集研发、生产、销售为一体的医用敷料行业企业。主要产品线涵盖现代伤口敷料、手术感控产品、传统伤口护理产品及压力治疗与固定产品
	奥美医疗	奥美医疗长期专注于医疗健康事业，主营业务为医用敷料等一次性医用耗材的研发、生产和销售，为国际知名医疗器械品牌厂商提供 OEM 贴牌服务。产品根据使用用途，可分为伤口与包扎护理类、手术/外科类、感染防护类、组合包类四大系列，可以满足客户的多元化产品需求。产品以出口为主，销往美国、加拿大、德国等多个国家和地区的客户以及国际知名医疗机构。以器械品牌厂商为主
	可孚医疗	可孚医疗前身为湖南可孚医疗科技发展有限公司，于 2009 年在湖南浏阳成立，从早期的代理销售贸易商转型为注重家用医疗器械研发生产、销售和服务的综合性个人健康管理龙头公司

资料来源：公开资料，中物联医疗器械供应链分会整理。

第四节　我国医疗器械终端市场面临挑战

一、医疗资源分布不均

一是地区差异。东部发达地区医疗资源相对集中，包括高级医院、专业医生和先进设备，而西部地区由于落后的经济发展水平和人口分布不均，常常面临医疗资源紧缺的问题。二是城乡差距大。城市医疗资源集中，包括重点医院、专业医生和先进设备，而农村医疗资源匮乏，基层医疗机构服务能力有限。这种城乡医疗资源配置不合理，导致农村地区居民难以获得高质量的医疗服务。三是人才分配失衡。医疗人才主要集中在大城市的三甲医院，而基层医疗机构和偏远地区医疗人才严重不足。医疗人才流动受到户籍、编制等制度限制，导致资源分配不均。四是医疗设备配置不均。城市医疗设备先进，而农村医疗设备落后；东部地区医疗设备丰富，而西部地区医疗设备匮乏。这种设备配置的不均衡导致医疗服务质量参差不齐，影响患者的治疗和康复效果。

尽管政府正在努力通过政策引导和财政投入等形式加大基层医疗机构建设力度，但法规政策的执行和监管仍面临挑战。需要建立健全的医疗监管机制，对医疗资源的使用情况进行实时监测和评估，及时发现和解决资源浪费和不合理使用的问题。

二、公立医院面临降本增效的挑战

在当前医疗改革深入推进的新形势下，医院面临着前所未有的挑战。如何在保证医疗服务质量的前提下实现降本增效，推动医院高质量发展，成为医院运营管理专家需要深入思考和解决的重要课题。然而，在降本增效的过程中，医院也面临着诸多挑战。一方面，医疗行业的特殊性决定了医院在运营过程中需要遵循严格的规范和标准，这在一定程度上限制了医院在降本增效方面的灵活性。另一方面，医院作为公益性质的事业单位，需要在经济效益和社会效益之间找到平衡点，增加了医院在降本增效方面的难度。

三级公立医院绩效考核对医院医疗质量、运营效率、可持续发展、满意度方面提出了明确要求，尚需要在硬件条件、医疗管理、服务流程等方面持续改进，以满足新时代健康事业的发展需要。未来多院区运营、医疗体建设和医学集团组建对条块结合一体化运营管理模式，以及学科规划和学科分类布局提出了更高的要求。要适应当前的改革发展需求，医院的宏观组织架构和微观治理体系尚需进一步健全，岗位价值评估和绩效分配体系尚需进一步完善，医疗服务的供给侧改革仍需进一步深化，资源配置机制和运营管理体系仍需进一步优化，信息化支撑和综合保障能力仍需进一步提升，以员工为中心的关爱服务仍需进一步增强。面向全球的国际化合作目前仍更多地局限于学科和业务层面，尚缺乏医院顶层的国际化战略设计、组织架构、运行机制。

三、基层医疗卫生机构面临医疗服务水平提升的挑战

基层医疗机构作为我国医疗卫生系统的庞大分支，机构数目占医疗机构总数的 94.88%，但其年均诊疗人数仅占总就诊人数的 50.68%。基层医疗卫生服务亟须由医生、护士、药剂师和其他卫生工作者组成的多学科专业团队。虽然全科医生是基层医疗卫生服务体系的中坚力量，但我国的全科医师往往培训不足，此外，由于薪资制度不完善、社会支持力度低等原因，基层医疗工作人员职业认同感不高，易产生职业倦怠，导致人才流失严重，影响了基层医疗机构的稳定性。应加快构建高水平、高质量的基层医疗卫生服务体系，不断增强人民群众的健康获得感。

四、智慧医院建设面临的挑战

一是技术更新与研发投入压力。智慧医院的建设需要不断引入和更新先进的医疗技术、设备和系统，如人工智能、物联网、大数据等。然而，这些技术的研发和应用需要大量的资金投入，对于医院来说是一个巨大的压力。同时，由于医疗行业的技术门槛较高，新技术的研发周期长、投入大，且需要不断进行迭代和优化，这也增加了医院的研发投入压力。二是数据安全与隐私保护。在智慧医院的建设中，数据安全和隐私保护是一个重要的问题。医疗数据涉及患者的个人隐私和生命安全，一旦泄露或被滥用，将造成严重后果。目前，智慧医院在数据管理和保护方面还存在一些漏洞和隐患，如数据泄露、黑客攻击等，这些都需要医院加强技术和管理措施来保障数据安全。三是医疗“信息孤岛”与数据共享困难。智慧医院的建设需要实现医疗信息的互联互通和共享，但目前医疗行业内部存在“信息孤岛”现象，不同医疗机构之间的数据难以共享和交换。这不仅影响了医疗服务的连续性和整体效益，也阻碍了智慧医院的建设和发展。

五、国产家用医疗器械竞争优势不足

我国医疗器械行业市场化程度较高，国外医疗器械产品可以全面参与国内市场的竞争，且国外医疗器械产品进入我国的税收成本较低。国外医疗器械制造商资金雄厚、技术先进、人才集中，在医疗器械的研发上积累了数十年的经验，垄断了主要家用医疗器械产品的核心技术。医疗器械产品研发风险大，产品临床试验和注册申报周期长，对于企业来说，存在较大的资金压力。同时，我国缺乏医疗器械专业人才和科研氛围，土地供应不足，也给我国家用医疗器械行业健康、有序、快速发展带来不利影响。而在出口市场，目前我国仅有体温计、血压计等部分产品开始进入欧美国家市场，但是在中高端领域依然缺乏足够市场竞争力，通过国际认证的国内厂家和产品较少。国内家用医疗器械产品出口面临一系列非关税贸易壁垒，并且国内医疗器械企业缺乏国际医疗器械市场运作经验的专业人才，国际贸易经验不足，进入国际市场困难较大，这些都将影响到我国家用医疗器械行业的发展。

第五节　我国医疗器械终端市场发展趋势

一、提升公立医院综合能力

公立医院必须坚持公益性质，注重内涵发展，提升综合能力。一是要转变发展思路，加强能力建设，使医院发展从规模扩张转变为内涵式高质量发展；二是要优化资源配置，做到布局学科规划，使医院能够在适应常态化管理的同时提高传染病防治能力；三是要发挥绩效导向，使医院能够保障人员待遇，同时待遇上要对公共卫生、急诊等有所侧重；四是要转变运营模式，通过加强预算和成本管理，将医院的精细化管理落到实处。

在 DIP/DRG 支付模式下，医院需要更加注重服务的效率和质量。战略升维行动计划不仅仅是应对当前的财务和运营挑战，更是在预见未来趋势的基础上进行的前瞻性布局。医院需要制定长期的发展规划，明确发展目标和方向，以实现可持续发展。

二、从治疗中心向泛健康服务提供者转型

随着医疗市场的不断变化，医院需要灵活调整策略以应对市场变化。根据参考文章提供的数据，市场需求迅速增长，尤其是在儿童医疗、精神疾病治疗、生殖辅助技术等领域。医院需要抓住这些市场机会，加强相关专科的建设和人才培养，以满足患者的需求。

医院不再仅仅是治疗疾病的场所，而是成为促进整体健康和福祉的中心。这种转变要求医院在战略层面上进行深入思考和规划，以满足患者日益增长的多元化需求。据《2024年医院战略发展新趋势：从传统医疗到泛健康领域的转变》一文所述，医院在泛健康领域的发展涵盖了从疾病预防到康复护理、从心理健康到社会福祉的广泛领域。

三、信息化建设与数据驱动

信息化建设已成为医院管理的重要趋势。通过利用大数据、云计算等技术，医院可以提高医疗服务效率，实现患者信息的共享和整合。这有助于提升医院的诊疗水平和服务质量，为患者提供更加便捷、高效的医疗服务。大数据技术的应用为医院管理提供了强有力的支持。通过收集和分析大量的医疗数据，医院可以深入了解患者需求和市场变化，为决策提供科学依据。这有助于医院制定更加精准的市场策略和服务方案，提高市场竞争力。

四、人才培养与科研创新

人才是医院发展的核心动力。为了保持竞争力，医院需要重视人才培养和引进。通过加强医护人员的专业培训和人才引进工作，医院可以吸引更多优秀人才加入医疗事业，为医院的可持续发展提供人才保障。科研和教学是医院发展的重要支撑。通过加强科研力度，医院可以提升学术地位和影响力，为医疗技术的发展提供有力支持。同时，医院还需要注重医学教育和人才培养工作，为医疗事业培养更多优秀人才。

五、重点发展绿色医疗

随着环保意识的提高，医疗器械行业也需要关注环保和可持续发展问题。绿色医疗的发展趋势体现了环保与可持续发展的理念，注重绿色建筑与设施、电子化和

数字化医疗服务、绿色药物和疗法的发展、社区参与和健康教育以及政策支持与引导等方面的内容。这些趋势将有助于推动医疗领域向更加环境友好和可持续发展的方向发展，提高人们的生活质量和健康状况。

六、智慧医养的发展已成为趋势

智慧医养的发展已成为趋势，通过“互联网+”打破医疗、养老资源时间和空间的限制，让老年人享受到智慧医养带来的幸福体验。政府对医养结合的支持政策不断加强，如简化医养结合机构设立流程、强化支持政策落实、促进现有医疗卫生和养老机构合作等。物联网、5G、大数据等新兴技术的应用，为医养结合提供了更多的可能性，如智慧医养指挥调度平台、移动医疗、智慧康养机器人等设备的应用，提高了医养服务的效率和质量。医养结合服务模式不断创新，形成了包括养嵌入医、医嵌入养、医养联合体等不同形式的服务模式。加强社会力量的参与，鼓励和支持社会力量兴办医养结合机构，推动医养结合服务的社会化发展。整合医疗卫生和养老资源，实现资源共享、服务衔接，提高医养结合服务的整体效能。加强医养结合专业人才培养，通过在高等职业教育本科中新增“医养照护与管理”专业等方式，培养具备医养结合知识和技能的专业人才。

总之，医养结合的发展趋势是政策推动、技术创新、服务模式多样化、社会化服务、人才培养和城乡协调发展等方面的综合体现。随着这些趋势的发展，医养结合服务将不断完善和提高，为老年人提供更加优质、高效、便捷的医养服务。

七、家用医疗器械市场不可忽视

家用医疗器械市场将继续保持快速发展的态势。随着市场规模的扩大，家用医疗器械市场的竞争也日益激烈。市场上既有国际知名企业的产品，如飞利浦、欧姆龙等，也有众多国内企业的产品。这些国内企业通过技术创新、品质提升、服务优化等方式来提升自身的竞争力。随着医疗技术的不断进步，家用医疗器械的功能越来越多样化，操作更加便捷。未来，技术创新将是推动家用医疗器械市场发展的重要动力。线上销售渠道在家用医疗器械行业中占据了越来越重要的地位。线上销售不仅方便快捷，还能降低企业的运营成本，提高市场覆盖率。因此，越来越多的家用医疗器械企业开始重视线上销售渠道的建设和运营。家用医疗器械的个性化需求也在不断增加。企业需要根据不同人群的需求和偏好，推出符合其需求的个性化产品，以满足市场的多样化需求。

八、销售渠道网络化

随着我国互联网信息技术的发展与普及，电商成为家用医疗器械行业的一个重要销售渠道。自 2020 年初新型冠状病毒疫情暴发以来，互联网电商涌现活力，足不出户、一键购物、“无接触”配送等得到迅速发展。受技术发展以及疫情影响，人们逐渐习惯于网络购物。此外，医疗器械生产企业为了降低渠道运营成本、高效传递需求信号、开拓增量市场等，尝试并创新了“互联网+”的商业布局，同时，“互联网+医疗器械”监管政策的逐步完善也促使了医疗器械行业与互联网行业的融合共生。

国家药监局数据显示，截至 2023 年底，我国提供医疗器械网络交易服务第三方平台服务的企业数量达 719 家，“互联网+医疗器械”业态快速发展。除了原本的医疗器械电商销售企业外，许多科技、电商、零售企业也纷纷开始跨界布局医疗器械领域。随着政策扶持与监管“双管齐下”，未来医疗器械网络销售产业将进一步规范化、标准化、多维化、高质量健康发展。

第七章

2023 年我国医疗器械物流市场发展现状与展望

第一节　我国医疗器械物流市场发展现状分析

一、医疗器械物流市场稳步增长

据分会不完全统计推算，2023 年我国医疗器械物流市场规模保持增长态势，物流总费用约 262. 86 亿元，同比增长 2. 07%，增速放缓（见图 7-1）。其中，医疗设备领域物流费用最高，达 111. 71 亿元，同比增长 11. 90%；体外诊断产品物流费用紧随其后，达 75. 10 亿元，同比下降 17. 29%；高值耗材物流费用为 35. 33 亿元，同比增长 10. 72%；低值耗材物流费用为 40. 72 亿元，同比增长 16. 34%（见图 7-2）。

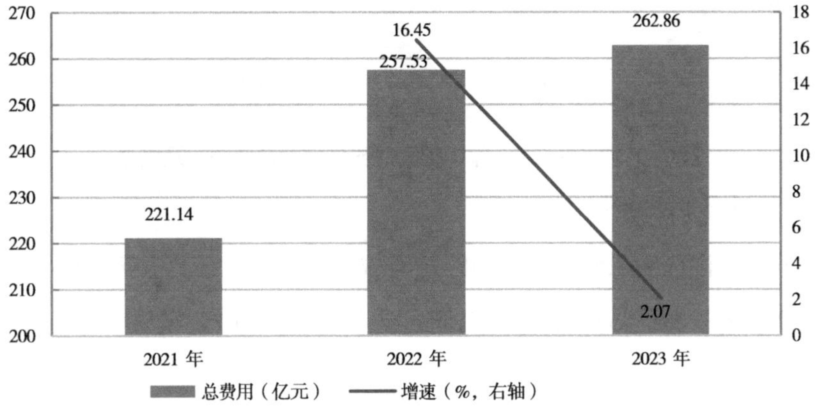

图 7-1　2021—2023 年中国医疗器械物流市场规模及增速

数据来源：中物联医疗器械供应链分会整理。

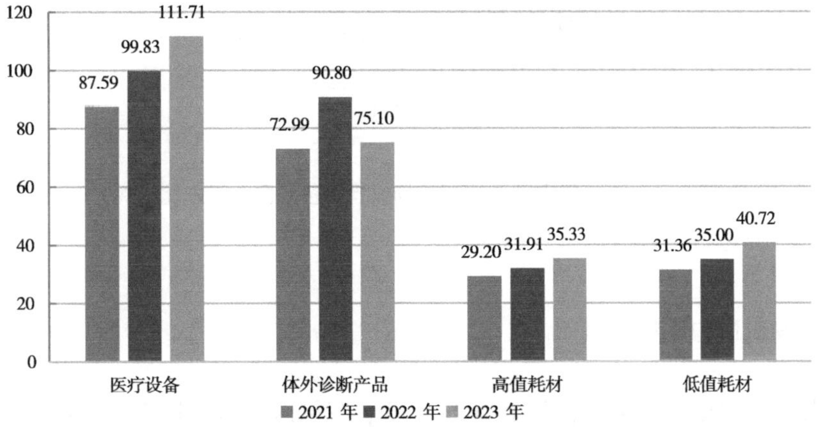

图 7-2　2021—2023 年我国医疗器械细分领域物流市场规模（亿元）

数据来源：中物联医疗器械供应链分会整理。

二、物流仓储面积稳步增长

据分会不完全统计推算，截至 2023 年底，我国医疗器械物流仓储总面积为 2339.37 万平方米，较上年同比增长 3.38%（见图 7-3）。

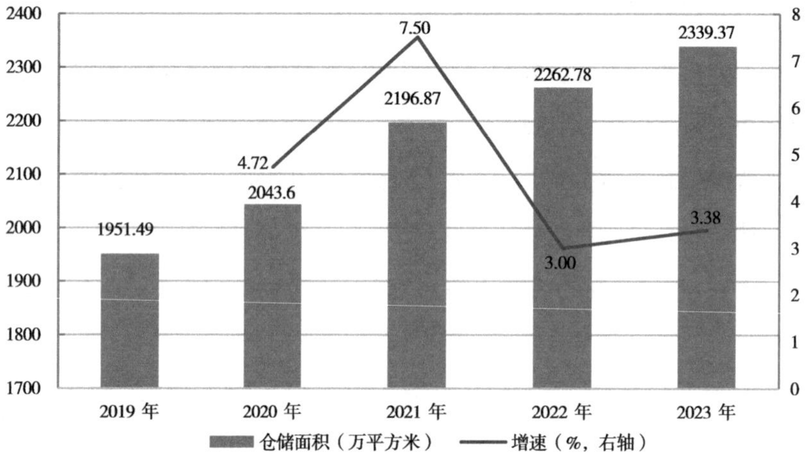

图 7-3　2019—2023 年中国医疗器械物流仓储面积及增速

数据来源：中物联医疗器械供应链分会整理。

聚焦仓库各温区面积情况，我国医疗器械常温库占比最高，为 62%；其次为温控库，为 29%；冷藏库占比为 8%；冷冻库占比最小，为 1%（见图 7-4）。

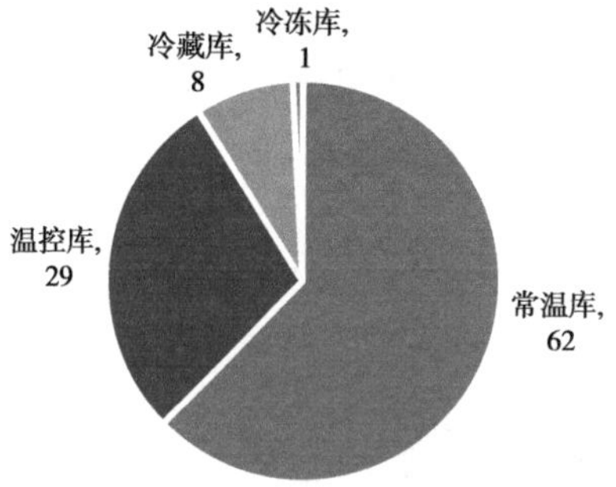

图 7-4　2023 年中国医疗器械物流仓库各温区面积占比（%）

数据来源：中物联医疗器械供应链分会整理。

三、物流运力逐步增强

据分会不完全统计推算，截至 2023 年底，我国医疗器械物流行业自有运输车辆总数为 39796 台，同比增长 2.5%（见图 7-5）。其中，自有冷藏车辆总数为 4901

台，同比增长2.3%（见图7-6）。

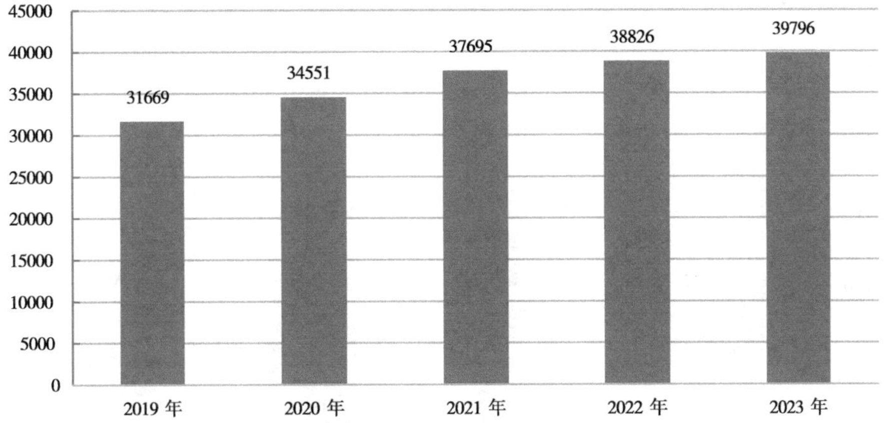

图7-5　2019—2023年中国医疗器械物流运输自有车辆数量（台）

数据来源：中物联医疗器械供应链分会整理。

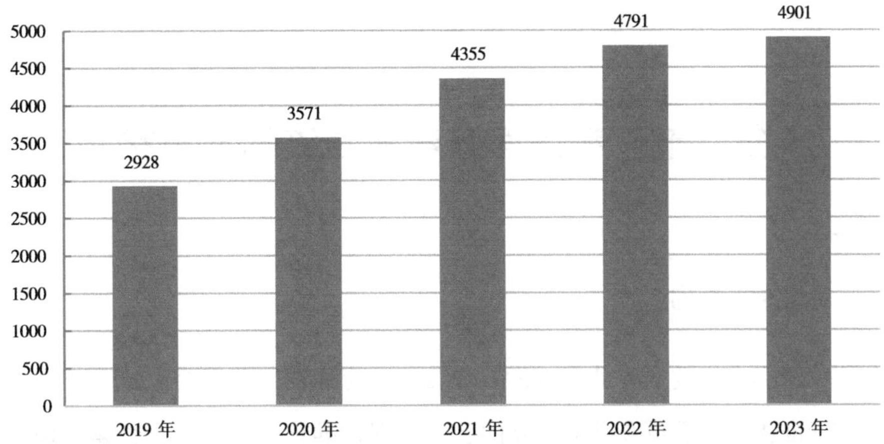

图7-6　2019—2023年中国医疗器械物流运输自有冷藏车数量（台）

数据来源：中物联医疗器械供应链分会整理。

四、医疗器械第三方物流行业集中度提升

根据国家药监局发布的数据，2023年我国专门提供医疗器械运输贮存服务的企业（即医疗器械第三方物流企业）共900家。根据国家药监局近四年发布的数据情况，我国医疗器械第三方物流企业数量逐年递减，相较2020年的2115家，数量减少了近60%，行业集中度进一步提升（见图7-7）。

一方面，伴随法规监管体系趋严，各地对医疗器械第三方物流仓储、运输等提出了更高要求，大中型企业倾向通过兼并、收购等方式完善网络布局；另一方面，

部分企业无法顺利应对行业竞争，自然退出市场。因此，医疗器械第三方物流企业数量下降，行业集中度进一步提升。

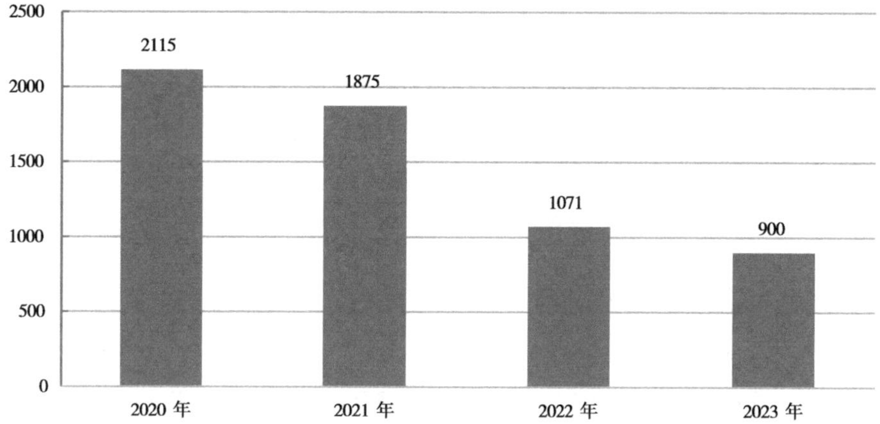

图 7-7　2020—2023 年中国医疗器械第三方物流企业数量变化（家）

数据来源：国家药监局，中物联医疗器械供应链分会整理。

第二节　我国医疗器械物流标准现状

一、标准相关机构

全国物流标准化技术委员会（SAC/TC269，简称物流标委会）成立于 2003 年，是经国家标准化管理委员会批准成立的、由国家标准化管理委员会直属管理、在物流领域内从事全国性标准化工作的技术组织。主要负责物流基础、物流技术、物流管理和物流服务等标准化技术工作。秘书处设在中国物流与采购联合会。

全国物流标准化技术委员会医药物流分技术委员会（SAC/TC269/SC7，简称医标委）于 2023 年 9 月 15 日经国家标准化管理委员会批准成立。医标委主要负责药品、医疗器械等医药物流领域的国家标准制修订工作，旨在满足医药物流领域标准化工作需要。秘书处由中国物流与采购联合会承担，全国物流标准化技术委员会负责日常管理，中国物流与采购联合会负责业务指导。医标委由来自协会、药品/器械生产、经营批发、物流、医院、疾控、信息化等行业的 37 名委员组成，目前为第一届。中物联医疗器械供应链分会负责开展医疗器械物流相关国家标准、行业标准、团体标准的制修订以及推广工作。

二、标准制修订介绍

截至 2023 年，中物联医疗器械供应链分会已牵头制定了 10 项标准，涉及医学检验、体外诊断试剂温控物流、院内物流、物流通用服务、耗材智能存储柜、院内物流中心库、大中型医疗设备运输与就位服务、体外诊断试剂“领跑者”等方面（见表 7-1），同时物流追溯、信息系统、临床物流、洗消物流、院内物流人才等标准正在前期预研中。

表 7-1　中物联医疗器械供应链分会标准制修订情况

序号	标准类型	标准名称	标准号/标准编号	发布日期（制定情况）	实施日期
1	国家标准	《医学检验生物样本冷链物流运作规范》	GB/T 42186—2022	2022 年 12 月 30 日	2022 年 12 月 30 日
2	行业标准	《体外诊断试剂温控物流服务规范》	WB/T 1115—2021	2021 年 5 月 31 日	2021 年 7 月 1 日
3		《医药产品医院院内物流服务规范》	303—2021-003	报批阶段	—
4		《医疗器械物流通用服务规范》	303—2022-010	编制阶段	—
5		《医用耗材智能存储柜技术要求和试验方法》	303—2023-002	编制阶段	—
6		《医院院内物流中心库规划与配置要求》	303—2024-003	编制阶段	—
7	团体标准	《大中型医疗设备运输与就位服务规范》	T/CFLP 0049—2022	2022 年 12 月 29 日	2023 年 1 月 15 日
8		《骨科耗材物流服务规范》	2023-TB-008	编制阶段	—
9		《医疗器械医院院内物流服务质量评价》	2023-TB-002	编制阶段	—
10		《质量分级及“领跑者”评价要求体外诊断试剂温控物流服务》	2023-TB-019	编制阶段	—

标准推广方面，国家标准《医学检验生物样本冷链物流运作规范》开展了两批试点企业工作，180 家成功入选；举办一场宣贯活动，线下参与人员 100 余人，同

时线上吸引了2500余人次在线观看。举办了一场培训活动，有70余家企业80余人参与标准学习。行业标准《体外诊断试剂温控物流服务规范》开展了试点、达标工作，累计五批试点92家成功入选，两批达标，27家成功入选。累计举办了三场培训，共有50余家企业的150余人参与学习。团体标准《大中型医疗设备运输与就位服务规范》开展了一批试点企业工作，11家成功入选。

第三节　智慧物流典型案例分析

一、案例背景

我国医疗器械产业整体发展势头迅猛，为医疗器械专业仓储物流带来了广阔的发展机遇，但是由于器械设备的专业性、产品以及流通渠道的特殊性，我国医疗器械物流一直未能受到广泛重视，专业的器械物流企业数量寥寥，这与我国近12000亿元的医疗器械市场规模不相匹配，更与当前法规要求相背离。医疗器械产品的供给特点之一就是小批量、多品种，以满足不同等级医疗机构、不同类型医疗场景的多样化需求，呈现出品规多、温区多、包装规格多，更新换代快，库存管理要求高的特点。

基于现状，德荣推出了数字化、智能化、全场景、全品类一体化医疗器械仓储解决方案——德荣智仓，其总建筑面积近10万平方米，其中德荣智仓近3万平方米，库内拥有24米高托盘立库以及冷链多穿立库、恒温多穿立库，配备国内外先进的自动化设备，如垂直升降货柜、Kiva机器人、AGV机器人（自动导引车）、双向穿梭车等。德荣智仓采用WMS、WCS（仓库控制系统）、TMS（运输管理系统）等系统软件，利用波次算法快速形成最优拣货方案，最大化提高分拣效率，实现了商流、数据流、物流的三流合一。

德荣智仓内设有常温多穿厢式立库、冷藏多穿厢式立库和自动化高位托盘立库，三大立库的设计相较医疗器械传统仓配模式而言，可以有效地减轻劳动强度和人工成本，降低储运损耗及出错率，提高仓储物流效率。可同时满足10万SKU（最小存货单位）级别产品种类存储需求，年吞吐的货物量价值将超200亿元，同时，还能将订单响应能力缩短至30~60分钟，相比于传统形式以“天”为单位的订单响应能力，有了质的飞跃。关于智慧仓库的应用现场实例，详见图7-8。

图 7-8　智慧仓库内场景

二、案例内容

1. 项目概述

本项目包括全骨科多业态、多软件对接、多硬件集成对接、多货主管理、GSP管理要求等几大方面，详见图 7-9。

图 7-9　项目概述

主物流中心楼长约 124 米，宽约 72 米，总建筑面积约 27527 平方米，分为 AS/RS（自动化仓库系统）自动化立体仓库区，多层穿梭车自动化立体库区及货到人拆零拣选、复核包装、Kiva 存储拣选区，机器人码垛、AGV 叉车搬运、叉车高位货架存储区，入库待检区，发货集货区，托盘地堆区，各种特殊功能存储库等（见图 7-10）。AS/RS 自动化立体库区为单层结构，楼库区域为五层结构，多层穿梭车自动化立体库区为二层结构；AS/RS 自动化立体库区建筑总高 24 米，多层穿梭车自动化立体库区层高 11 米。

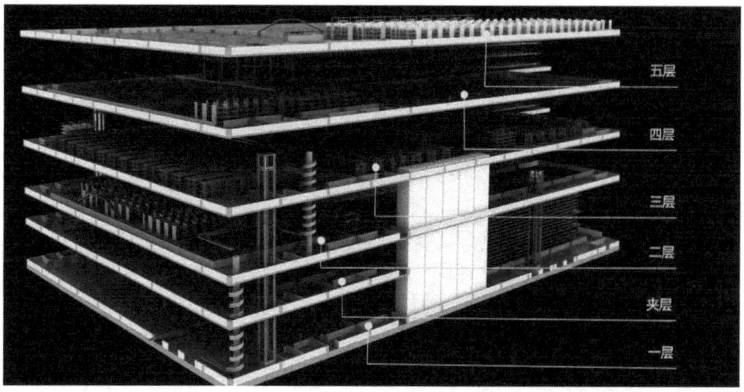

图 7-10　主物流中心楼立体图

AS/RS 自动化立体仓库为整托盘存储，共设置 6 个巷道，采用 6 套托盘式堆垛机系统，由计算机全自动控制，整托盘输送线实现整托盘出入库，并支持在线整箱拣选和补货作业。

多层穿梭车自动化立体库借助周转箱实现全品规料箱内器械的存储，共设置 5 个巷道（其中 2 个巷道 2℃～8℃，3 个巷道 15℃～25℃），采用多台多层穿梭车系统，由计算机全自动控制，配合货到人拣选台、换箱台和复核包装台，实现了拆零拣选、复核包装和补货作业。

叉车高位货架区实现了整托盘存储，通过高位叉车进行整托盘存取作业。地堆区实现托盘存储，通过无线射频技术（RF）进行整箱拣选。箱式分拣输送线实现整箱和拆零拣选包装箱按送货线路集货分拣。发货区分拣系统采用斜轮分拣设备，分拣速度不低于 3000 件/小时。大屏显示系统应用于中控室内，实现远程的实时指挥、调度、监控等功能。

2. 硬件部分布局

一楼的基本功能包括所有器械的收货、检验、入库暂存。入库存储区域包括立体库、高位托盘货架区 2℃～8℃冷库，SPD 院外库通过皮带输送机，机械手码垛后，由 AGV 叉车进行入库作业。

出库区：月台出库通过分拣机将箱式货物分拣后集货，立库托盘出库运到月台集货；骨科类耗材通过提升机收货后达到三楼验收；IVD 类货物通过冷链专用收发货区域进行发货。

二楼为 SPD 院外库，通过一楼螺旋输送机直接输送至分拣工作站，随后分拣打包入库，越库作业直接分拣后交由 AGV 机器人或举升拣货机器人进行拣选出库。在 2℃～8℃货到人工作站拣选完成后货物装入保温箱投放出库输送线或出库电梯。在 15℃～25℃阴凉库拣货出库工作站拣选完成后通过输送线将货物直接输送至货到人打包区域，或给SPD院外库进行补货。

三楼西侧楼库为普通耗材存储区域，AGV将普耗货物搬运至货到人工作站进行拣选后投放输送线，AGV货到人顶升后搬运至普耗工作站进行拣选，拣选完成后放置暂存托盘交由AGV机器人搬运至电梯运输至一楼月台集单出库。补货工作站为SPD院外库进行补货。

骨科类耗材通过提升机进行收货后由AGV机器人搬运至收货工作站，进行入库作业。出库由AGV搬运至货到人工作站，拣选完成后投放托盘，由AGV搬运至暂存区通过电梯进行出库。

四楼为备用SPD院外库，通过螺旋输送机输送至SPD院外库进行入库分拣作业，出库订单下发后由AGV顶升出库通过输送线与提升进出库。

五楼为电商库，通过电梯与提升机入库，放入地堆区。此区域设计有螺旋输送机出库输送线进行出库。拆零区域拣选完成后可投放输送线，五楼拣选完成后由专用电梯进出库。

德荣智仓的设计目标和设计依据，详见表7-2、表7-3所示。

表7-2　设计目标

项　目		规划年形态	单　位
年销售额		153	亿元
订单行数		>20000	行/天
年周转率		6~8	次/年
物流中心储量		39	万箱
SKU数		8万~10万	万个
日均出货量	整箱方式出货	>12000	箱/天
	拆零拼箱方式	≥3000	箱/天

表7-3　设计依据

项　目		尺　寸	单　位
托盘单元规格	空托盘尺寸	1000×1200×160（插孔高度120）	mm
	满托盘尺寸	1000×1200×1450	mm
	单托盘重量（含货物）	≤1000	kg
周转箱规格	周转箱尺寸	600×400×300	mm
原包装纸箱输送分拣货物规格	最大尺寸	700×600×550	mm
	最小尺寸	250×150×100（部分小尺寸货物放周转箱传输）	mm
	重量	≤30	kg

3. 信息化布局

仓储管理活动中涉及的基本业务流程包括收货流程、上架流程、拣货流程、补货流程、发货流程、库存盘点流程。各个业务节点的详细情况，见图 7-11 所示。

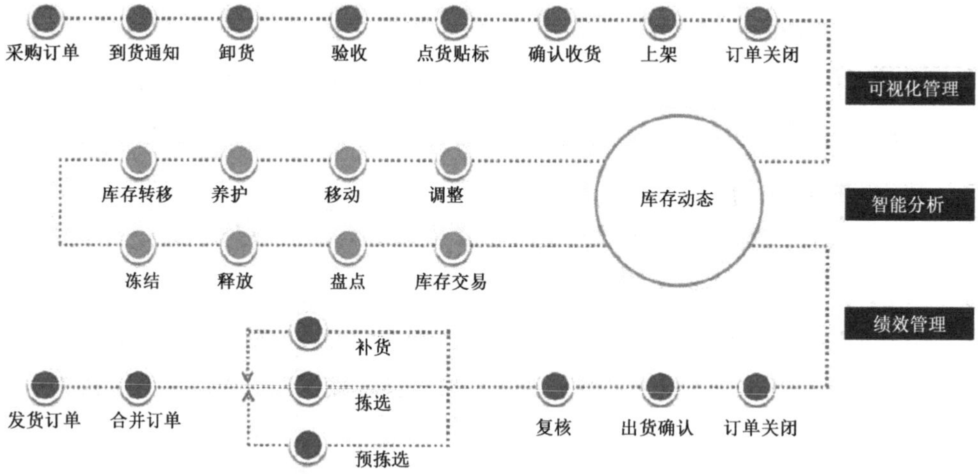

图 7-11　智仓业务节点图

（1）GSP 规范管控，全流程符合规范要求。将 GSP 管理融入仓储管理的全流程，全程管控，完整追踪（见图 7-12）。

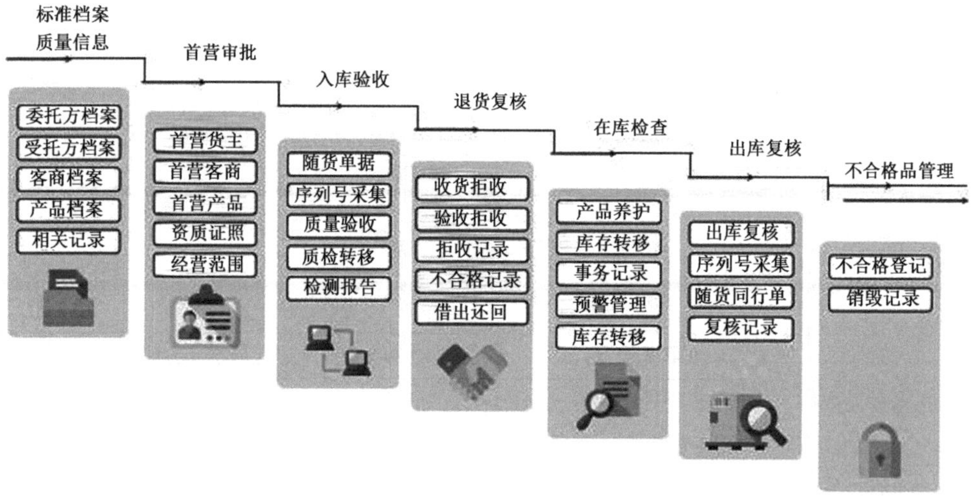

图 7-12　德荣智仓 GSP 管理

（2）多种自动化设备对接，打造智仓设备中枢。通过智仓软件管理，集成了 AGV、提升机、分拣线、立体库、多穿厢式立库、自动货柜、码垛机械臂等智能设备（见图 7-13）。

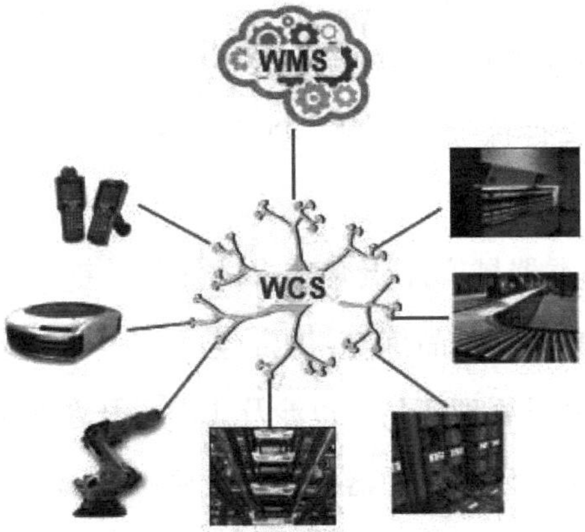

图7-13　智仓软件管理

（3）UDI码管理，支持299种条码解析规则，方便拓展。国家药品监督管理局制定了医疗器械唯一标识数据相关标准及规范，组织建立医疗器械唯一标识数据库，用于对医疗器械在生产、经营、使用等环节进行监督管理。UDI编码采用自动识别与数据采集技术（AIDC）的格式［如：一维、二维条码，RFID（射频识别）/NFC（近场通信）等］。

序列号规则可配置。序列号号码长度、位数，以及是否包含特殊标识，这些都可以进行配置与解析。

按生产厂家匹配序列号规则。在产品档案中维护生产厂家的信息，并根据生产厂家匹配解析规则，解析或校验序列号。目前使用中的所有条码解析规则累计达200余种，已完成了解析规则维护和解析功能上线使用。

（4）搭建全流程序列号库内作业。全程跟踪UDI码从入库到库内的数量变化，直到出库（见图7-14）。包括盘点、调整、转移、质检等节点流程的处理，满足国家政策对于医疗器械产品的管控要求。

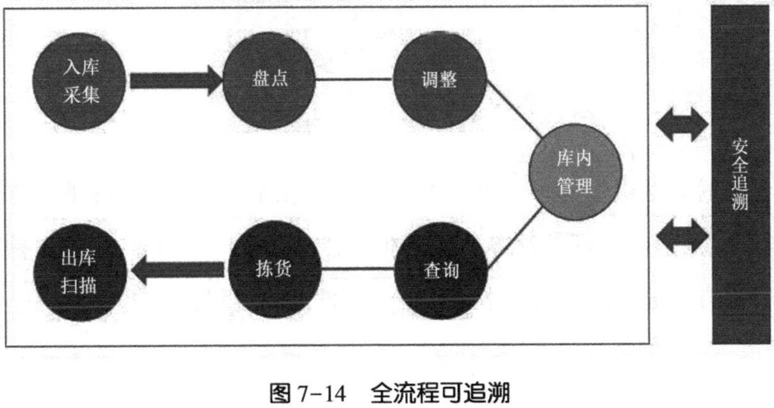

图7-14　全流程可追溯

（5）医疗器械拣货模式优化关键点。适用于多种场景的拣货模式：①纸单拣货；②RF 标签拣货（批次管理产品使用较多）；③RF 人工拣货（器械序列号管理产品使用较多）；④RF 套件拣货（针对骨科手术类器械产品组套）；⑤AGV 货到人拣选；⑥智能货柜等。

（6）针对骨耗手术类器械产品组套需求的优化关键点。骨科手术时效性要求高，必须在 2 小时内从仓库将货品拣出，配送至医院手术科室。手术所需 SKU 精细而且品种较多，涉及序列号管理商品，也涉及非序列号管理商品。

提前组套，将一个手术所需要的器械产品放到一个套件盒里，出库时按套件一次性拣货，可省去逐件拣货、复核、验证序列号等作业环节，以应对手术类出库单据很高的时效性要求。

当手术类出库订单下传到 WMS 时，由 WMS 根据最优原则匹配套件出库。需遵循以下原则：原则一，优先挑选最老效期批次出库；原则二，优先挑选满足最大数量的套件出库。在非常紧急的情况下，支持先实物出库，后系统补单的特殊处理模式（见图 7-15）。

①组件：系统标准组件功能，用户使用此功能建立标准模板（BOM）；②组套：智仓高耗组根据手术业务需求，按照 BOM 提前组合备用；③套件：提前组套完成后的不同种类和数量的 SKU 组合；④子件：套件中的单独 SKU；⑤散件：库存中未进行组套的普通 SKU。关于套件拆散流程，见图 7-15。

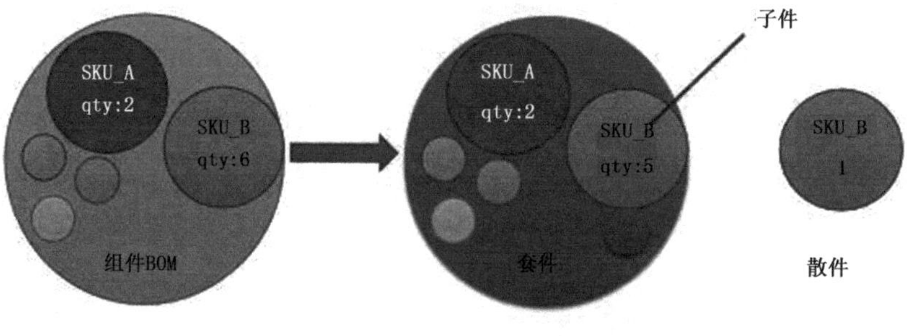

图 7-15　套件拆散

为满足高时效性出库要求，可在 FLUXWMS 系统里，结合仓库业务，实现组套功能。组套需要有 BOM 可以参考，高耗在组套时，可以自行增减 SKU 种类和数量套件，支持更方便地修改、增减子件。关于套件增添流程，见图 7-16。

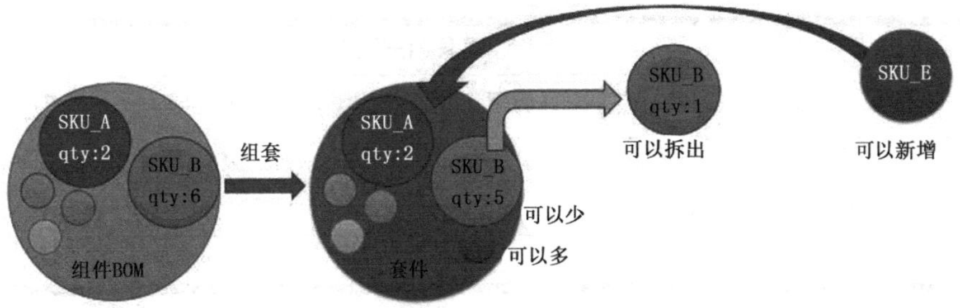

图 7-16　套件增添

库存查询需要显示各子件 SKU 明细库存，不能只显示套件库存。手术出库订单优先匹配套件，其中的子件不受库存周转规则限制，一个出库单可能包含多个套件。出库订单分配需要支持指定套件分配。出库订单复核需要支持按套件整套复核，可以不扫 SKU 的条码。关于各流程订单套件显示的示意，见图 7-17。

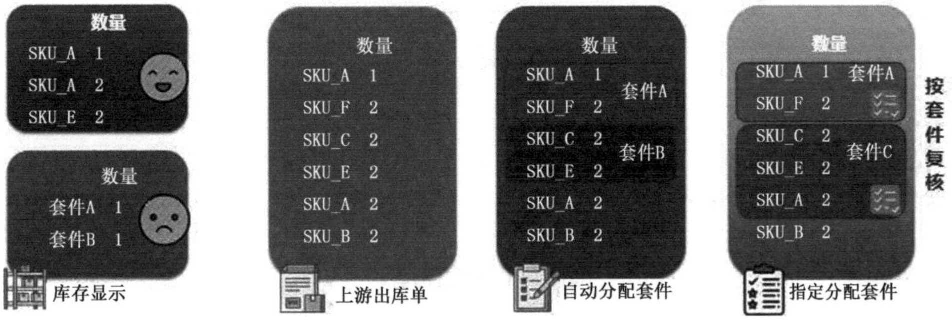

图 7-17　各流程订单套件显示

手术还库收货要能方便地按套件收货。在业务繁忙时，还库的套件要能快速修改补齐后再次出库。支持按套件整套盘点，也支持盘点套件内明细。套件放在特定库位，套件 ID 作为容器，使用唯一条码管理。关于组套相关功能情况，见表 7-4。

表 7-4　组套相关功能一览

序号	组套相关功能
1	标准 BOM（套件模板）
2	套件容器档案
3	组套
4	拆套
5	库存显示/库存移动
6	出库单自动分配（自动匹配套件优先）
7	出库单手动分配（手工指定套件编号，指定分配）

续　表

序号	组套相关功能
8	组套拣货（扫描套件 ID，循环调用该套件分配明细行的拣货 SP）
9	复核（兼容组套号复核）
10	手术还库套件收货
11	按套件上架

（7）IVD 试剂冷链全流程管理（见图 7-18）。

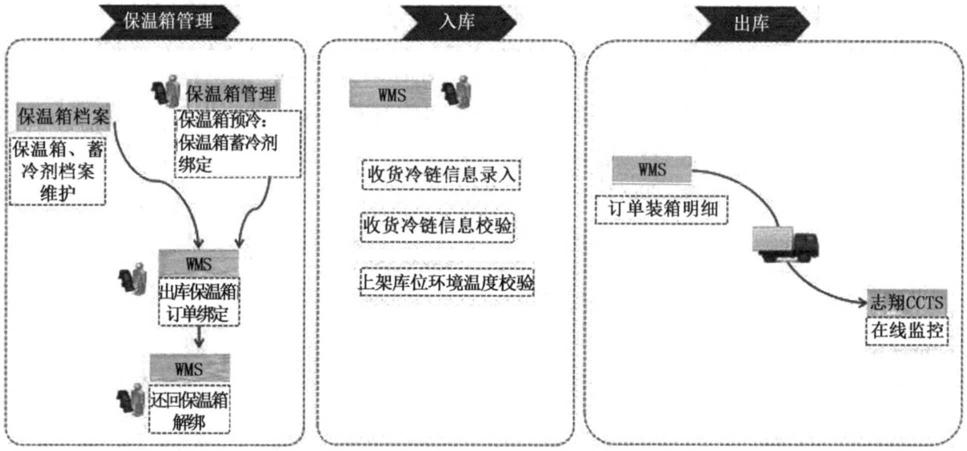

图 7-18　保温箱管理

（8）打造三方货主资料首营、订单管理平台。关于仓储管理系统的相关环节，见图 7-19。

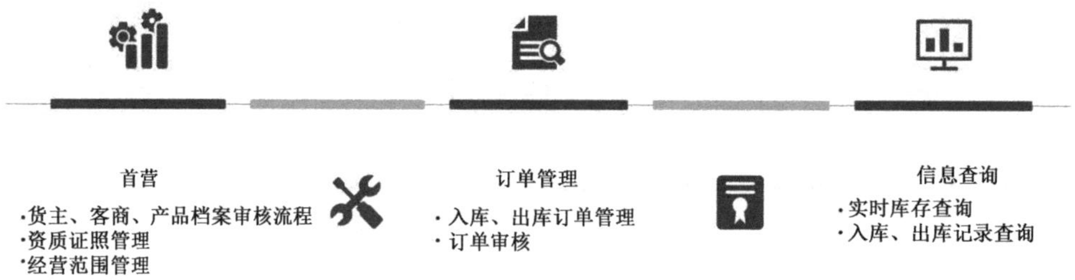

图 7-19　WMS 功能

关于德荣智慧仓的多仓监控和物流管理控制塔实例，见图 7-20。

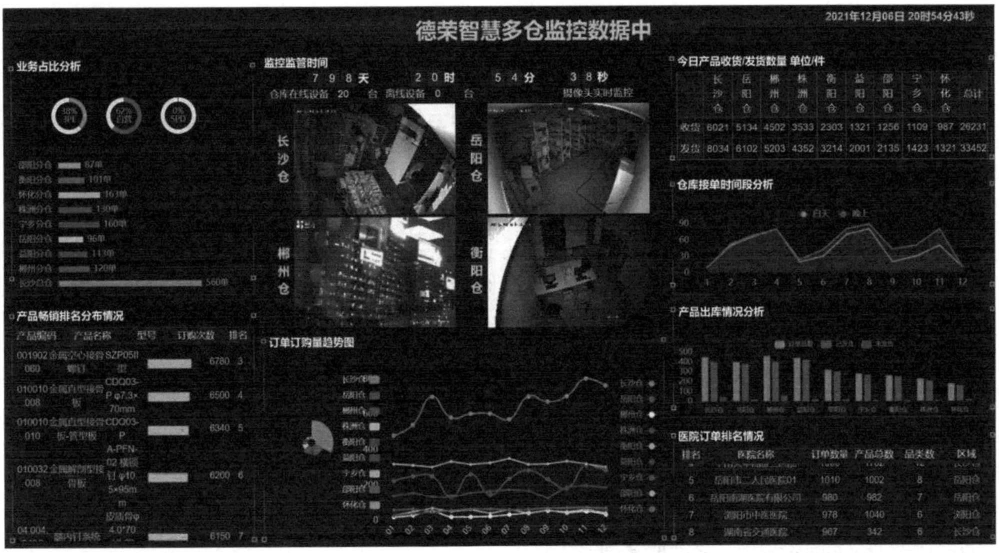

图 7-20 德荣智慧多仓监控数据中

三、解决痛点问题

一站式服务，全品类聚合。医疗器械产品的供给特点之一就是小批量、多品种，以满足不同等级医疗机构、不同类型医疗场景的多样化需求。品规多、温区多、包装规格多，更新换代快，库存管理要求高等；同时需要在满足及时发货的前提下尽可能降低库存，提高库存周转率，这对医疗器械第三方物流管理提出了较高要求。

医疗器械物流的集约化方式有效实现了成本的降低与效率的提升，通过有效的行政许可管理与过程质量监管，医疗器械第三方物流也提供了优于普通经营企业的质量安全保障能力。但行业的发展存在一些亟待解决的问题：各地对政策法规解读不一、责任划分不明确、企业水平参差不齐、运输水平存在差异等。

德荣智仓是医疗器械一体化供应链解决方案的核心载体，通过医疗器械第三方物流服务和 SPD 服务，可以为厂商提供一站式服务，根据客户的不同需求，提供全品类医疗器械仓配解决方案。而随着智能化信息技术的不断发展，德荣医疗逐步实现了供应链整体数字化转型，形成了医疗器械产品、物流、远程服务等全链条智能化，打造了互联互通互享的智能供应链生态。德荣智仓全面投产后，年吞吐的货物价值预计将超 200 亿元。

德荣首创“一仓三库+中台管理”，充分考虑了多仓联动、院内院外协同、自动分拣、波次分拣等需求，“一仓三库+中台管理”的设计让智仓具有敏捷柔性、专业化、智能化、高效数字化等鲜明特征。一仓三库即智仓内设有常温多穿厢式立库、冷藏多穿厢式立库和自动化高位托盘立库，三大立库的设计相较医疗器械传统仓配模式而言，可以有效地减轻劳动强度和人工成本，降低储运损耗及出错率，提高仓储物流效率。可以同时满足 10 万 SKU 级别产品种类存储需求，同时将订单响应能力缩短至 30~60 分钟，相比传统形式以“天”为单位的订单响应能力，有了质的飞跃。

德荣医疗携手用友 iuap 平台合力建设医疗器械行业首创的、能快速响应前台从而高效服务医生、医院、厂商、政府的数智中台，共同打造医疗器械行业数字化供应链的典范及样板。通过平台承载，实现了三项服务联动，引领产业数字化转型。医疗器械第三方物流服务通过依托医疗供应链管理服务平台，以完善的医疗物资储运保障体系为核心，为医疗物资生产、经营企业和医疗单位提供了便捷、规范、优价的新兴医疗物资物流综合服务平台。

四、优势亮点

（1）设计之初，就充分考虑了不同区域间系统的联动性设计，采用物流新技术多穿技术和传统 ASRS（自动化存储和检索系统）融合应用，实现了立库先进、柔性、灵活、高效。整体方案增加多穿箱式密集库后，让传统 ASRS 能够发挥出更大效能。该融合技术应用有以下优点：

①增库容：多穿技术与 ASRS 配套设计，能有效分流散件箱，减少立库尾盘，大幅提高仓储容量，让 ASRS 更专注大批量吞吐作业，尽显各自优势。

②更灵活：托盘级、件箱级出入库可以灵活组单，作业形式灵活高效。

③多功能：多穿件箱密集储分系统可随业务发展循序渐进式分期投入，其功能可满足德荣物流中心作为第三方平台或自有业务的零拣、批量出入库，调拨作业，也可以支持集货暂存（能够按照装车作业需求，智能控制波次释放、按线路车辆排序出箱，控制作业节奏）等。

（2）冷库采用多穿密集储分及货到人先进技术应用，可实现高密集存储，货到人拣选，高效自动化。

（3）冷库内跨温区拣选技术可基于多穿货到人拣选，未来可扩展应用跨温区拣选设计，进一步改善冷库作业环境及强度。

冷库跨温区拣选即基于多穿技术货到人拣选模式，结合特别设计的终端拣选站台，实现人工在阴凉环境下，仅身体局部（主要是手臂）在冷库环境中进行拣选操作，相比传统冷库作业模式，除了大幅提高储分作业自动化程度外，也极大改善了拣选人员的作业环境跟劳动强度，同时因不需要拣选人员及叉车等车辆入库操作而大大减少了冷库出入口的开闭次数，大幅降低了冷库的能耗，整体设计兼顾绿色、环保理念。

（4）拆零拣选采用核拣一体新技术。该技术即在货到人拣选工作站基础上，采用灯光、屏显以及扫码等自动化、信息化设备结合智能化的软件监控系统，可实现边拣边复核作业。先进的货到人智能柔性拣选作业站台具备以下优点：

①智能人机交互：软件界面支持定制开发适合各种场景；同时支持拣选、动态盘点、退货处理等多种业务场景。

②安全舒适作业：人体工学设计，操作员无须行走及等待，且手臂和双手均在舒服的范围内活动，降低了操作疲劳度；作业高度可调节，可适应不同身高的拣选人员操作。

③准确高效拣选：拣选台流量可达400~600次/小时；设备配置简洁、工艺流程高效。

④主动智能维护：图像驱动、智能纠错，可实现“傻瓜式”拣选；模块化组件设计，柔性配置。可由“货到人”升级至“货到机器人”。

（5）库内局部扩展应用了托盘级柔性搬运技术。库内入库、集货环节以及横梁货架区托盘出入库作业拟设计采用AGV进行货到人作业、或点到点搬运；实现对应区域内无人化作业，以及高效、智能的作业可持续性（可24小时无人作业）。

（6）采用国际领先水平的多穿系统，多穿小车具备智能纠偏功能。多穿系统智能自纠技术是基于“视觉+激光+脉冲复合技术”的料箱位移检测算法。通过获得储位上件箱左右、前后、倾斜的全方位数据，能够让多穿小车自动纠偏，高效处理货架内箱体因设备震动等累积偏移量造成取货困难的问题。

（7）应用了自动在线贴标技术。该技术实现了在线自动打印出入库商品信息，并完成了自动对应贴标，具有高效、准确、自动化的特点。

（8）采用了箱体在线多面读码技术。该技术可实现件箱级快速出入库扫码作业，高效准确，突破了传统出入库人工扫码作业低效、高差错的作业模式。

（9）采用了自动货物外形检测技术。该技术让入库作业更规范，同时可提前规避前置任务中存在的差错，避免安全隐患，如自动码盘或人工码盘不规整，造成上架取放易散垛风险。

（10）采用了立库托盘形变、破损自动检测技术。为提高作业效率以及立库作业安全性，防止破损、严重形变托盘进入ASRS，引入了托盘形变、破损检测设备及技术。

（11）采用了“伸缩链板机+机械手码盘”技术。应用于快速卸货环节，将车内不带板运输的原件箱快速投线后，自动传输至机械手码盘工位，可自动高效码盘作业，再入立库，实现全程高度自动化。

（12）采用了库内整车自动装卸技术。

①全自动化作业：配合自动装卸设备，单次装卸车时间可缩短至 5～10 分钟，相比于人工装卸，时间缩短了 80%～90%，人力节约 100%。

②系统智能调度：配合垛口管理模块，智能调度卸货车辆，智能提示人员作业。

③系统稳定性提高：自动化的封闭作业环境，系统安全性及稳定性高。

（13）“基于机器视觉（3D 视觉技术）+机械手混合拆码垛”技术。应用于入库收货环节，自动码盘作业，对箱型尺寸变化适应能力高，支持一定范围内不同尺寸箱型的自动混合码盘。效率可达 400 次/小时以上。

（14）拆零拣选区未来拟局部应用扩展智能柔性拣选作业站台技术——“货到机器人”模式。

该技术基于目前货到人拣选站台设计应用，可实现部分 SKU 拣选无人化作业。

（15）二楼 SPD 库及三层普耗、骨科作业区采用物流新技术——料箱机器人拣选形式。

料箱机器人在 AGV 技术的基础上增加了背负式提升机设计，仍具备 AGV 的技术特点；装备有电磁或光学等自动导引装置，能够沿规定的导引路径行驶，具有安全保护功能以及可根据系统指令在 0.3～4 米高度范围内的货架上自动存取件箱，应用中不需要驾驶员，以可充电的蓄电池作为动力来源，实现无人智能化，适合应用于库内无人、低频存取作业场景，如特药库等。一般可通过电脑或智能调度系统来控制其行进路线以及动作。

（16）应用了先进的软件信息系统。软件方面，采用领先的架构、模块化的设计、完善的功能、友好的界面、高等级的安全设计，打造智能端到端物流活动全过程管控平台，实现了信息智能化。

（17）采用了先进的软件技术及算法。采用系统应用行业领先的软件技术及算法，包括入库货位分配算法、波次划分优化算法、出库货位分配优化算法、出库路径优化算法、智能优化仿真，实现柔性智能；这些先进的物流软件技术及算法的应用，能够更智能、平稳地运行管理系统，大幅提升库内的作业效率、库容率等。

五、推广价值

对于社会层面而言，具有下述几大推广价值。

（1）政府监管更便利。通过系统对接，直接管控三方平台，轻松监控平台上企业产品的流通质量安全。

（2）行业发展更规范。借助专业的第三方物流企业，可有效提升流通行业操作的规范度。

（3）质量追溯更精准。借助第三方平台的科技力量，可以让小企业的产品流通质量追溯成为可能。

（4）产品安全有保障。通过委托专业的第三方仓储配送，使企业违规成本加大，可有效降低流通领域的质量风险。

（5）从业人员更专业。通过质量培训及咨询服务，可有效提升客户相关人员的质量意识和水平。

对于医械经销商层面而言，具有下述几大推广价值。

（1）降低经营风险。易于满足政府对器械产品追溯、合规经营的要求；集结资源提升产业链上的话语权，共享生态链的新生价值。

（2）信息化管理服务。提供进销存管理服务，企业无须另行投入资金和人力进行开发，同时无须操心软件升级、售后等问题。

（3）供应链金融服务。德荣医疗联合长沙银行推出线上融资产品——快乐e贷-医采贷，为合作的企业提供实时、低息贷款服务，解决了企业短期或临时资金缺口问题，从而缓解了企业的资金压力，降低了企业的融资成本。

（4）帮助企业节约成本。包括：①硬件成本：委托三方仓储，不涉及库房面积及运输车辆等一系列硬件设施要求带来的成本浪费。②时间成本：解决大多数政府检查问题，库房免检，不受跨区限制，简便快速，并通过上下游企业的整合，快速提升产品的出入库效率。③运营成本：降低库房人工成本，享受注册、人员技能培训、财税规划等配套的一站式管家服务，企业可将更多精力投入市场开拓中。

第四节　我国医疗器械物流市场面临挑战

一、行业物流配送环节监管趋严

医疗器械直接关系人体健康和生命安全，为确保医疗器械在物流运输途中的质量安全，国家出台了《医疗器械经营质量管理规范》等相关法规政策，旨在完善行业监管体系，规范企业行为。政策内容充分覆盖仓储管理、运输过程、终端交付等各个环节，要求建立质量管理体系，引入数字化管理工具，确保医疗器械在物流过程中的安全、有效和可追溯。细节方面，企业还需要遵循温度控制、湿度调节、防震防摔等一系列严格的规范标准，以确保医疗器械在运输过程中免受损害或变质。为适应行业监管要求，企业需投入更多资金和精力满足法规要求，同时，还需要企业具备更高的专业素养和管理能力。

二、仓储物流管理成本较高

我国医疗器械行业起步较晚，但在国家政策的引导扶持下发展迅速，并形成了一定规模。医疗器械物流配送服务为行业的发展壮大提供了有力支撑，确保了器械产品平稳高效进入终端医疗机构。然而，鉴于医疗器械高精度、高价值、高安全性的产品属性，加之行业监管规定更加全面细化，使得医疗器械物流企业需要投入大量资金建设和维护仓储设施，以满足仓储运输环节对温度、湿度等条件的要求。医疗器械种类繁多、规格各异的特点也增加了仓储管理的复杂程度，进一步拉高了管理成本。因此，如何适当降低仓储物流的成本投入是医疗器械物流市场所面临的重要挑战。

三、潜在进入者加剧行业竞争

伴随我国医疗器械工业市场规模的不断扩大，医疗器械物流行业吸引大量新进入者，目前已知医疗器械物流企业的从业企业类型有综合型社会物流企业、专业型医疗器械物流企业、医疗器械经营企业和医疗器械运输企业。伴随带量集采、“两票制”的推行，部分医疗器械经销商利润受损，业务被迫转型，从主做商流业务转型至配合生产企业、一级代理商做好物流配送服务，无形中加剧了器械物流领域的行业竞争。面对激烈的市场竞争环境，企业需要不断提高物流服务质量，加强品牌建设和市场推广，方能在市场竞争中立于不败之地，实现可持续发展。

四、专业人才缺失不利于行业长远发展

专业人才缺失是医疗器械物流领域老生常谈的话题，医疗器械物流行业作为医疗器械行业与物流行业交叉形成的物流细分行业领域，仓储调度人员既要懂得医疗器械的相关专业知识，具备一定医疗专业背景，又要了解物流配送的相关业务流程，理解药监的行业合规要求，通过日积月累的业务操作，熟练应对业务流程中的各项问题。然而成熟的业务人员需要长期的培训育成，但鉴于行业薪资、工作环境等因素的影响，从业人员流动性较大。因此，专业人才的缺失为行业的长远发展带来了不利影响。

第五节　我国医疗器械物流市场发展趋势

医疗器械物流作为医疗器械供应链中的重要环节之一，发挥着承上启下的作用，其服务能力的高低直接影响医疗器械供应链的价值与利益重构。近年来，在一系列监管措施和利好政策的影响下，医疗器械行业的物流正经历着一场巨大的变革，如何通过规范化、专业化、信息化的物流服务来提升物流服务水平、提高物流作业效率、降低物流作业成本，已成为关乎医疗器械企业生存和发展的战略问题。伴随行业监管政策体系的完善、行业技术的发展与迭代，预测未来医疗器械物流市场将呈现如下趋势。

一、高效集成

物流业是融合运输业、仓储业、货代业、信息业的复合型服务产业。物流供应链的集成化是要对供应链物流系统的功能、资源、信息、网络等要素进行统一规划、管理和评价，通过各要素间的协调与配合，统合成一个整体运行，进而实现供应链物流系统要素间的联动，达成整体优化的效果。我国医疗器械供应链依托于物流行业的整体发展，并呈现出显著的集成化趋势。近年来，我国医改政策相继实施，带量集采压缩医疗器械企业利润空间，“两票制”简化流通环节，上游生产企业降本增效，更倾向将产品配送业务委托给资源整合能力更强、网络服务能力更广、服务

效率更高的集成型服务商，以便实施集约化管理。集成化管理正在逐渐成为医疗器械供应链行业的发展趋势。

二、数字驱动

2022 年 12 月，国务院发布《“十四五”现代物流发展规划》，要求加快现代物流数字化、网络化、智慧化赋能，打造科技含量高、创新能力强的智慧物流新模式。加强数字化供应链前沿技术、基础软件、先进模式等研究与推广，探索扩大区块链技术应用，提高供应链数字化效率和安全可信水平。2023 年 2 月，中共中央、国务院印发《数字中国建设整体布局规划》，提出要促进数字经济和实体经济深度融合，以数字化驱动生产生活和治理方式变革，在医疗等重点领域加快数字技术的创新应用。在医疗器械领域，伴随带量采购、“两票制”、DRG、UDI 等多项医改政策的推行实施，传统医疗器械供应链管理模式已无法适应当前市场需求，企业需要借助数字化工具获取及时准确的供应链数据，以便提升产品供给效率和议价能力，在激烈的市场竞争中占得先机。数字化供应链将为企业提供切实的服务保障，数字化理念驱动医疗器械供应链发展已成行业大势。

三、精细化管理

精细化管理是以提高管理效率、降低成本、提升质量为目标的管理模式。在医疗器械领域，精细化管理涵盖产品研发、生产、销售、物流等多个环节。智慧供应链的应用使各环节更加紧密地连接在一起，实现了信息的实时共享和协同作业，从而提高了供应链整体的运营效率。目前，通过在医疗器械供应链领域应用精细化管理工具，产品物流配送的信息化水平得到显著提高；通过对供应链数据的收集和分析，可以更加准确地预测市场需求、生产计划和物流状况，帮助企业提前调整生产策略，减少库存积压和缺货情况，提高客户满意度。同时，通过分析供应链各环节数据，企业能够发现潜在的风险和问题，并制定相应的解决方案，以便快速响应市场变化，提高市场竞争力。未来，精细化管理模式有望逐渐满足企业个性化需求，物流配送商会根据医疗器械企业的业务模式和需求的不同，实现精细化管理方案定制化，为医疗器械行业的持续向好提供有力支持。

四、标准运营

伴随政策法规的持续更新与发布、医疗器械供应链行业的发展与成熟，各家服务商的行业经验积累、行业人才梯队的搭建，标准化运营模式已见雏形，并持续在行业中得到实践和丰富完善。政策法规方面，医疗器械物流企业需要深刻理解并落地执行行业规范，为标准化运营提供实施环境；客户服务方面，物流企业需要持续针对各家医疗器械企业提供专业服务，并在这一过程中不断归纳总结经验，形成针对各类企业的解决方案及标准化规范文件，以便灵活应对各家企业的诉求，为标准化运营提供经验范本；人才培养方面，器械物流企业应重视行业人才培养，建设人才梯队，使行业经验在人才中间流动迭代，不断丰富解决问题的方法论体系，为标准化运营提供源源不断的灵感素材。标准化运营模式有利于规范企业从业行为，快速解决客户需求，已成为行业发展的重要趋势。

五、绿色低碳

2022 年 9 月，中国政府在第 75 届联合国大会上提出“双碳”目标。长久以来，中国在环境保护方面一直面临着独特的挑战和机遇。一方面，快速的工业增长带来资源的大量消耗和环境污染问题。另一方面，中国制造业正在积极寻找解决方案，减少空气污染、土壤污染等对环境的不良影响。政府推出环保政策法规，鼓励企业采纳清洁生产技术，减少能源消耗和排放。这为医疗器械供应链产业发展提供了转型契机。根据《中国绿色物流发展报告（2023）》，物流行业是能源密集型行业，温室气体排放量显著。当前，我国物流业碳排放占全国碳排放总量的 9%左右。作为物流业的细分领域，医疗器械供应链行业还需采用先进的物流技术，践行绿色发展理念，合理规划和实施运输、储存、装卸、搬运、包装、配送、信息处理等环节的物流活动，降低对环境的影响。

医院高质量发展实践篇

YIYUAN GAOZHILING FAZHAN SHIJIAN PIAN

第八章

2023年我国公立医院医疗器械SPD市场分析

第一节　公立医院医疗器械 SPD 发展背景

一、多项政策助力 SPD 发展进入快车道

（一）集采助推医院精益化管理

伴随医用耗材带量采购的常态化推进，医用耗材利润不断压缩。在我国集中带量采购政策不断完善的基础上，国家进一步要求各地区以省及省联盟的形式加速推进带量采购工作。2023 年 3 月，国家医保局发布《国家医疗保障局办公室关于做好 2023 年医药集中采购和价格管理工作的通知》，明确要求扎实推进医用耗材集中带量采购，按照“一品一策”原则开展新批次国家组织高值医用耗材集采，聚焦心内科、骨科重点产品。同时，指导更多省份推进吻合器、超声刀等普外科耗材集采，继续探索体外诊断试剂集采，各省份至少开展 1 批省级耗材集采。伴随集采耗材的使用比例纳入医院绩效考核指标体系，未来，医疗机构将持续加强内部耗材管理，提升医务人员积极性，提高精细化运营效率。

（二）DRG/DIP 支付改革促进医疗临床管理规范化

医保支付方式改革的宗旨在于改变医疗服务提供者的激励机制，鼓励限制医疗成本并提高医疗质量，以确保医疗服务提供者的利益与公众健康水平保持一致。医保支付改革作为深化医药卫生体制改革的重点工作任务之一，近年来稳步推进。2023 年 3 月 9 日，国家医疗保障局发布了《2022 年医疗保障事业发展统计快报》，数据显示，医保支付方式改革方面，2022 年，206 个统筹地区实现 DRG/DIP 支付方式改革实际付费。实际付费地区中，按 DRG/DIP 付费的定点医疗机构达到 52%，病种覆盖范围达到 78%，按 DRG/DIP 付费的医保基金支出占统筹地区内医保基金的住院支出比例达到 77%。

（三）追溯制度强化信息化应用

作为医疗器械产业链数字化转型的要素，UDI 的实施促进了医疗器械产业链的数智升级、效能提升、智慧监管和健康发展。UDI 的落地实现了医疗器械信息流、物流、资金流的高效流转，确保耗材从上游厂商到院内存储、患者使用、计费消耗全流程可追溯，有效降低医疗器械质量风险和临床用械医疗安全风险。应用 UDI 可加强医疗器械消耗使用的透明度，有助于医院从粗放式管理过渡到精细化管理，防

止院内“跑冒滴漏”，实现降本增效。

（四）公立医院高质量发展不断升级

公立医院是我国医疗卫生事业的重要组成部分，公立医院高质量发展重点围绕关注医疗水平、强化功能定位、体现技术价值、突出以人为本、保障持续发展等方面。2023 年 5 月，国家卫生健康委发布《国家三级公立医院绩效考核操作手册（2023 版）》，与 2022 版相比，新版手册修订内容主要涉及 29 个指标。其中，全面预算要求具有全额、全程、全员等特点，主要管理流程包含预算编制、预算执行、预算考评等 3 个阶段。SPD 作为降本增效的数字化管理模式，可以帮助医院在前期进行准确的预算编制，中期按照既定标准严格执行预算，协助医院取得良好的考评效果。2023 年 7 月，国家卫生健康委等 6 部门联合印发《深化医药卫生体制改革 2023 年下半年重点工作任务》，指出加快推进公立医院高质量发展，开展公立医院高质量发展评价和促进行动。

（五）现代化管理价值逐步受到重视

新医改不断深化，DRG/DIP 医保支付方式改革全面推进，公立医院迎来新一轮绩效考核，在政策与市场的双重驱动下，现代化、精细化管理价值得到逐步体现，推动医院加快了现代化管理和建设。2022 年 4 月，国家卫生健康委联合国家中医药局发布《关于在全国范围内持续开展“公立医疗机构经济管理年”活动的通知》，要求加快健全公立医院运营管理体系，逐步建成组织保障健全、运营职责明晰、资源配置科学、业务流程高效、数据集成整合、业财深度融合的公立医院运营管理体系。2022 年 6 月，国家卫生健康委医院管理研究所发布《关于 2022 医学工程研究项目申报工作的通知》，将医用耗材 SPD 精细化管理模式研究作为单独模块纳入申报题目，明确开展医用耗材全流程精细化管理标准体系研究、体外诊断试剂供应链全过程管理模型和优化研究、医用耗材 SPD 数据质量与安全监督管理体系研究、医用耗材精细化管理信息化成熟度模型、基于病种的医用耗材评价与结构优化。SPD 模式对于医院现代化管理的价值得以逐步凸显。

（六）技术推动医院智慧化建设

近年来，国家不断加大对医院智慧化建设的投入，加速布局数字化基础设施和打造数字化产业生态，加强智慧医院建设的顶层设计，充分利用智慧管理工具，提升医院管理精细化、智能化水平。医院智慧管理是“三位一体”智慧医院建设的重要组成部分。智慧临床是医院通过数字化升级，建立一系列的数字化系统，构建临床数据中心（CDR）和临床决策支持系统（CDSS），提高医疗质量、降低医疗成本，实现医疗智慧化。未来，以高效协同、流程规范、数据服务为主要标志的“医院数字化建设”进程将不断加快。

（七）合规推动 SPD 模式发展

2023 年 5 月，国家卫生健康委等 14 部门联合印发《2023 年纠正医药购销领域和医疗服务中不正之风要点》，要求针对医疗行业管理组织中存在的违规操作、医药产品销售采购乱象以及医保基金监督管理问题等医药领域的突出腐败问题进行查处。2023 年 7 月，国家卫生健康委等 6 部门联合发布《深化医药卫生体制改革 2023 年下半年重点工作任务》，提出要持续加强行风建设，推进全国医药领域腐败问题治理长效机制建设，进一步净化行业风气。SPD 系统可提供医用耗材流通全过程的可追溯管理，提高透明度，加强合规性，被视为解决医疗腐败问题的有效途径。通过实时追踪医用耗材的流向和库存情况，SPD 系统建立了一份明晰的记录，便于政府监管部门全程监督。随着此轮医疗整顿的持续进行，有望推动医院提高医疗器械供应链管理水平。

二、医院传统管理模式挑战

（一）财务压力增大

医院传统医用物资管理模式存在低效、操作不规范等问题，包括废弃物数量多、库存挤压、产品浪费、过度医疗等问题。医用耗材加成取消后，医院的收入显著下降，增加了财务压力。控费趋势下，医院积极采取措施，实施全面成本管理，重新设计传统供应链的管理模式，提高运营效率、降低管理成本。

（二）管理难度较大

医疗器械品类品规繁多、准入规则不同、医院科室多、使用量大、供应商服务质量参差不齐等问题，为医院管理带来困难，传统供应链管理模式下容易存在“跑冒滴漏”等问题。而医院采购、贮存、使用等环节的信息系统相对独立，难以实现与供应商的高效互动，使得医院和供应商在订单、配送、对账结算等各环节都要耗费大量精力。医用耗材的管理涉及多个环节和部门，从采购计划编制到供应商交货，再到库房验收入库和科室领用，最终由财务部门进行收支核算、绩效部门进行成本核算及绩效考核。各环节看似衔接紧密，实际存在责任分配不清等情况。

（三）合规风险较高

传统医院管理模式下的整体物资管理较为混乱，监管难度较大。信息系统方面，由于医院信息系统（HIS）、医院综合运营管理系统（HRP）以及病案系统等相对独立，易出现耗材出库与计费不一致的情况。高值耗材的采购来源和使用去向难以高效追溯，无法满足医保和市场监管部门对耗材进销存管理的要求。证照档案管理方面，由于医院医用耗材供应商众多，传统人工管理证照模式无法及时做到证照到期等实时提醒和更新，供应商的纸质档案管理也较为困难。医疗器械产品管理方面，手工录入信息的传统模式容易出现验收、及时记录等环节的缺失，导致医院医疗器械产品管理存在质量难以监管追溯的问题，医保药监等检查合规风险较高。

（四）库存压力较大

传统医疗耗材管理模式存在采购效率低、管理方式粗放等问题。此外，在医疗过程中存在医用耗材使用随意、浪费严重的现象，为防止短缺，传统的医用耗材采购计划往往依据经验预估，存在库存大量积压现象。医院的库存量不断攀升，耗材积压严重。医用耗材入库进医院即占用医院资金，出库到科室即消耗，因此无法科学地管理医院一级库和科室二级库的库存，更无法合理控制医院医用耗材支出，这使得医院资金无法灵活运用。同时，缓慢的采购供应速度也增加了医疗机构的耗材供应压力，在长时间的领货周期下，医院人员不得不应对紧张的情况，这不仅影响了医院的效率，还可能影响患者的医疗救治效果。

（五）专业人员紧缺

临床科室传统的请领模式需要不断对医用耗材进行盘点，一般由内部医护人员管理医用耗材的采购、库存管理和配送等工作，此举占用了医护人员的大量时间，医护人员既要承担医用耗材的部分管理工作还要开展本职医护工作，不仅加重了医护人员的工作负担，还可能出现医用耗材积压、流转不畅，甚至断供、过期等问题，影响临床一线服务效率。同时，设备科等科室服务于多个临床科室，工作需要耗费大量的时间、人力，整体效率较低且差错多，随着耗材加成取消，医院耗材管理的所有投入将无法直接创造经济价值，反而会成为成本中心，因此，更需要由专业的管理人员对医院进行精益化管理。

（六）数智化转型势在必行

数字化转型是公立医院实现高质量发展的关键要素。目前，国内大多数医院在医疗器械管理方面的信息化水平相对较低。物资系统、财务系统、计费系统等管理系统之间的互通互联尚未完全实现。医院缺乏适用于与供应商进行业务处理的信息平台，采购订单的传递主要依赖电话或短信等传统方式。医疗器械的库存管理信息化程度相对有限，缺乏对医疗器械实时追溯的能力。伴随信息技术的不断普及和发展，医院的物流管理正朝着信息化方向发展。

三、SPD 管理优势

（一）降低医院运营成本

SPD 管理模式通过信息平台和智能设备协同，提高了医疗器械物流供应智能化和自动化，降低了成本，实现了“零库存”运营，强化了医院内控体系。这种模式改变了收入结构，可通过主动送货、自动化流程等功能，提高工作效率，降低成本和医用耗材损耗。此外，也改进了成本核算，有效减少了库存和损耗成本，提高了医院的经济利润空间。SPD 模式通过消耗后结算方式，还减少了科室成本高的问题，实现了医用耗材的精细化结算。这种模式的应用能有效降低医院的运营成本，提高工作效率，减少错误操作，并降低库存和物资损耗。

（二）提升管理精度

SPD 运营管理采用信息化手段有效管理证照，根据耗材使用的相关管理规定，设置有效期限的自动预警，实现电子化、智能化管理，保障医用耗材的使用安全。而且通过标准化管理和智能布局规划，提高了医疗器械仓储空间的利用效率，此外，通过统一耗材名称和建立商品字典，消除了名称混乱的问题，促进了信息的规范化和一致性，使得管理的精度从商品级和批次提升到标签级和最小使用单位。各院区内系统的统一监测、控制和管理实现了信息联动，减少了人工干预，实现了精准、自动化管理，杜绝了费用错收、漏收和多收等问题。

（三）提高决策效率

SPD 管理模式的价值在于规范医用耗材的全流程管控，减轻管理人员工作量，降低运行成本，堵塞收费漏洞，提高管理的精度。医院在综合分析 SPD 运营数据的基础上，在采购、使用等环节联合精准发力，保持耗占比合理。通过 SPD 运营监控中心，多维度、深层次、可视化的数据信息实现医疗器械运行的全程监控，有助于实时决策、精细化管理，提高耗材管理的准确性和反应速度。此外，预警机制的设立，不论是在一级库房还是二级库房，都能有效预见库存材料的数量上限和下限，为制订合理的采购计划提供参数，进一步增强了医用耗材管理的准确性和效率。通过这一综合体系，医院可以依赖院区运行数据，制定科学化的运营策略，实现精确决策的目标。

（四）服务专业化

SPD 管理模式的核心价值在于提供专业化的服务，依托专业的运营服务团队和信息化平台，实现医用耗材的全流程规范管控，提高工作效率、降低人力成本，同时降低错误发生的风险。传统管理模式是由采购人员和供应商对接，随后制定一系列咨询、议价以及采购等方案，即为“一对多”工作模式，货源较多，存在较多的人员交叉作业，医用耗材采购工作中也容易出现产品质量不佳、追责难度大等问题。与传统模式相比，SPD 模式由专业采购团队直接管理供应链，减少了人员间的交叉工作，提高了工作质量和安全性，进一步降低了损耗。此外，SPD 模式还采用规范的耗材分类方法，提高了管理的精确性，同时，数字化驱动提供了数据支持，可帮助医院科学制定决策方案。

（五）信息互联互通

SPD 平台的建设进一步推动了供应链全流程信息的互联互通，通过数据共享降低了沟通成本，提高了工作效率。SPD 将生产企业、流通企业、医院等多方供应链进行紧密串联，建立了贯穿全业务的流程体系，实现了从采购、配送、验收、入库、仓储到临床使用等各个环节的信息一体化协同，使医院的供应链管理变得高效，有力推动了医院物资管理的自动、高效、透明。此外，SPD 模式在院内外协同、运营临床协同以及软硬件协同方面都取得了明显的成果，提高了医院的运营效率和安全性，促进了医疗服务水平的不断提升。

（六）全流程可追溯

在 SPD 模式下，高值耗材从验收入库时开始“一物一码”管理，做到高值耗材、使用科室、患者一一对应，入库、领用、消耗均有记录，真正做到了高值耗材全流程追溯。此外，SPD 系统还提高了产品信息的透明度，确保产品在全程可追溯，维护了使用者的安全和切身利益。在植入性医疗器械召回事件发生时，相关监管部门可以根据器械条码所录入的信息，通过系统实现对器械的生产商、经销商、医疗机构和患者的追溯，监控器械物流每个环节。反之，患者也能够通过器械的条码查询器械信息，通过系统向监管部门反映器械的情况。

第二节　公立医院医疗器械 SPD 发展现状

目前，精细化、智慧化的现代管理已成为公立医院高质量发展的关键要素，SPD 服务模式作为有效抓手，已被越来越多的医疗机构广泛应用。据中物联医疗器械供应链分会的不完全统计，截至 2023 年三季度末，共收集了 784 家医疗器械 SPD 项目信息，主要呈现以下发展特点。

（一）2022 年前三季度新增近百家医院公开招标 SPD 项目

据分会不完全统计，仅 2023 年前三季度，全国共新增近百家医院公开招标 SPD 项目。从时间维度分析，2023 年前三季度中，第三季度新上线项目最多，占比为 46%（见图 8-1）；从地域分布分析，山东、四川、湖北、江苏四个省份医疗机构项目招标最多。此外，有近 200 条关于 SPD 运营商、软件、硬件、人力等相关信息公开招标。预计截至 2023 年前三季度，我国开展医疗器械 SPD 项目的医疗机构约有 1500 家。

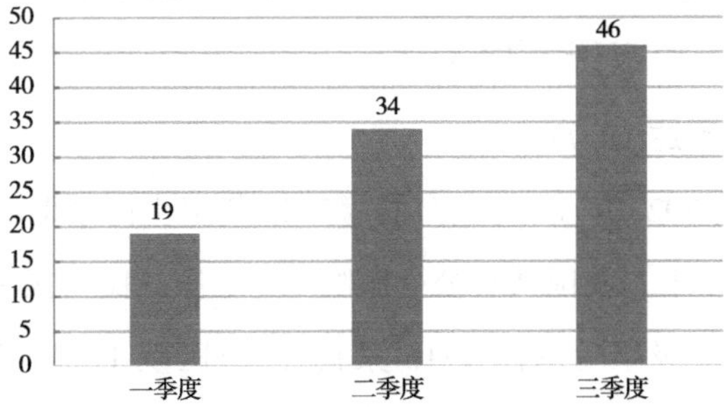

图 8-1　2023 年前三季度部分医院关于季度统计（%）

数据来源：中物联医疗器械供应链分会整理。

（二）以三级综合医院为主

在开展医疗器械 SPD 项目的 784 家医疗机构中，三级医院占比为 75%（见图8-2），较上年下降 1 个百分点，其中三甲医院所占比例高达 60%，较上年下降 3 个百分点，可见，SPD 服务模式得到我国医疗机构普遍认同。三级以下医疗机构开展项目比例增多。此外，医院类别主要以综合性医院为主，占比达 86%，专科医院覆盖较少，且主要以妇幼医院和肿瘤医院为主（见图 8-3）。

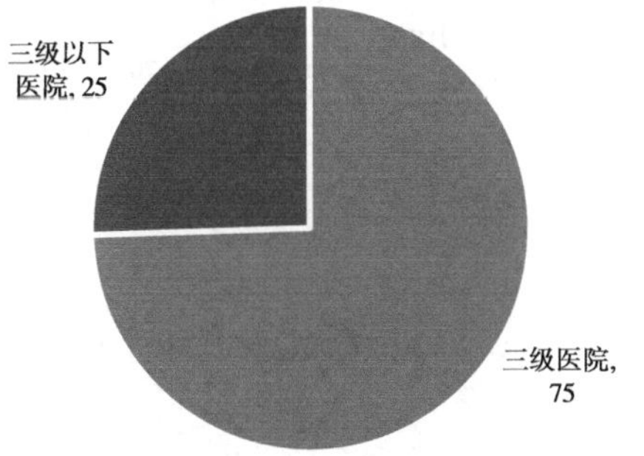

图 8-2　截至 2023 年三季度末 SPD 项目在不同等级医院分布情况（%）

数据来源：中物联医疗器械供应链分会整理。

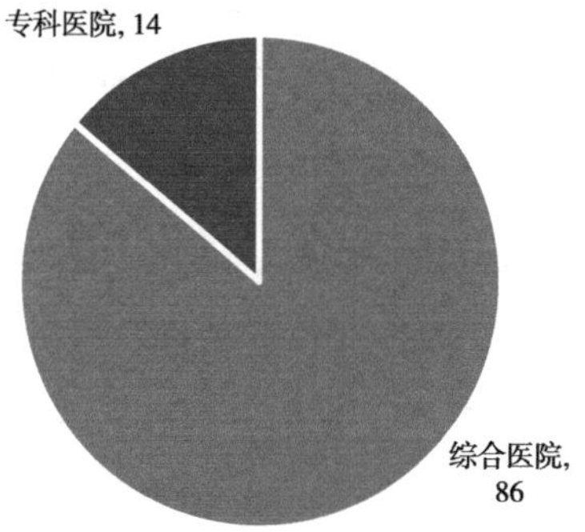

图 8-3 截至 2023 年三季度末 SPD 项目在不同类别医院分布情况（%）

数据来源：中物联医疗器械供应链分会整理。

（三）整体渗透率达 12.77%

国家卫生健康委 2023 年 10 月发布的《2022 年卫生健康事业发展统计公报》数据显示，截至 2022 年末，我国共有公立医院 11746 家，民营医院 25230 家。三级医院 3523 家（其中：三级甲等医院 1716 家），二级医院 11145 家，一级医院 12815 家，未定级医院 9493 家。按照公立医院市场存量推算，目前我国医疗器械 SPD 项目在全国公立医院的渗透率达 12.77%，未来，医疗器械 SPD 市场发展空间巨大。

（四）近四年开展项目占比达 80%

分会统计信息显示，我国 SPD 项目近四年处于高速发展期，2020—2023 年前三季度，中标的 SPD 项目占比约为 80%（见图 8-4）。其中，2020 年中标的 SPD 项目最多，在近四年中标的 SPD 项目中占比为 45%，2023 年前三季度中标的 SPD 项目占比为 21%（见图 8-5），由于医疗反腐的大力开展，部分医院对于 SPD 项目处于观望态度。

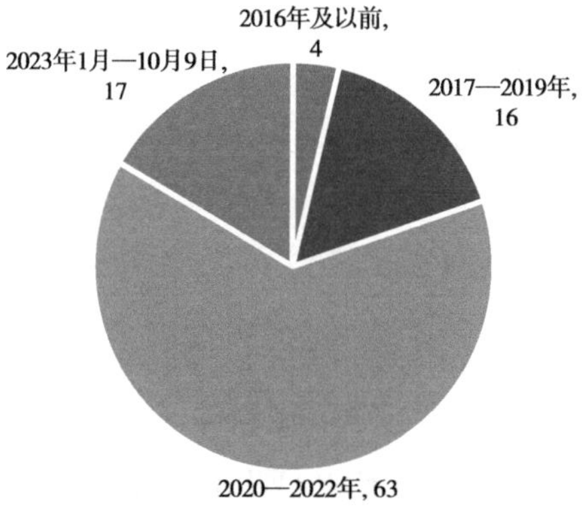

图 8-4 截至 2023 年 10 月 9 日 SPD 项目中标时间占比（%）

数据来源：中物联医疗器械供应链分会整理。

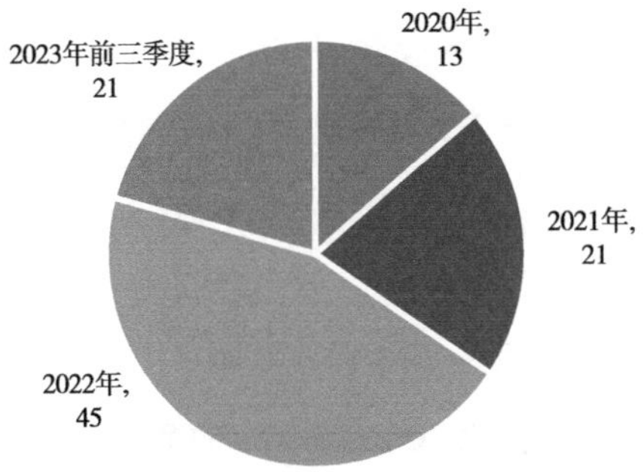

图 8-5 近四年 SPD 项目中标时间占比（%）

数据来源：中物联医疗器械供应链分会整理。

(五) SPD 项目逐步实现全品类覆盖

从项目管理品类维度分析，医用耗材管理及 IVD 产品管理覆盖率基本持平，在 2020—2022 年占有率最高，达 56%（见图 8-6）。而近四年中，2022 年医用耗材管理及 IVD 产品管理占有率最高，达 83%；2020 年仅管理医用耗材（高值、低值）与仅管理 IVD 占有率最高，分别为 67%与 33%（见图 8-7）。可见，自 2021 年起，比起单独的医用耗材或 IVD 产品，医院更重视全品类 SPD 管理。

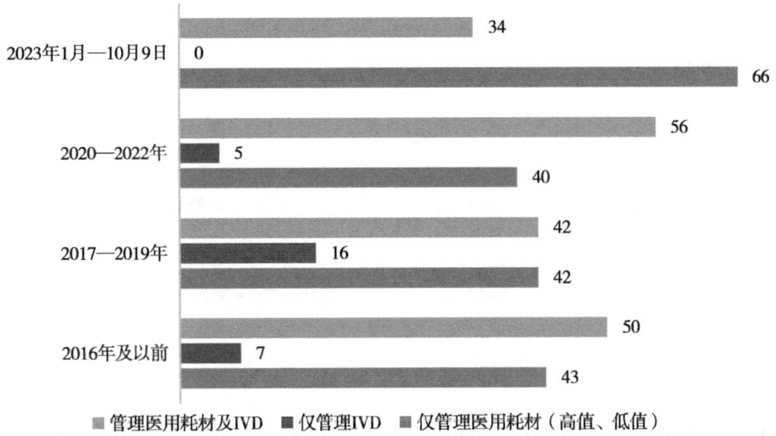

图 8-6 截至 2023 年三季度末医用耗材管理及 IVD 产品管理覆盖率（%）

数据来源：中物联医疗器械供应链分会整理。

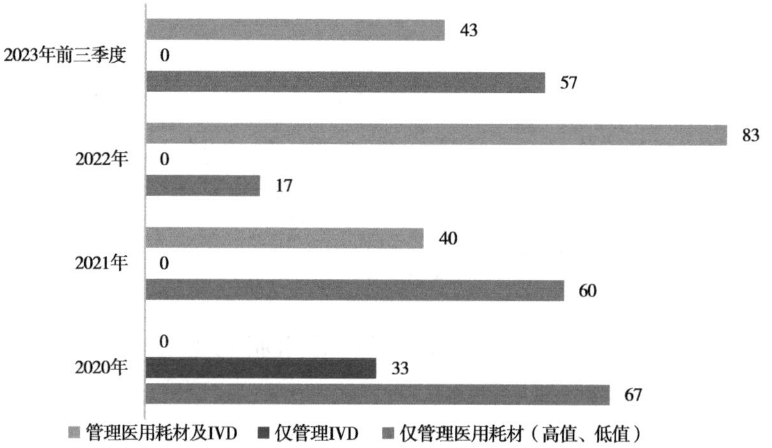

图 8-7 近四年医用耗材管理及 IVD 产品管理覆盖率（%）

数据来源：中物联医疗器械供应链分会整理。

（六）年采购规模集中于 1 亿 ~10 亿元

分会统计的 SPD 项目信息显示，部分项目医院医用耗材及 IVD 年采购规模最高达 20 亿元，最低仅 10 万元。其中，51%的项目医院年采购规模在 1 亿元至 10 亿元（含）之间，38%的项目医院年采购规模在 1000 万至 1 亿元（含）之间（见图 8-8）。

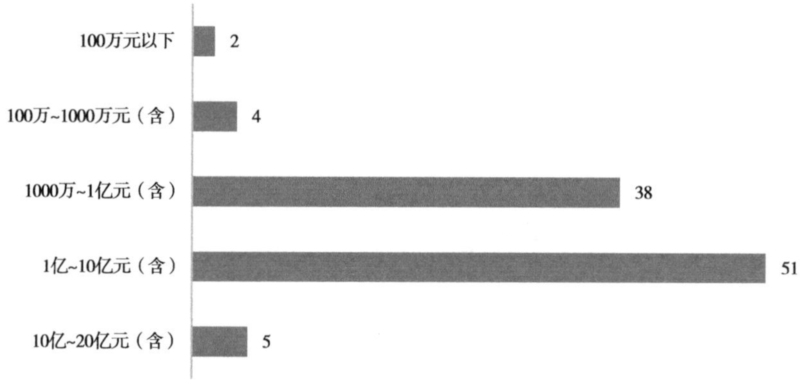

图 8-8 截至 2023 年三季度末部分项目医院医用耗材及 IVD 年采购量占比情况（%）

数据来源：中物联医疗器械供应链分会整理。

（七）沿海地区发展较快

分会统计的 SPD 项目信息显示，我国 SPD 项目主要集中于沿海地区，上海、山东、广东、江苏发展速度最快，数量占比高达整个市场的 48%。其中，上海市实施医疗器械 SPD 项目的医院共 127 家，位居全国第一；山东省共 111 家，排名第二；广东省与江苏省分别以 96 家和 55 家位列第三、第四；其次为湖南省（36 家）、浙江省（35 家）、广西壮族自治区（34 家）、湖北省（31 家）、北京市（30 家）、安徽省（27 家）（见图 8-9）。

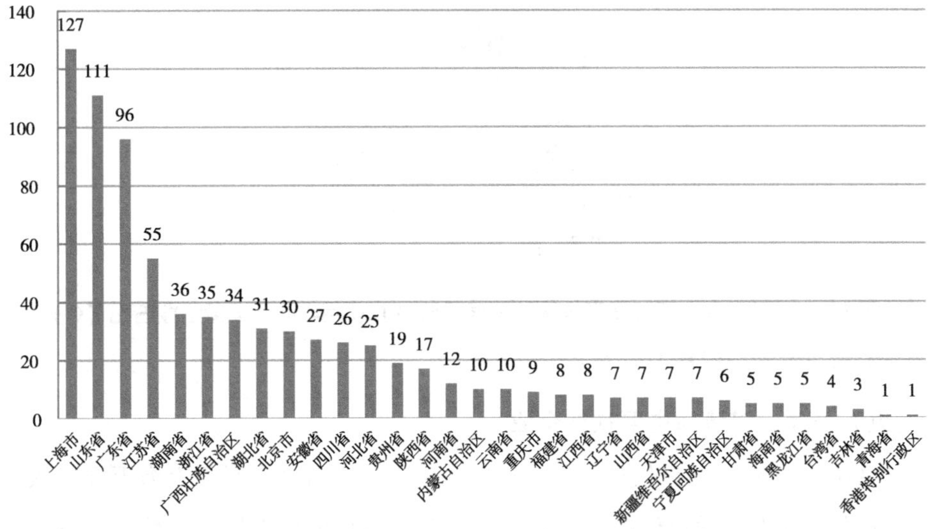

图 8-9 截至 2023 年三季度末统计项目中各省份实施 SPD 项目医院数量（家）

数据来源：中物联医疗器械供应链分会整理。

（八）运营商以商业企业为主

目前，医院 SPD 项目运营主要以第三方运营服务企业为主。主要分为两类：第一类是由医疗器械商业企业主导，为医院提供 SPD 运营管理服务；第二类是由 SPD 软件或硬件企业为主导，直接向医院提供 SPD 运营管理服务。

分会统计的 SPD 项目信息显示，截至 2023 年三季度末，96%的 SPD 项目由医疗器械商业企业作为运营商（见图 8-10）。其中，医疗器械商业企业以全国性商业企业和地方区域龙头企业为主（见图 8-11）。

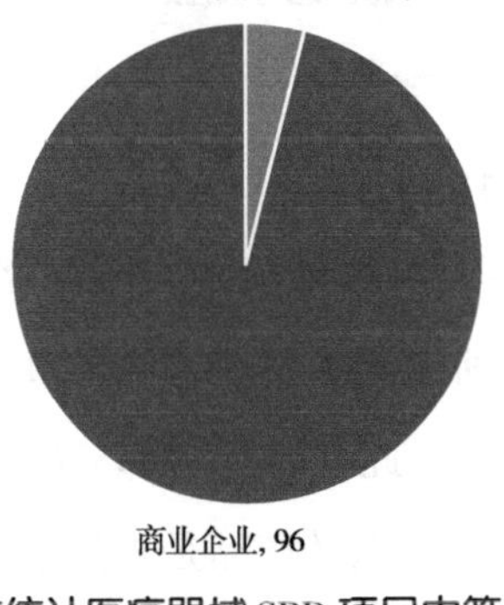

图 8-10 截至 2023 年三季度末统计医疗器械 SPD 项目中第三方运营主导方类型占比（%）

数据来源：中物联医疗器械供应链分会整理。

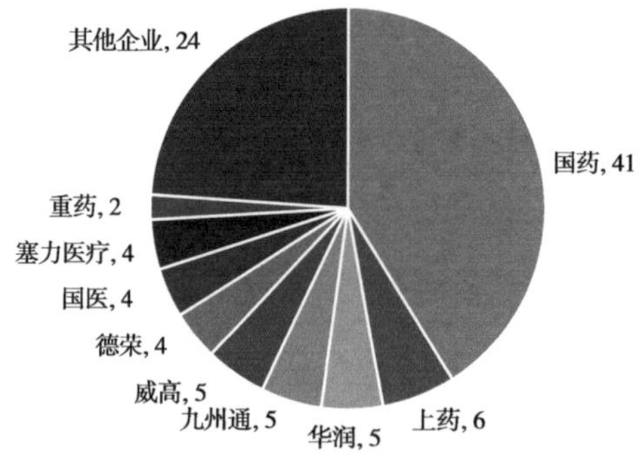

图 8-11　截至 2023 年三季度末统计医疗器械 SPD 项目中典型运营企业占比（%）

数据来源：中物联医疗器械供应链分会整理。

（九）万序、诺博为主要软件企业

分会统计的 SPD 项目信息显示，14%的医疗器械 SPD 项目由上海万序健康科技有限公司作为主要软件提供商，12%的医疗器械 SPD 项目由深圳诺博医疗科技有限公司作为主要软件提供商（见图 8-12）。值得注意的是，随着医疗器械 SPD 市场的逐步成熟，很多商业企业运营商已经开始内部研发软件并加以使用。

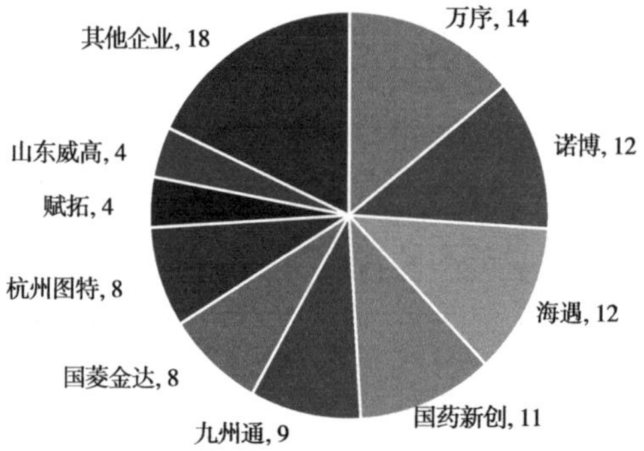

图 8-12　截至 2023 年三季度末统计医疗器械 SPD 项目中典型软件企业占比（%）

数据来源：中物联医疗器械供应链分会整理。

（十）服务费费率仍集中于 1%~3%

公开招标信息以及分会不完全调研显示，医疗器械 SPD 服务费率基于不同区域、不同项目规模特点等均有所差异。整体来说，市场上医疗器械 SPD 服务费率主要集中在 1%~3%（见图 8-13）。此外，已有部分项目根据不同的产品品类（高值耗材、低值耗材、体外诊断试剂）以及产品是否为集采产品而收取了不同的 SPD 服务费率。

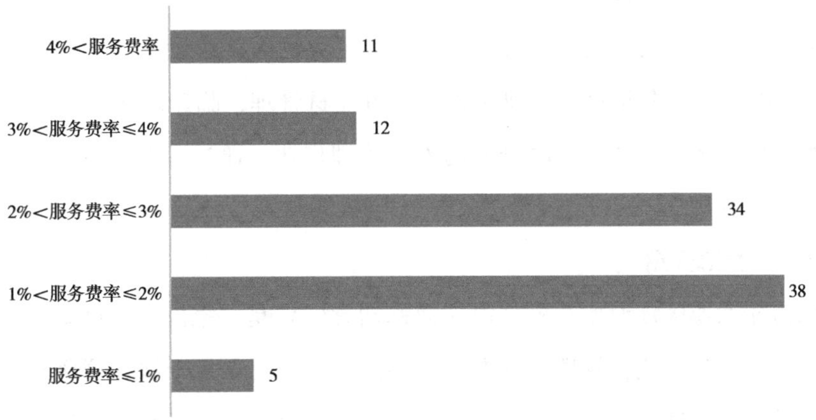

图8-13　截至2023年三季度末部分医院SPD项目服务费率占比（%）

数据来源：中物联医疗器械供应链分会

（十一）部分医院选择更换运营商

公开招标信息以及分会不完全调研显示，有少部分医院在项目到期后选择更换运营商，即使更换运营商会增加医院的时间成本、沟通成本等。因此，SPD服务企业需要不断改进提升SPD项目服务方案，与院方多沟通，提升项目整体服务质量。

第三节　SPD项目典型案例分析

一、基于SPD模式下的耗材无人超市（智能耗材屋）的应用与成效

（一）案例背景

新疆维吾尔自治区人民医院始建于1934年，是一所集医疗、教学、科研、预防、保健和社区卫生服务为一体的大型综合性三级甲等医院。该医院名列全国十大省立医院，连续6年荣获国家卫生健康委“全国进一步改善医疗服务示范医院”；连续7年入榜“中国医院竞争力·顶级100强”，排名78位；名列智慧医院HIC全国第7名；2020年度在中国医院影响力排行榜中名列全国49名、西北地区第3名。

在新医改政策及人民群众对高质量医疗服务的期盼下，医院亟须改变现有医用耗材管理模式，提高对于高值医用耗材的管理水平，减少人力、物力和财力的消耗，

为广大患者提供更加优质的医疗服务。

在此背景下，瑞意博协助新疆维吾尔自治区人民医院建设了高值耗材“智选无人超市”，开启了新的智能化管理模式，规范耗材管理、临床取用，保证了医用耗材及时准确的出入库作业和实时透明的库存管理作业。通过智能耗材屋建设，推进了耗材的精准管理。

（二）瑞意博介绍

深圳市瑞意博医疗设备有限公司（简称瑞意博）是一家以科技创新为核心竞争力的智慧医院药品与耗材管理解决方案提供商。该公司立足于深圳这座现代化的科技创新之城，秉承诚信、创新、协作的发展理念，致力于通过智能化技术手段提升医院药品及耗材管理的效率和精度。

该公司是国家高新技术企业、国家鼓励的软件企业、广东省“专精特新”中小企业；先后获得医疗器械供应链美鼎奖、2023 中国医疗器械 SPD 智能存储设备十家重点企业称号。

（三）应用方案介绍

随着现代医学的飞速发展，临床科室使用的耗材规格、种类越来越复杂，耗材数量日益增长，耗材管理难度也在不断攀升。传统简单的手工管理模式，不仅需要大量的人力、时间和精力，而且还容易存在数据不准确、保存不完整的情况，以及管理效率低下等问题。

高值耗材“智选无人超市”在不改变医院现有库房的前提下，根据医院科室实际情况，定制化地规划医院高值耗材管理方案，建立起更加完善、高效的管理体系，提升了管理效率与准确性，实现了优化资源配置与成本控制，强化了安全与质量控制，从而提升了患者的满意度与医院形象。

1. 应用流程设计

（1）补货。耗材配送人员根据配送计划，将耗材配送至智能耗材屋进行按单补货，智能耗材屋自动记录上架单号、数量、名称、型号、品牌、规格、效期、批号等信息，并将数据同步至云平台实时更新库存信息（见图 8-14）。

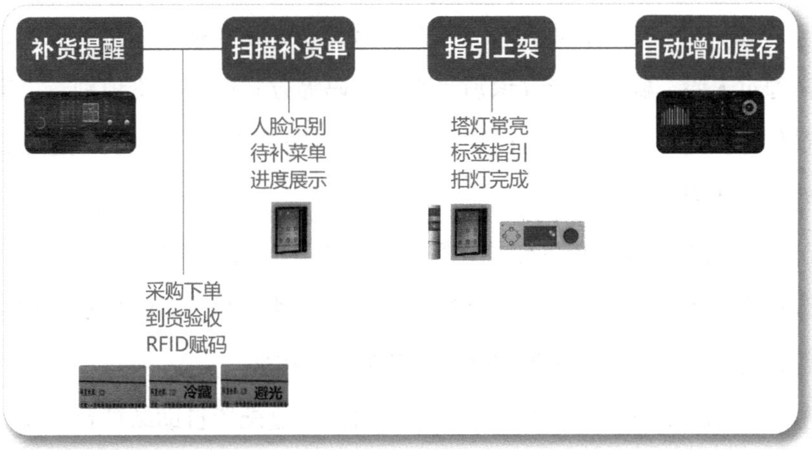

图 8-14 补货流程

（2）领用。医护人员进行身份识别后进入智能耗材屋，选择耗材后系统进行智能指引取用耗材，完成领用后通过自助结算台自动记录取用人及取用耗材数量、型号、规格、品牌等信息（见图 8-15）。

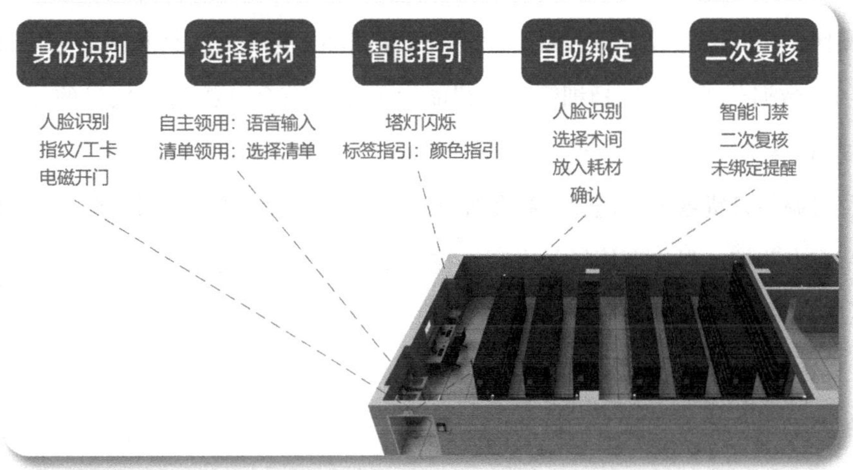

图 8-15　领用流程

2. **方案特点**

（1）全程可视化，有效释放人力。“智选无人超市（智能耗材屋）”将人工记录管理模式进行升级，采用智能识别技术，自动读取高值医用耗材包装上的标签，记录规格型号、生产批号、有效期、产品名称等重要信息，实现高值医用耗材信息可追溯的目标。同时实现批量识别、自动领取及退回等管理目标，省去了传统库房管理模式下请领及退还耗材逐个扫描清点的环节，减少了人为操作，释放了人力。

（2）多重验证，全方位确保耗材安全。智能耗材屋配备智能门禁系统，医护人员进出需通过人脸、刷卡、指纹识别、账号密码等方式进行身份识别，可准确记录出入人员信息，同时，还可主动识别耗材领用，实现库房 24 小时无人值守式快速耗材领用登记、还回。

（3）智能指引，快速获取储位。智能耗材屋内设有智能货架，配备储位指引，当医护人员进入屋内领用耗材时，储位指引灯会自动亮起，清晰指示耗材位置、领用路径等，为医护人员提供更加便捷、高效的领用体验。

（4）自助结算，快速出库登记。智能耗材屋通过配置自助结算台，能够准确识别耗材的种类、数量及关键信息。医护人员在领用耗材时，只需将耗材放置在结算台上，系统即可自动完成识别，并将相关信息同步至数据库，后台则能自助完成领用登记、库存更新，为医护人员提供极大便利。

（5）增强追溯效能，防止计费遗漏。高值耗材通常价格较高，智能耗材屋通过与 SPD 系统对接绑定患者手术信息。取出耗材可与患者、操作人进行追溯关联，记录操作流水以及科室领用记录，通过对各项数据的管理，达到耗材在各流转节点的留痕操作，使高值耗材自领用到收费形成完整闭环，避免发生计费漏费等现象。

（6）数据分析，实现精细管理。智能耗材屋可整合分析高值耗材的使用数据，对医院高值耗材管理提供数据支持，管理人员可根据所提供的数据分析制订需求计划，及时调整订货数量，避免货物积压风险；同时通过分析使用数据，可对重点耗材进行重点监控，强化高值耗材宏观调控，规范高值耗材使用。

（四）方案成效

1. 按需申领，减少库存积压

医院根据实际需求进行耗材的申领和补充，有助于实现耗材的精准控制，确保耗材的采购量与使用量保持动态平衡。通过定期评估耗材消耗情况和库存水平，医疗机构可以制订合理的采购计划，避免过度采购导致的库存积压，进而提高医用耗材周转率。

2. 提高工作效率，提升服务质量

智能耗材屋结合智慧医疗与智慧仓储的技术与经验，实现了耗材领用可视化、高效化，可对接 SPD，做到无压力盘点、精准补货、便捷领用，减少医院、供应商、运营商的人力资源成本。将医护人员还给患者，最终提升了医院的服务质量。

3. **全程追溯管理，增加使用透明度**

通过“身份识别”卡，为每个高值医用耗材赋予独特身份信息，形成从采购、入库，到出库、使用、计费的全过程追踪管理。这种管理透明度的提升，不仅增强了患者对医疗服务的信任感，也为医疗机构提供了更加准确的数据支持，便于进行质量控制与风险管理。

（五）项目价值

智能耗材屋作为医疗机构物资管理的重要工具，在提升运营效率和服务质量方面发挥着关键作用。通过信息化手段对物资进行精细化管理，实时记录物资的使用情况、库存数量等信息，可为医疗机构提供准确的决策支持。

通过优化物资管理流程，医护人员可以更加专注于患者的诊疗工作，提高诊疗效率和质量。同时，由于物资管理效率的提高和服务质量的改善，医疗机构能够更快速地响应患者的需求，提供更优质的医疗服务。这不仅能够减少患者的等待时间，提高就医体验，还能够增强患者对医疗机构的信任感和忠诚度。

瑞意博通过多年在 SPD 方面的技术积累和创新经验，已在全国范围内为众多医院提供卓越的医用耗材管理服务，在业内获得了广泛认可和赞誉。同时，瑞意博积极参与国家和行业的标准化工作，推动 SPD 管理的规范化和统一化，为行业健康发展作出了积极贡献。

第四节　公立医院医疗器械 SPD 市场面临的挑战

一、缺乏统一标准

相较国际领域，我国 SPD 事业起步较晚，但近年发展迅速。整体而言，我国 SPD 管理模式尚处在发展初期，行业从业者各自独立、合作模式不一，SPD 运营商的服务水平参差不齐，软硬件设备及运营管理方面缺乏统一标准，更有企业跨界进入 SPD 领域发展，行业尚未建立统一标准。然而，合规和标准化对于任何行业和项目都至关重要，SPD 市场也不例外。只有在拥有统一标准的基础上，SPD 领域的进一步发展才能更加稳健和高效。

二、医院需求多样化

目前，我国 SPD 市场上的大多数运营商提供相似的服务，导致 SPD 供应链管理面临同质化竞争的挑战。每家医院都有独特的医用耗材管理方式、需求、目标和软硬件基础，因此，运营商难以迅速满足各医院多样化的个性化需求。此外，如果前期项目实施过程中涉及流程改进的沟通不足，则会导致项目进展受到阻碍。未来，需要提供更符合医院特定需求的解决方案，涵盖医用器械管理、运营管理、绩效管理、物流配送信息化等各方面，以协助医院提高管理水平。

三、成本投入较高

SPD 项目的实施成本投入较高，涵盖了软硬件设备和长期的人力资源等。随着带量采购政策实施，运营商的压力增加。而 SPD 项目实施周期较长，在医改控费政策推动下，企业对资金的需求逐渐增加，项目门槛逐步提高，运营商收取服务费较低，且难以准时收取，带来了一定的资金压力。面对不断挤压的利润空间，如何确保运营商的可持续发展并不断提升服务质量，如何实现医院的业务流程信息化和标准化，已经成为 SPD 运营商所面临的巨大挑战。

四、信息安全问题

SPD 管理模式主要以信息化、智能化为核心，需要与医院的医院信息系统（HIS）、实验室信息管理系统（LIS）、企业资源计划（ERP）等系统对接，以便运维管理。然而，医院数字化建设、运营系统整合也会为医院数据带来信息安全问题。系统间的信息化差异、设备传输过程中的潜在风险以及人为错误可能会对信息系统的正常运作和医院的临床工作产生严重影响。因此，强化医院信息系统的安全建设显得尤为关键。

五、权责划分不清

医院引入 SPD 模式后，耗材管理涉及医院、SPD 配送商、耗材供应商等多个主体，同时也涉及耗材管理部门、使用部门间的紧密协作。而多主体部门参与工作往往会导致责权不清的问题。耗材管理部门从烦琐的采购和验收工作中解脱出来，可能会出现怠工、对 SPD 配送商过于依赖等情况，使得责任边界模糊不清。在这种情况下，医院内部清晰的责权划分显得至关重要。目前医院内部管理还存在漏洞，如耗材质量问题的责任归属、监管监督不明晰，以及处理近期耗材成本等。

第五节　公立医院医疗器械 SPD 发展趋势

一、规范化

据分会不完全统计，截至 2023 年三季度末，我国共发布 52 项公立医院改革相关政策。省市方面，多地实施相关举措助力 SPD 实施。目前，SPD 服务模式已经开始逐步从政策层面推进发展，在医保支付改革的政策背景下，坚持质量管理体系要求，持续合规化、标准化 SPD 医疗供应链，公立医院医疗器械 SPD 渗透率有望逐步提高，标准化的服务模式、运营管理、操作规范将进一步加快，助推行业规范化、规模化发展。SPD 运营商要加强物资管理，制订合理的采购计划和库存控制策略，保证医院物资供应的持续性和可靠性，并落实冷链物流管理，确保体外诊断试剂等高值易变质物品的运输和储存质量，规避医疗风险。

二、数智化

SPD 管理模式以信息系统为核心，作为现代医院管理的关键工具，与公立医院的质量提升需求相契合。医院通过全链条信息化管理操作，以简化流程、减轻人力负担、提高工作效率等方式，达到了更高效的管理效果。未来，SPD 将更侧重数智化运营，依赖数字化信息、智能化场景和物联网信息化工具，不断升级智能硬件，加强多维度的物联网信息应用，推动医院智慧化管理。通过数字化大数据分析，实现更精准地决策，提供专业化服务，推动“线上线下+院内院外”的多方融合发展，构建高质量供应链数智生态系统。

三、高效化

在医院环境中，物流要求迅速且高效，以确保各种耗材、试剂、设备等物资的采购、储存、配送和清点工作能够顺利完成。这有助于保障全院物资供应的及时性和准确性，从而确保医务人员和患者在需要时能够及时获得必要的物资支持。未来，SPD 将致力于提高效率，简化流程，并借助现代技术和智能化系统，使物流操作更加高效和精确，以满足我国不断增长的医疗需求。

四、专业化

SPD 管理模式的本质是服务，而运营管理和团队人员是其核心。运营团队的频繁流动和专业素养不足将直接影响医疗器械产品的精细化管理质量。医院物流领域需要专业化的物流团队和管理人员，他们应具备相关的物流专业知识和技能，能够根据医院的特定需求提供定制化的物流方案和服务，实现全程管理和精准服务。随着时代的发展和技术的迭代，提升团队的专业水平将有助于科学化的管理，为医院提供高效的供应服务，同时，使用更先进的物流管理理念和设备，如智能识别、智能操作和智能送货设备，将显著提高效率，同时减少人力成本。

五、精细化

SPD 管理模式实现了医院内部物资全流程的精细化高效管理服务，涵盖了从采购、流转到使用环节的管理过程。这有效提升了医院内部物资管理的信息化程度和管理质量，实现了事前计划、事中跟踪和事后追溯的科学管理。我国 SPD 市场在近年来逐步成熟，扩展到了基础条件较好的二级医院，并不仅限于单项医用耗材管理，还包括医用耗材和 IVD 的管理。与此同时，医院内的精细化管理不断向纵深发展，更多医院有望实现三级库管理。这一趋势表明 SPD 的未来发展将更加精细化，提供更高效的管理服务。

六、一体化

随着国家政策的推动，医疗器械领域将逐步实现国产化，提升行业的研发和生产能力。在这一趋势下，SPD 医疗供应链将更加市场化，医院将更关注服务商的产品技术研发能力、迭代能力和供应能力。通过与服务商深度合作，SPD 为医院合理用耗提供决策数据支持，推动产品的迭代和规模发展，从而提高市场活跃度。这一发展方向有望加速行业一体化进程。

第九章

2023 年我国医疗设备全周期管理服务发展现状

第一节　政策驱动医疗设备管理不断完善

一、医疗设备管理相关法规政策分析

（一）《医疗器械监督管理条例》

2000 年 1 月，国务院首次公布《医疗器械监督管理条例》，2014 年 2 月、2020 年 12 月经国务院常务会议两次修订通过。最新版《医疗器械监督管理条例》于 2021 年 2 月公布，2021 年 6 月起正式实施。该条例要求医疗器械使用单位对需要定期检查、检验、校准、保养、维护的医疗器械，应当按照产品说明书的要求进行检查、检验、校准、保养、维护并予以记录，及时进行分析、评估，确保医疗器械处于良好状态，保障使用质量；对使用期限长的大型医疗器械，应当逐台建立使用档案，记录其使用、维护、转让、实际使用时间等事项。记录保存期限不得少于医疗器械规定使用期限终止后 5 年。

（二）《医疗器械使用质量监督管理办法》

2015 年 9 月 29 日，经原国家食品药品监督管理总局局务会议审议通过，2015 年 10 月 21 日，经原国家食品药品监督管理总局第 18 号令公布，自 2016 年 2 月 1 日起施行。该办法发布对于医疗器械质量管理有着重大的理论意义和现实意义，意味着我国医疗器械全过程监管的所有重要环节均已有法可依。该办法针对医疗器械全过程监管中相对薄弱的使用环节，对《医疗器械监督管理条例》规定的进货查验、信息记录、贮存运输、质量检查、维护保养等使用环节的质量管理进行细化、补充和完善，力图解决医疗器械使用环节存在的采购渠道不规范、进货查验不落实、维护保养不严格、质量监管不完善等问题，贯通医疗器械质量管理途中的“最后一公里”。

该办法通过质量查验的严格管理，要求使用单位建立医疗器械使用前质量检查制度，解决医疗器械“带病上岗”、效果失真等问题，明确规定使用单位要定期检查、检验、校准、保养和维护，并且要有相关记录。同时该办法强调维护维修管理，在用的医疗器械可以有三种机构提供维护维修：医疗器械使用单位可以按照合同的约定，要求医疗器械生产经营企业提供医疗器械维护维修服务，也可以委托有条件和能力的维修服务机构进行医疗器械维护维修，或自行对在用医疗器械进行维护维修。综上所述，可以肯定的是从政策层面，医院必须加大对在用医疗器械的质量管理力度。

（三）《医疗器械临床使用管理办法》

经2020年12月4日第2次委务会议审议通过，2021年1月12日公布，自2021年3月1日起施行。该办法规定医疗机构应当建立并完善本机构医疗器械临床使用管理制度，确保医疗器械合理使用。提出对医疗设备管理工作新的要求，对医疗器械信息档案保存、医疗器械检测和预防性维护等都有明确规定。

临床使用管理方面，明确医疗机构在医疗器械评估、购进、安装及验收等环节中的职责，要求医疗机构建立医疗器械验收验证制度。要求医疗机构建立医疗器械临床使用风险管理制度，对生命支持类等重点医疗器械实行使用安全监测与报告制度，对大型医疗器械以及植入和介入类医疗器械进行病历记录，开展医疗器械临床使用评价，对存在安全隐患的医疗器械立即停止使用并通知维修。

保障维护管理方面，明确医疗器械保障维护管理应当重点进行检测和预防性维护，医疗机构应当记录和分析维护与维修记录，同时应当具备与医疗器械品种、数量相适应的贮存场所和条件。

（四）《大型医用设备配置与使用管理办法（试行）》

2018年5月，卫生健康委药监局发布《关于印发大型医用设备配置与使用管理办法（试行）的通知》。该办法要求医疗器械使用单位应当建立大型医用设备管理档案，记录其采购、安装、验收、使用、维护、维修、质量控制等事项，并如实记载相关信息；应当按照大型医用设备产品说明书等要求，进行定期检查、检验、校准、保养、维护，确保大型医用设备处于良好状态，大型医用设备必须达到计（剂）量准确、辐射防护安全、性能指标合格后方可使用；应当按照国家法律法规的要求，建立完善大型医用设备使用信息安全防护措施，确保相关信息系统运行安全和医疗数据安全。大型医用设备使用人员应当具备相应的资质、能力，按照产品说明书、技术操作规范等使用大型医用设备。医疗器械使用单位发现大型医用设备不良事件或者可疑不良事件，应当按照规定及时报告医疗器械不良事件监测技术机构。

（五）《国家三级公立医院绩效考核操作手册（2023版）》

2023年6月，国家卫生健康委办公厅印发《国家三级公立医院绩效考核操作手册（2023版）》。其中，医疗质量相关指标中，关于大型医用设备维修保养及质量控制管理的指标定义为考核年度大型医用设备在医院使用期间的维修保养和质量控制管理状况。目的是引导医院关注医用设备的维修保养、质量控制和网络安全，配置合适维修人员和维修检测设备，对公立医院医疗设备管理提出了更细化的要求。

评价内容包括但不限于：配置合理维修人员与维修场地；急救、生命支持类等设备的预防性维护计划；开展大型医用设备的日常保养和维护，有巡检、保养、维护等相关记录及设备管理部门对临床使用部门的监管等。

第二节　医疗机构医疗设备管理现状

长期以来，医疗器械监管过程存在“重产品审批，轻过程监管”的状态。许多医疗器械在上市之前非常严格，审批产品长达几年时间，但上市之后，在医院使用过程中的质量问题几乎无人监管，往往出现许多设备、器械“带病”运行，效果失真，中途没有检测、保养，或者设备维修之后没有检测标准，甚至没有检测就投入使用，从而造成了安全隐患。相关数据显示，目前公立医院仅有约 30%建立了覆盖医疗设备全周期管理的信息管理系统（见图 9-1）。

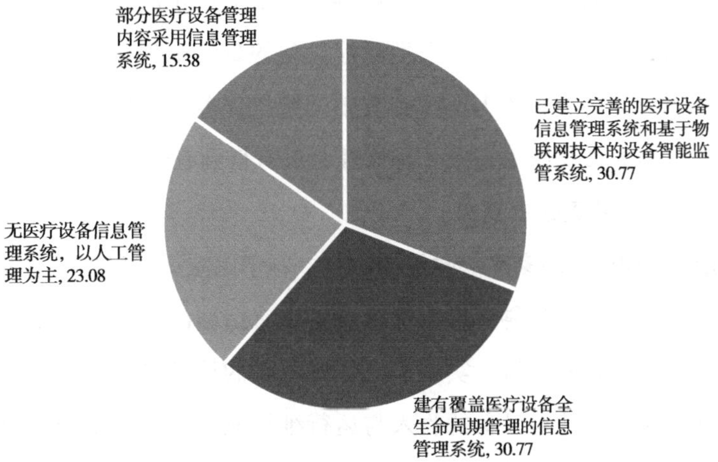

图 9-1　目前公立医院医疗设备管理现状（%）

数据来源：《2022 中国（医疗机构）设备管理新趋势调查报告》。

一、医疗设备管理痛点

（一）流程合规的要求

目前医疗机构的医疗设备数量多，种类繁，在管理中紧急维修需要采购大量零备件及服务，对时效性的要求比较高，如果无法满足时效性的要求，就会严重影响临床诊疗服务的正常秩序。但是医疗机构在采购管理、财务管理等方面的内控要求又严重影响了审批流程的进度。临床诊疗服务的时效性要求与合规性要求两者之间呈现明显的矛盾，如何在符合合规性要求的前提下满足时效性，是医疗机构医疗设备管理部门亟待解决的问题。

（二）医疗机构管理人员不足

各级医疗机构目前自有的医疗设备维修服务及管理队伍面临人员结构老龄化、人员编制受限、合同用工成本日益增加、专业性培训日渐匮乏等问题，无法满足医院医疗设备管理现代化的要求。

（三）设备档案不健全

由于规范的医疗设备管理体系缺失，医疗设备台账不健全，无法有效统计现有医疗设备的整体情况，传统手工管理因工作量大、品种众多、内容繁杂等原因无法做到医疗设备的一物一码、账实相符。

（四）服务质量无法评价，质量控制无法保证

伴随医疗设备精细化与专业化程度的不断提高，医院在医工方面投入的人力、物力不足与医疗设备的爆炸式增长、管理维度扩增形成矛盾。这就导致医疗机构只能把有效的人力、物力及资金投入大型医疗设备的日常维护保养上，大量的中小型设备、急救和生命支持类设备无法得到有效的维护保养，维修质量无法保证，服务过程缺乏监管，服务过程缺失记录，维修经验没有得到有效的总结和分享。

（五）效益分析缺乏数据支撑

随着 DRG 和 DIP 等国家医保政策的推行，鉴于医院运营发展的需要，原有的粗放型运营理念必须转变，各科室采购医疗设备须有全新的考量，须对医疗设备产生的成本和效益进行准确的分析，实施和把控好每年的设备采购计划。而在现有管理模式下，无法快速精准地对设备的收入与运行维护成本进行数据分析与对比，无法为设备采购提供有效的数据支撑。

（六）院内设备管理无法按照医院三级管理要求执行

受人员数量限制，设备科无法按照三级公立医院绩效考核管理要求，按时对设备进行巡检和保养，对使用科室的支持有限，无法处理科室使用中遇到的问题，且管理维度单一，没有进行对医疗设备的全周期进行管理。

（七）部门职责划分不明确

医疗机构针对医疗设备管理设置了相应的管理部门，不同医疗机构对于医疗设备管理部门的定位和职责划分存在差异。少数医疗机构的医疗设备管理部门工作流程覆盖了管理的所有环节，但是部分医疗机构由于科室间职责交叉、不够清晰等情况，医疗设备管理混乱，出现无人管理或多部门重复管理的情况，影响工作效率和使用效率，部分工作无法有效落实。

二、医疗设备维修服务模式

（一）医疗机构对医疗设备管理要求不断提升

随着医疗机构管理水平的不断提升，医院对医疗设备管理的要求也随之改变。

阶段一：无任何设备保障合同，所有设备只有坏了以后才评估是否要维修。

阶段二：极少数重要医疗设备购买设备保障合同，进行定期保养维护；其余设备坏了以后会尽可能给予维修，基本不保养维护。

阶段三：部分大型及重要医疗设备购买设备保障合同，进行定期保养维护；其余设备坏了以后及时维修，对其中部分生命支持类设备不定期进行维护保养；部分重要设备有自己的独立档案，全院有一套基本能够按照执行的设备管理制度。

阶段四：部分大型及重要医疗设备购买设备保障合同，进行定期保养维护；其余设备坏了以后及时维修，对其中部分生命支持类设备定期进行维护保养；有自己完整的质量控制制度，基本能够按照制度去执行医疗设备的运行质量管理；对大型设备能够做效益分析。

阶段五：全院所有医疗设备都购买设备保障合同，所有医疗设备按照分类属性进行维护保养，有完整的质量控制制度，能够按照制度去执行医疗设备的运行质量管理，能够对质量管理制度中每个行为做记录、进行监管，并且能够进行数据统计，并不断改进；聚焦全院设备的效益管理，通过项目优化，在保障设备安全运行的前提下，不断提高设备的利用效率。

（二）医疗设备售后维修服务的三种模式分析

根据《医疗器械使用质量监督管理办法》规定，在用的医疗器械可以由三类机构提供维护维修：医疗器械使用单位可以按照合同的约定，要求医疗器械生产经营企业提供医疗器械维护维修服务，也可以委托有条件和能力的维修服务机构进行医疗器械维护维修，或自行对在用医疗器械进行维护维修。因此，目前市场上存在以上三种医疗设备维修模式，每种模式各有优缺点，具体对比情况，见表 9-1 所示。

表 9-1　医疗设备售后维修三种功能模式优缺点对比分析

维修模式	优　点	缺　点
医院自修	·便捷、节省费用	·医院设备科人力不足、经费有限 ·技术薄弱 ·医疗设备安全检测不彻底 ·无法享受“规模化”的价格优惠
原厂维修	·品牌优势 ·专业性强、技术团队稳定、完善、规范 ·备件齐全，供应及时，品质保障价格偏高	·服务成本、维修费用高 ·维修产品单一 ·具有垄断性
第三方服务商维修	·价格合理 ·覆盖范围广 ·维修效率高 ·拥有部分资深工程师 ·常用备件供应相对及时，但是缺乏高值备件库存	·技术实力参差不齐 ·缺少统一监督机制

资料来源：公开信息，中物联医疗器械供应链分会整理。

从不同模式的市场份额来看，目前医疗设备维修市场仍以原厂维修为主，约占整个市场的 70%；仍有少数医院选择自行维护院内设备，约占整个市场 20%；第三方维修服务发展起步晚，但近几年实现了快速的发展，约占整个市场的 10%（见图 9-2）。值得注意的是，医院自修的模式正在弱化，第三方服务维修已初具规模，并显露出较快的发展态势。

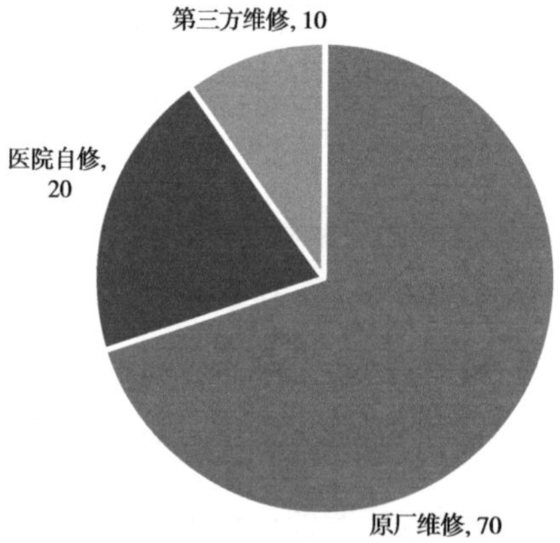

图 9-2　医疗设备维修三种模式市场占比（%）

资料来源：公开信息，中物联医疗器械供应链分会整理。

第三节　医疗设备全周期管理服务市场分析

一、医疗设备售后维修市场规模破千亿元

根据中物联医疗器械供应链分会公布的“中国 2022 年医疗器械市场规模为 10723.65 亿元”，以医疗设备平均使用周期为 7 年推算，截至 2022 年 12 月，医疗设备全周期管理服务的市场规模为 28685 亿元。在 28685 亿元的市场中，医学影像设备类器械占 30%，为 8606 亿元（见图 9-3）。基于以上数据，据分会推算，2023 年医疗设备管理维修市场规模为 1000 亿元。

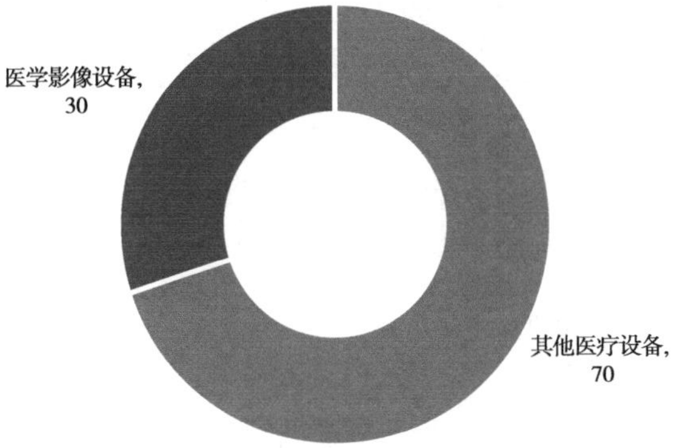

图 9-3　2023 年中国在用医疗设备占比（%）

资料来源：公开信息，中物联医疗器械供应链分会整理。

二、医疗设备全周期管理服务市场格局分析

（一）市场格局

如前文所述，第三方维修服务占医疗设备维修行业整体的 10%。在企查查平台以“医疗器械维修”作为关键字检索，显示国内共有 28.2 万家医疗设备维修企业。按区域分布来看，北京市企业数量最多，陕西省数量最少，详见图 9-4。

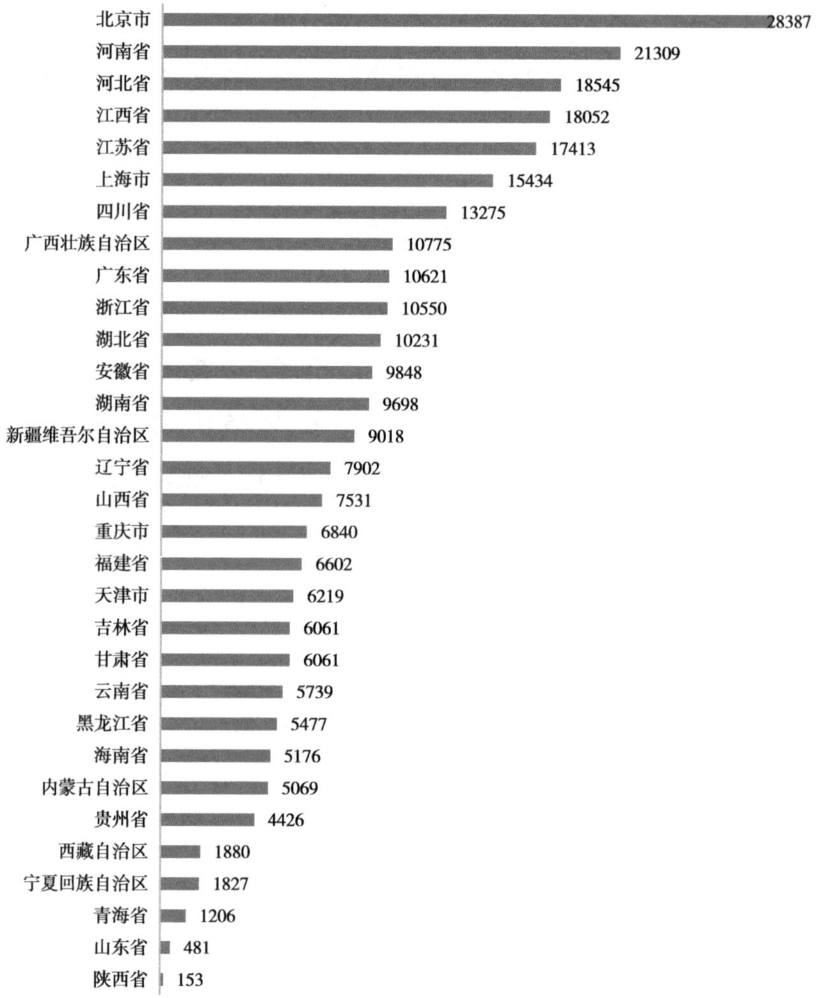

图 9-4　截至 2023 年 10 月我国各省份医疗设备维修企业数量（家）

数据来源：企查查，中物联医疗器械供应链分会整理。

目前第三方医疗设备维修服务行业呈“小、散、乱”的发展现状，据不完全统计，从企业营收来看，95%以上的维修企业年营业额处于 300 万元以下，年营业额 10 亿元以上的企业不超过 5 家，且工程师团队人数超过 500 人的企业不超过 5 家，核心专业人才匮乏，在一定程度上限制了企业的发展。绝大多数企业还是以传统维修服务模式为主，只有少数规模较大的第三方服务商以医疗设备全周期管理服务模式为主要服务模式。

（二）医疗设备全周期服务模式分析

目前，市场上医疗设备全周期管理服务模式主要包括三类：一是全院医疗设备技术咨询外包；二是各种维修联盟、平台类整体售后服务外包；三是独立维修公司整体服务外包，也就是行业俗称的医疗设备全周期管理服务。三种服务模式对比详见表9-2。

表9-2　医疗设备第三方售后服务模式对比

模　式	提供服务内容	服务差异性
全院医疗设备技术咨询外包	·无限次人工电话技术支持 ·免费重要设备保养 ·零配件采购医院自主决策	·不对设备最终的整体质控负责 ·不对设备维修的周期负责 ·设备故障诊断的可靠性不能保证 ·缺少零配件、易损件的问题依然存在
各种维修联盟、平台类整体售后服务外包	·当地公司和工程师负责提供维修、保养以及相关医疗设备的售后服务和管理	·责任主体不明确 ·完全依靠联盟或者平台内的各类参差不齐的社会资源 ·缺乏自有工程师队伍 ·缺乏大规模运营组织能力 ·缺乏资金，零配件供应能力严重受到制约
独立维修公司整体服务外包（医疗设备全周期管理）	·驻场工程师一站式解决医院从验收、保养、维修、计量检测到报废的医疗设备全周期的管理	·责任主体非常明确 ·自身拥有核心医疗设备服务的技术能力 ·拥有顺畅的原厂合作渠道及强大的社会资源吸附能力 ·具有大规模运营组织经验及国际化的零配件采购能力 ·拥有大量的设备零配件、易损件，代用机库存 ·拥有经过大量医疗机构实际验证的设备质控管理系统 ·拥有医疗设备精益管理方案

资料来源：公开资料，中物联医疗器械供应链分会整理。

（三）医疗设备全周期管理服务重点企业分析

为了更好地适应行业变化，应对利润下降的挑战，医疗设备全周期管理服务企业的市场定位已有明显差异化发展，除极少数的头部企业选择大而全的发展道路外，大部分企业根据自身优势，向专业产品线公司发展，或向地区服务公司转型。全国性或地区性开展整体托管业务的代表公司情况，见表9-3。

表 9-3 全国性或地区性开展整体托管业务的代表公司

序 号	企业名称	注册时间
1	凯思轩达系统工程有限公司	1998 年
2	北京康德宏医疗产业科技有限公司	2002 年
3	广州市医维机电设备有限公司	2004 年
4	上海柯渡医学科技股份有限公司	2006 年
5	上海昆亚医疗器械股份有限公司	2009 年
6	上海拓美医疗管理有限公司	2010 年
7	广东上药桑尼克医疗科技有限公司	2011 年
8	广州天成医疗技术股份有限公司	2012 年
9	医星医疗（武汉）有限责任公司	2013 年
10	广东德鑫医疗科技有限公司	2013 年
11	河南爱生医疗器械有限公司	2015 年
12	健康力（北京）医疗科技有限公司	2015 年
13	爱德亚（北京）医疗科技有限公司	2016 年
14	河北医工科技有限公司	2016 年
15	四川大象医疗科技有限公司	2016 年
16	广西华群互联网医疗管理有限公司	2016 年
17	迈迪泰医疗技术服务（上海）有限公司	2016 年
18	国药集团（上海）医学工程技术有限公司	2017 年
19	国药控股创科医疗技术（北京）有限公司	2017 年
20	福建誉凯医疗科技集团有限公司	2017 年
21	四川锐普特医疗设备有限公司	2018 年
22	维尔医疗技术（云南）有限公司	2019 年
23	九州通（武汉）医疗设备服务有限公司	2019 年

资料来源；公开资料，中物联医疗器械供应链分会整理。

根据公开资料，对柯渡医学、国药医工、昆亚、凯思轩达、广东上药桑尼克、九州通等 6 家头部企业 2023 年业务中标情况进行梳理。截至 2023 年 10 月 13 日，6 家企业共中标 484 个项目，中标金额共 13.78 亿元（见图 9-5）。

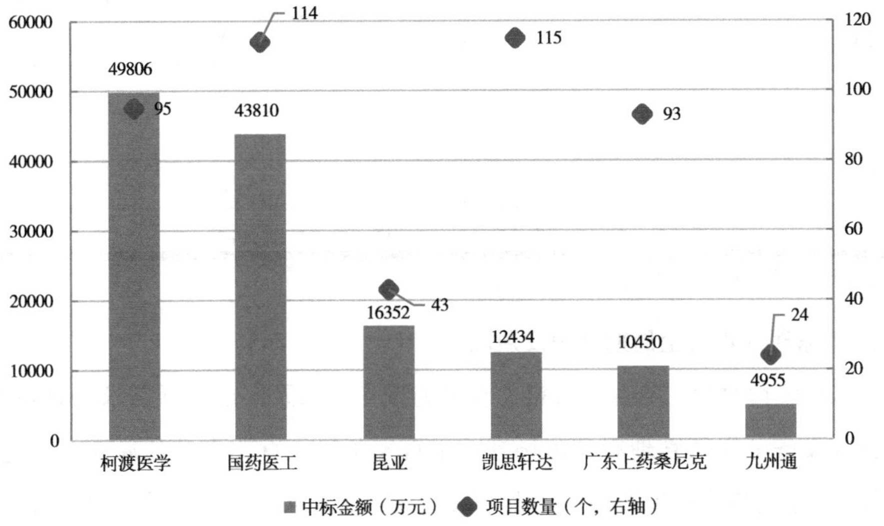

图 9-5　2023 年 1 月 1 日—10 月 13 日 6 家企业医疗设备售后维修服务中标情况

资料来源：公开资料，中物联医疗器械供应链分会整理。

（四）重点地区分析：山东省

1. 业务潜力分析

依据山东省卫生健康委 2022 年公示数据，山东共有二级以上等级医院 1198 家，其中二甲及以上公立综合医院 438 家（见表 9-4）。

表 9-4　山东省二甲及以上公立医院分布（家）

地　区	三　甲	三　乙	三级综合	二　甲	二甲及以上总计
滨州	5	1	—	14	20
德州	2	4	—	23	29
东营	3	3	—	10	16
菏泽	4	4	1	18	27
济南	31	2	1	18	52
济宁	5	3	1	22	31
聊城	6	2	2	16	26
临沂	7	8	1	23	39
青岛	16	3	5	12	36
日照	4	1	1	5	11
泰安	7	1	—	15	23
威海	6	1	1	7	15

续 表

地 区	三 甲	三 乙	三级综合	二 甲	二甲及以上总计
潍坊	7	4	2	22	35
烟台	11	4	1	16	32
枣庄	7	1		9	17
淄博	7	2	2	18	29
总计	128	44	18	248	438

资料来源：山东省卫生健康委。

2. 山东医疗设备全周期管理发展现状

进入后疫情时代，随着国家相关政策的推进，以及医院实际需求的日益提高，山东医疗设备全周期管理服务市场进入了百家争鸣、百花齐放的局面，目前已有120家医院采用整体外包的模式，服务采购金额超过4.5亿元。关于山东省医疗设备全周期管理服务项目各企业金额占比情况，见图9-6。

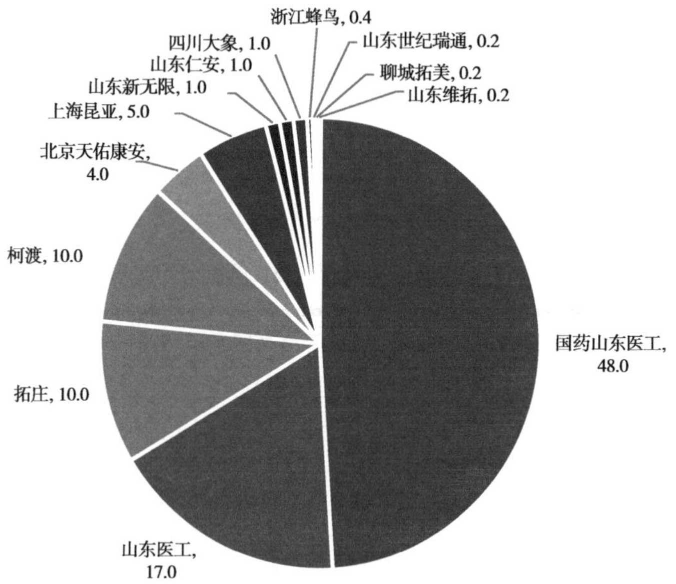

图9-6 山东省医疗设备全周期管理服务项目各企业金额占比（%）

资料来源：公开资料，中物联医疗器械供应链分会整理。

国内大型医疗平台公司逐步重视医疗设备售后的整体服务，开始与民营公司合作，使得山东拓庄、山东医工等民营公司迅速扩张，借助平台医疗公司背书，进军大型综合三甲医院。

2015年，国药器械探索医疗设备全周期管理模式并在山东地区进行试点，2017年国药医工（上海）医学工程技术有限公司成立，同时在山东成立了子公司，到

2018 年，山东地区业务呈快速增长状态。2019 年国药医工山东公司提出精细化管理，并主动在项目增长上进入战略放缓期。从 2019 年底至 2023 年初，合作多年的医疗机构稳步续签，业务进入稳定状态（见图 9-7）。

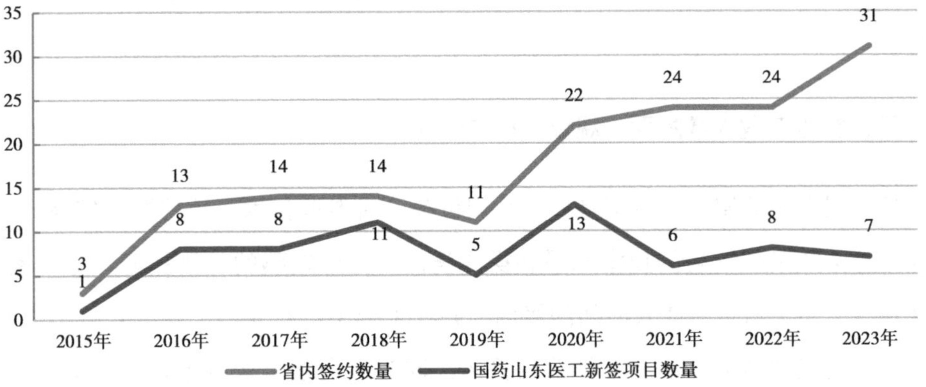

图 9-7　2015—2023 年山东省医疗设备全周期管理项目数量统计（个）

第四节　医疗设备全周期管理服务行业面临的挑战

当前我国医疗设备维修服务存在的主要矛盾是日益增长的设备维护维修需求同优质且经济的服务供给不足之间的矛盾。医疗设备全周期管理正处于快速发展阶段，目前仍存在以下主要问题。

一、法律法规不健全

行业“散、小、乱”，市场相对较为混乱，缺少必要的准入管理，设备生产商技术和备件垄断，部分医疗设备全周期服务企业备件渠道不规范。医疗设备维修服务属于高技术服务行业，同时涉及设备使用的安全有效性，应对从业企业和从业人员设立一定的准入门槛。目前仅仅提出“有条件和能力”的要求，过于笼统，没有明确具体要求和审核方法，无法具体执行。由于行业缺少必要的准入管理制度，不少缺乏维修能力的公司能够轻易进入，以低价格冲击市场，导致“劣币驱逐良币”现象，影响了大部分医疗设备全周期服务公司的市场声誉和正常发展。

二、缺乏行业标准

我国医疗设备售后服务尚无全国性的行业标准，这同行业发展的需求并不匹配。

服务标准化是服务有效执行、监督和复制的基础和前提条件。目前，行业缺少统一的服务标准，特别是服务质量控制标准没有量化和规范。由于缺少统一的服务标准，服务的质量就难以客观评价，对服务的有效监管也难以实施，不利于行业的健康发展。需尽快制定相关行业服务规范，对促进我国医疗设备售后服务健康发展至关重要。

三、核心专业人才匮乏，规模化扩展受限

医疗设备售后服务，特别是大型医用设备，对专业技术人才的要求较高，要求设备维修人员具备较高的技术水平和操作技能，甚至娴熟的外语技能等综合素质。相关服务人员只有进行较长时间的培训，并在工作中进行实践，才能获得丰富的维修经验。为实现增加优质服务供给的目的，同时有利于行业规范化、科学化管理，应尽快推动专业人才培训体系建设。

四、全周期管理理念接受度有待提高

医疗机构重采购轻服务，市场化的医疗设备全周期服务能力接受程度有待进一步提升，医疗设备全周期管理模式尚需进一步的市场孕育与推广。

五、医疗设备全周期管理服务提供商可持续发展面临的挑战

医疗设备全周期服务目前发展也面临重大挑战。一是由于受到厂家在维修密码、技术资料、人员培训以及零配件供应方面的封锁，医疗设备全周期服务机构的发展空间受到很大的限制；二是竞争也呈加剧之势，利润空间的过度压缩不利于企业的投入和长期发展；三是医疗设备全周期管理服务的监管目前仍是空白，缺少自己的行业组织，服务亦未形成行业标准，市场信任度的建立尚需时日。

随着山东市场的繁荣向好，越来越多的医疗机构采用医疗设备全周期管理服务模式，老牌集团性质的维修公司逐步发力，如上海柯渡集团、浙江蜂鸟集团、四川大象集团。随着行业进入者不断增多，售后服务价格和利润率呈持续下降态势，对服务企业的经营和质量保证提出了挑战。

第五节　医疗设备全周期管理服务行业发展趋势

一、医疗设备全周期管理服务市场发展可期

数据显示，近几年我国采用医疗设备全周期管理的医疗机构数量正在快速增加，随着我国人口老龄化的加剧、国家“千县工程”医院建设，以及医疗机构对医疗设备全周期管理服务认可度的不断提升，可以预见，未来医疗设备全周期管理市场规模将持续扩增，发展可期。

二、需求发生变化，服务质量要求不断提高

尽管供需双方的信息依然不对称，但随着供给方数量的增加，用户话语权上升，以及管理层对设备使用质量的要求逐年提高，医疗机构对设备售后服务的要求也在不断提高。主要表现在以下三点：一是服务指标提高，如对供方服务人员配置、服务响应时间、人员到场时间、故障修复时间和设备开机率要求的提高，二是服务完整性要求提高：除了设备故障修复，用户对设备的质控以及服务报告的质量也提出要求；三是公司规模要求，医疗设备全周期服务企业的规模及抗风险能力也成为用户选择服务商时的重要考量指标。因此，随着医院要求的不断提高，对医疗设备全周期管理的服务质量提出了更多的要求。

三、专业化发展

推动我国医疗设备全周期管理向专业化方向发展，有利于服务企业聚焦服务品质，有利于形成分工协同的局面，有利于服务向技术深度和服务广度发展。目前，经过多年的市场历练，在医疗设备维修各专业细分领域，如 CT、MRI、减影血管造影（DSA）、核医学、直线加速器以及彩超等产品领域，已沉淀出一批优秀的医疗设备全周期服务专业企业，专注于细分领域的服务，拥有较为完善的服务质量管理体系和内部人员培养体系，将不断提升医疗设备全周期管理服务的专业化水平。

四、集约化发展

企业走专业化发展道路的同时，应积极引导行业向产业互联网方向发展，鼓励

企业间横向联合、整合，提高行业集中度，有利于避免行业产生过度竞争，有利于企业产生规模效益，降本增效，提升行业竞争力，促进行业可持续的良性发展。

五、国际化发展

在“双循环”战略背景下，推进我国医疗设备售后服务的国际化发展有两个方面：一个方面是“走出去”，另一个方面是“请进来”。即把我国优势的维修能力“输出去”，同时把国外优秀的维修资源和管理经验“引进来”，补足短板，加快发展。

伴随着我国经济30多年高速发展，我国医疗设备维修企业的总体技术能力同国际一流水平相比毫不逊色，而在元器件级的修复能力上，更有较为明显的优势，加上近些年互联网基础设施的普及，已具备了对外输出的能力。未来，可以看到我国医疗设备维修技术在增加我国服务贸易出口，以及支持“一带一路”沿线国家卫生事业的进程中发挥应有的作用。

美国和欧盟在医疗设备生产、使用及监管方面起步较早，且不断完善，售后维修市场的管理也比较有效，开展相关方面的经验交流，对解决我国所面临的政策法规困惑，促进我国医疗设备维修科学管理水平提升，增进全球一体化方面有所裨益。同时，引进和对接全球优秀医疗设备零部件供应商、建立全球采购链，对应对某些供应链突发“断链”、保障我国在用医疗设备使用安全具有重要的战略意义。

第十章

2023 年我国第三方医疗消毒供应中心发展现状

第一节　第三方医疗消毒供应中心发展历程

一、第三方医疗消毒供应中心建设运营概述

第三方医疗消毒供应中心的建设运营主要依据 2016 年国家卫生健康委发布的《医院消毒供应中心 第 1～3 部分》（WS310. 1/2/3—2016）执行，2018 年国家卫生健康委发布《关于印发医疗消毒供应中心等三类医疗机构基本标准和管理规范试行的通知》。第三方医疗消毒供应中心应当按照该通知的相关要求于 2019 年 6 月 1 日前按照《医疗消毒供应中心基本标准（试行）》和《医疗消毒供应中心管理规范（试行）》两个文件的规定，完成对消毒中心基础设施、消毒设备、人员配置等各个方面的调整，并且取得医疗机构执业许可证。该通知的发布意味着第三方医疗消毒供应中心将彻底告别不规范时代，进入规范化的运作轨道。《医疗消毒供应中心基本标准（试行）》和《医疗消毒供应中心管理规范（试行）》对第三方医疗消毒供应中心的建设运营提出了新要求，在科室设置、人员配置、基础设施、功能区规划、设备配置等方面都作出了详细的规定（见表 10-1）。

表 10-1　医疗消毒供应中心基本要求

类别	基本要求
科室配置	消毒供应室、医院感染管理、质量与安全管理、工程技术管理、信息管理五大部门
人员配置	消毒供应管理护士、医院感染管理护士、消毒供应工作护士、消毒员、工程技术人员
基础设施	业务用房使用面积不少于总面积的 85% 硬器械服务流水线建筑面积不少于 2000 平方米 软器械服务流水线建筑面积不少于 2000 平方米 软式内镜服务建筑面积不少于 800 平方米 净水处理设施建筑面积不少于 300 平方米 配送物流专业区域建筑面积不少手 300 平方米
功能区规划	主要功能区有去污区，检查、折叠、包装及灭菌区，无菌物品存放区及配送物流专区等。辅助功能区有集中供电、供水、供应蒸汽和清洁剂分配器、医疗废物暂存处、污水处理场所、集中供应医用压缩空气、办公及更衣、休息生活区等。管理区有质量和安全控制（包括检验室）、医院感染控制、器械设备、物流、信息等管理部门
设备配置	手术硬器械清洗相关设备、软器械清洗相关设备、软式内镜清洗相关设备、质量检测设备、信息化设备

数据来源：国家卫生健康委，中物联医疗器械供应链分会整理。

二、政策助力行业发展

表 10-2 梳理了第三方医疗消毒供应中心的相关政策文件，将第三方医疗消毒供应服务行业的发展分为三个阶段。第一阶段为试水探索期：明确鼓励第三方医疗服务，鼓励公立医疗与社会医疗合作。鼓励公立医疗机构与民营医疗机构开展合作，在确保医疗安全和满足医疗核心功能前提下，实现医疗机构消毒供应中心资源共享。第二阶段为标准建立期：首次公布医疗消毒供应中心建设标准。第一次写入区域第三方医疗消毒供应中心，并明确公立医疗机构可以外包消毒供应服务。第三阶段为规范发展期：深化“放管服”改革，大力支持第三方医疗服务。

表 10-2　消毒供应中心的相关政策

阶段	时间	政策/标准	主要内容
第一阶段：试水探索期	2013 年 9 月	《国务院关于促进健康服务业发展的若干意见》	明确鼓励发展第三方健康医疗服务
	2015 年 6 月	《关于促进社会办医加快发展若干政策措施的通知》	鼓励公立与民营医疗机构合作，实现资源共享
第二阶段：标准建立期	2016 年 12 月	《医院消毒供应中心标准（2016）》	首次公布消毒供应中心建设标准，明确公立医疗机构可外包消毒服务
第三阶段：规范发展期	2017 年 8 月	《关于深化“放管服”改革激发医疗领域投资活力的通知》	新增消毒供应中心等独立设置的医疗机构类别
	2018 年 5 月	《医疗消毒供应中心基本标准（试行）》和《医疗消毒供应中心管理规范（试行）》	规定了科室设置、人员配置、基础设施等，使第三方消毒供应中心更规范化
	2019 年 1 月	《国务院办公厅关于加强三级公立医院绩效考核工作的意见》	医疗安全成为考核指标，为第三方消毒供应中心带来机遇

数据来源：公开信息，中物联医疗器械供应链分会整理。

三、行业正处于成长期

在起步阶段，我国医疗消毒供应中心主要是由财政拨款，由区域标杆医院主导建设，主要为医院内部及关联医院提供消毒灭菌服务。如 2002 年，深圳福田区成立了医疗消毒供应中心，为周边医疗机构提供服务。在发展阶段，在政策的鼓励支持下，民营资本和外资开始进入医疗消毒行业。随着医改的逐步深入，第三方医疗消毒供应中心市场份额将逐步提升，民营医疗消毒灭菌服务市场的发展潜力巨大。以聚力康、老肯医疗等为代表的第三方医疗消毒供应服务企业将形成全国范围内的服务网络。消毒供应中心的具体发展历程，见表 10-3。

表 10-3　消毒供应中心发展历程

时　期	性　质	年　份	事件描述
起步阶段	公立	2002 年	深圳福田区成立了消毒供应中心，为周边的医疗机构提供服务
	公立	2003 年	华西医院成立的消毒供应中心为 13 家中小医院服务
	公立	2008 年	深圳罗湖区人民医院对 40 余家医院消毒供应室实行一体化管理
发展阶段	民营/外资	2009 年	新合力集团国内首家社会化医用物品消毒灭菌机构正式成立运营
	民营	2010 年	消毒灭菌行业领军企业聚力康上海消毒供应中心成立
	民营	2015 年	老肯医疗灭菌有限公司在成都投建的消毒灭菌中心正式运营
	民营	2016 年	德阳市计划投资 1.76 亿元建全市最大区域性消毒供应中心
	公立	2009 年	江苏溧阳市消毒供应中心正式投入使用
	公立	2015 年	山东省首家区域性消毒供应中心“鲁济消毒供保中心”成立

数据来源：公开信息，中物联医疗器械供应链分会整理。

第二节　第三方医疗消毒供应服务市场分析

一、医疗消毒供应服务产业链分析

从产业链分布看，上游主要为消毒灭菌设备及耗材生产商，如史帝瑞、Noxilizer 等外资企业，国药器械、新华医疗为代表的国有企业，以及老肯医疗、江汉医疗、迈尔科技为代表的民营企业。它们主要生产制造各类消毒灭菌设备及灭菌过程所需的耗材。英国新合力是全球最大的消毒灭菌服务提供商，其凭借丰富的行业经验和专业技术成为首个打开中国第三方消毒供应服务细分市场的外资企业，以华东地区为出发点向全中国铺开服务领域范围，在中国化的进程中与国药控股、国药器械携手建立了四川国药老肯医疗灭菌有限公司，扩大了服务影响力。关于消毒供应中心产业链情况，见图 10-1 所示。

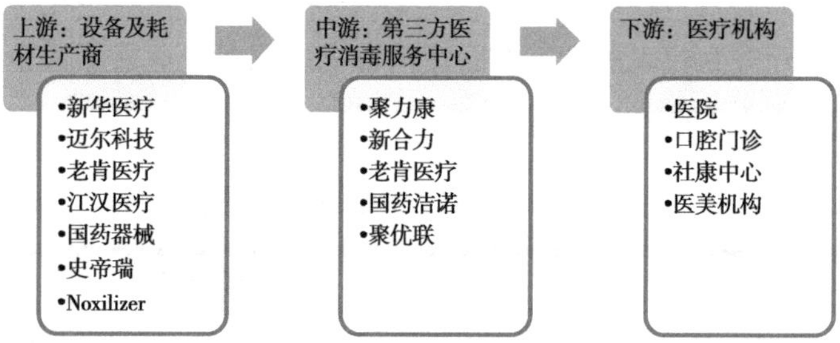

图 10-1　消毒供应中心产业链图谱

数据来源：公开信息，中物联医疗器械供应链分会整理。

二、第三方医疗消毒供应中心商业模式探析

依据商业模式的不同，我们可以将国内的消毒供应中心分为医院自建的消毒供应中心、院企合建的消毒供应中心和第三方医疗消毒供应中心，它们在投资方式、主导方、医院知名度、设备来源、人员方案、服务价格等各方面都存在差异，表 10-4 对三类模式进行了剖析。

表 10-4　医疗消毒供应中心商业模式

对比维度	医院自建	院企合建	第三方消毒中心
定义	在医疗卫生主管部门指导下，由区域标杆医院自建，为本院和下属医疗机构服务	区域标杆医院与龙头企业合作，医院提供场地，企业负责投资运营	企业自主选址拿地，负责全部建设运营，向医疗机构提供服务
投资模式	财政投资	医院提供场地，企业投资	企业投资
主导方	医院	医院与企业协定管理	企业
设备来源	医院采购	医院/企业采购	企业采购
人员方案	内部人员或外聘	医院/企业员工	企业员工
服务价格	参照物价政策定价	参照医院标准、具有一定自主定价权	自主定价

数据来源：公开信息，中物联医疗器械供应链分会整理。

第三方医疗消毒供应中心是指不依托医院内部场地空间，企业自主选址拿地，负责全部建设和运营，向医疗机构提供服务。这属于完全的市场行为，企业结合市场需求与自身发展战略，合理选址，科学规划，打造区域消毒供应中心。这需要企业负责全部投资，设备由企业采购，消毒服务可以自主定价，企业品牌影响力决定了其市场竞争力。聚力康、老肯医疗、新合力是这一模式的典型代表。该模式虽然从项目规划到项目实施阶段，需要经过许多行政审批、手续繁多、投资成本大，但

其避免了行政干预，提高了管理效率，降低了日常运营成本，也便于进行规模化扩张，服务半径也更加宽广。

1. 医疗消毒供应中心数量

2013—2023 年，我国医疗消毒供应中心显著增长。根据国家卫生健康委数据可以看出，医疗消毒供应中心的存量和新增数量均呈逐年上升趋势。

存量方面，医疗消毒供应中心的数量从 2013 年的 3 家迅速增长到 2023 年的 92 家（见图 10-2），这一增长反映出我国医疗消毒供应中心行业的迅猛发展和市场需求的不断扩大，特别是从 2018 年开始，医疗消毒供应中心的存量增速明显加快，这与我国医疗行业的快速发展及医疗消毒服务需求的增加密不可分。

新增数量方面，医疗消毒供应中心的增速有所波动。2018 年，医疗消毒供应中心新增 17 家，是增速最快的一年。医疗消毒供应中心的存量和增量均保持稳定增长态势，反映了医疗消毒供应中心在医疗服务体系中日趋重要的行业地位。

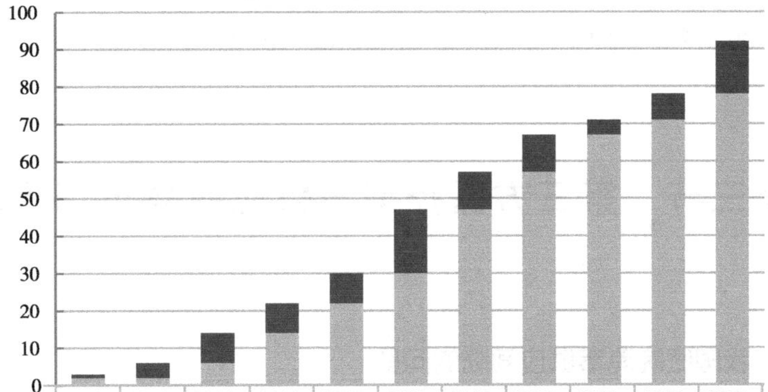

	2013 年	2014 年	2015 年	2016 年	2017 年	2018 年	2019 年	2020 年	2021 年	2022 年	2023 年
新增	1	4	8	8	8	17	10	10	4	7	14
上一年度存量	2	2	6	14	22	30	47	57	67	71	78

图 10-2　2013—2023 年中国第三方医疗消毒供应中心数量（家）

数据来源：国家卫生健康委，中物联医疗器械供应链分会整理。

2. 医疗消毒供应中心区域分布

截至 2023 年底，根据国家卫生健康委数据，全国共有 92 家医疗消毒供应中心取得医疗机构执业许可证，涉及 24 个省份，仍有 7 省份零取证。前三名为广东 12 家，江苏、山东各 10 家，沿海发达经济地区数量优势明显（见图 10-3）。随着国家对偏远地区医疗改革日益重视，政府出台一系列扶持政策，医疗消毒供应中心开始在偏远地区布局。

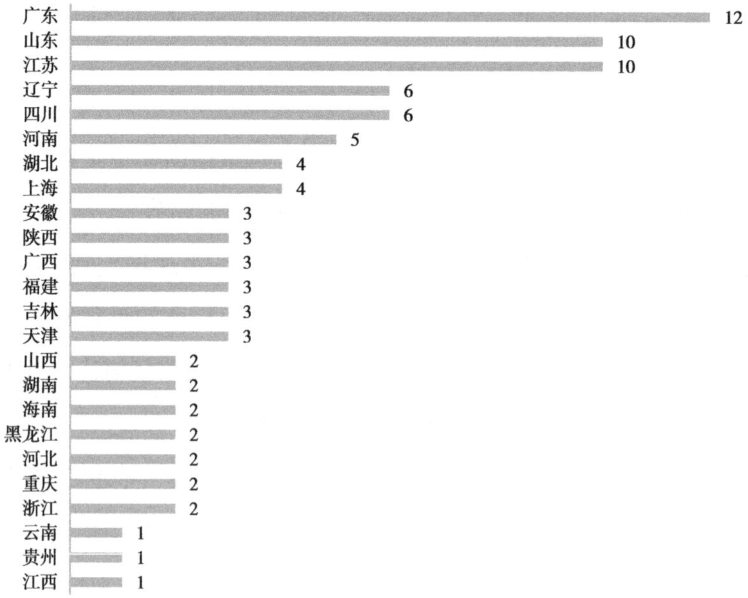

图 10-3　第三方消毒供应中心各省份分布（家）

数据来源：国家卫生健康委，中物联医疗器械供应链分会整理。

第三节　第三方医疗消毒供应服务市场需求分析

一、我国医院消毒供应面临的问题

随着医院住院病患及手术数量的不断增长，原有消毒供应中心的灭菌承载能力逐渐达到极限，已无法满足日益增长的消毒需求。因此，许多医院亟须新建或扩建消毒供应中心，这无疑加剧了本就紧张的土地资源和运营成本压力。经过对多家相关医院的深入调研，揭示出当前医院在消毒灭菌方面亟须解决的三大核心问题。

一是监管要求的持续提高。医院消毒灭菌的质量纳入医院评级体系，甚至在某些地区实行一票否决制。特别是新版《医疗消毒供应中心基本标准（试行）》和《医疗消毒供应中心管理规范（试行）》的发布，对消毒供应中心的建设及运营管理制定了更为严格的标准。这一系列要求给医院管理带来了较大的压力。医院积极寻求第三方消毒中心的协助，以提升消毒灭菌效率，保障医疗器械的使用安全，进而降低医疗感染风险。

二是土地与人才资源的匮乏。根据相关规定，医疗消毒供应中心的建设面积应与医院床位数保持相应比例。然而，医院大部分建设用地已被门诊部、住院大楼、检验大楼、康复中心及药房等基础设施占据，新建或扩建消毒中心将进一步加剧土地资源的紧张状况。此外，医院消毒供应中心的运营需要配备专业的护士、消毒人员、工程技术人员等，但医院编制有限，且外聘人员存在一定的风险，这使得人才资源的配置成为另一大难题。

三是高昂运营成本与体制性管理挑战并存。医疗消毒供应中心的运营不仅依赖于一系列高端的清洗、灭菌、质控及物流设备，还涉及持续的人工、能源和耗材投入。这些设备与技术高昂的购置成本令医院财政持续承压。除了硬件成本外，在行政管理体制下运营的消毒供应中心不仅增加了运营的复杂性，也无形中推高了管理成本，降低了运行效率。

二、第三方医疗消毒供应服务优势

第三方医疗消毒供应服务助力医院高效解决消毒供应痛点。从政策演变的角度看，第三方消毒供应中心现已进入政府的大力扶持期。在此背景下，医院有了新的选择，借助第三方的专业力量来提升医院消毒灭菌工作的质量和安全性。这一合作模式不仅为医院提供了合规、高效的消毒解决方案，还为其在土地资源、人力资源以及成本控制等方面带来了显著的优化。

企业建立的独立消毒供应中心无须占用医院的土地资源。由企业自行购置土地、建设并进行后续的运营管理，从而有效地缓解医院在用地方面的紧缺问题。消毒供应中心的运营和管理工作全部由企业承担，医院也得以从人员配置的压力中解脱出来，更好地专注于其核心业务。在成本控制方面，第三方消毒供应中心的基础设施、消毒设备以及生产耗材等全部由企业投资。

通过第三方消毒供应服务，医院可以大幅减少巨额支出，实现更为精细化的成本管理。企业采用专业化、标准化的管理机制，相较于医院内部的管理体系，在运行效率、响应速度以及服务质量等方面都表现出了明显的优势。

第四节　第三方医疗消毒供应服务行业发展趋势

一、区域化医疗消毒中心崛起，社会化运营引领医疗效能革新

相较于医院消毒供应中心，企业化运营的区域化消毒供应中心展现出更高的管理效率和更低的运营成本。区域化运营模式通过集中资源、规模化处理和专业化的管理，有效地提高了整体运作效率。医院通过与第三方消毒供应中心的紧密合作，释放出紧缺的土地、医疗用房及人才资源，使资源能够更集中于核心医疗业务，为患者创造了更高的医疗价值。

二、由“百花齐放”向品牌化、集团化、连锁化方向发展

随着各类企业逐步加大投入，在全国选址布局网点，连锁化将成为企业的必要选择。消毒供应中心实行连锁化管理，采用统一的管理制度和运营体系，既促进区域优势资源实现跨界流动，实现内部优势互补，又有利于降低管理运营风险，实现规模效应。

品牌是企业价值的外部体现，品牌知名度越高，其商业信誉越高，越容易获得客户的信赖和认可，有利于公司的业务拓展。未来，第三方医疗消毒供应中心将加强自身品牌建设，塑造品牌影响力，提升市场竞争力。

三、产业链整合或将成为企业战略性突破的优先选择

随着行业的成熟和企业数量的增加，产业链整合或成必然趋势。企业通过横向、纵向整合获得优势资源，增强市场竞争力，以便更好地拓展业务，扩大市场占有率。美国最大感控设备生产商史帝瑞通过收购世界第二大消毒外包服务商 Synergy 打通了从设备研发、生产制造、设备销售到消毒服务、工程规划、感控管理的一体化服务，成为世界最大的医疗消毒解决方案综合服务商。国内第三方医疗消毒供应服务领跑者聚力康与医疗器械生产商新华医疗、民营区域医药流通龙头企业海王生物达成合作，实现了优势资源整合，致力于从消毒灭菌服务商向手术室协同管理综合服务商转变。老肯医疗与 Synergy、国药集团共同建设第三方消毒供应中心，实现了强强联合。产业链整合不仅有利于企业的快速成长，还有利于产业的加速成熟，通过

整合方式实现企业的优胜劣汰，淘汰落后企业，使资源向具有发展潜力的企业聚集。

四、全程可追溯进一步提高质量管理水平

追溯系统在消毒供应中心的引入，已成为提升管理效能、确保医疗安全的必然趋势。不仅实现了流程透明化、样品标准化，更在数据及时性、追溯层次多样性等方面展现出显著优势。其全面应用于器械回收、清洗消毒、打包、灭菌、存储、发放及使用等各环节，显著增强了消毒供应中心与临床科室的协同效率，确保了交互器械质量的全程可追溯性，精准实施问题产品召回。

随着技术的持续进步与应用深化，质量追溯系统正向更为智能化、自动化的方向发展。其中，正向与反向追溯、内部与外部追溯、主动与被动追溯等三种方法将更加融合与灵活，能够根据实际需求进行精准运用，为医院的消毒供应工作提供更为科学、高效的管理手段，从而确保医疗安全与质量得到全面提升。